U0678039

多彩贵州
文化学刊

（第三辑）

JOURNAL OF
COLORFUL GUIZHOU CULTURE

王　林　黄其松　任达森　主编

社会科学文献出版社
SOCIAL SCIENCES ACADEMIC PRESS (CHINA)

《多彩贵州文化学刊》编委会

主　　任：褚光荣　王　林　张学立　袁　华

副 主 任：张鹏程　杨声国　熊　元　周　杰
　　　　　吴巍晖　任达森　黄其松　夏　虹
　　　　　徐　进　王春雷　黄远平

委　　员：（以姓氏笔画为序）
　　　　　王　跃　王国勇　龙海燕　龙耀宏　卢云辉
　　　　　兰东兴　刘　洋　李雪如　杨正万　张卫国
　　　　　陈　俊　陈玉平　奉　振　范昭平　胡　蓉
　　　　　柳远超　骆　妍　唐德松　黄　平　彭　阳
　　　　　董　强　蒋贵吾　喻　健　蔡曙山　廖军华
　　　　　潘善斌

学术顾问：吴晓萍　杨昌儒　杜国景　王建山

《多彩贵州文化学刊》编辑部

主　　编：王　林　黄其松　任达森

副 主 编：王长城（执行）　王　俊

编　　辑：葛明芳　邹沁园　冉永丽　唐　洱

前　言

　　《多彩贵州文化学刊》（以下简称《学刊》）是由贵州民族大学主管，多彩贵州文化省部共建协同创新中心承办的人文社科类学术集刊。《学刊》主要刊登以"多彩贵州文化"为主题的学术论文和调研报告等，每年由社会科学文献出版社等 A 类出版社出版一至两辑，知网对集刊全文收录。

　　为了践行国家面向文化传承创新类协同创新中心"传承文明、创新理论、咨政育人、服务发展"的宗旨，实现其建设为服务重大决策的国家智库，推动文化传承创新的主力阵营，引领我国人文社会科学发展和理论创新的前沿阵地，高水平人才汇聚、拔尖创新人才培养和高水平国际学术合作交流重要平台的目标，及时服务国家、省、学校重大发展战略，中心将第三辑《学刊》建设成已实现相关目标和服务的专题展示平台。为此，特设民族学与人类学、区域文化、文化遗产、乡村振兴、大生态、协同创新机制研究等六大专栏，对贵州历史文化的挖掘、当下的发展、未来的展望、产业的拉动都做出了一定探讨，对传承贵州文化、弘扬贵州精神、建设生态贵州、讲好贵州故事、传播贵州好声音具有重要意义。这不仅具有学术理论和现实应用的双重价值，也是贵州当前文化大发展、大繁荣背景下的重要选择。

　　广大读者的喜爱与需求是我们编辑的动力和努力的方向，我们将与广大读者、作者一同努力，把《学刊》办成多彩贵州文化协同创新的重要窗口，办成展示多彩贵州文化品牌、推动多彩贵州文化传承发展的重要平台，并使之成为引领多彩贵州文化发展的一面特色旗帜。

编　者

二〇二二年一月

目　录

I　民族学与人类学

II　区域文化

III　文化遗产

IV 乡村振兴

V 大生态

VI 协同创新机制研究

Ⅰ 民族学与人类学

主持人语

　　本栏目的 3 篇文章涉及民族语言、民间契约文书及人类学理论相关问题。蔡吉燕、邵选林《威宁苗语植物名词调查研究》一文，以贵州省威宁县黑石头镇开厂村苗语（属西部方言滇东北次方言）为研究对象，分析了当地苗语植物名词的音系，总结了苗语植物名词的基本类别、构词结构及特征，分析了苗语植物名词的命名依据及文化内涵。作者认为，苗语植物名词体现了苗族人民对各种植物的认知方式；在经济文化及生态发展变化过程中，苗语植物名词正逐步减少。文末还附了大量的苗语植物名词。作者希望通过对苗语植物名词的分析和研究保护语言文化的多样性。杨子奇的文章从清水江流域苗侗民俗、地理条件、植被特征、杉木栽培技术、外来力量、文化传播等不同侧面，对明清时期清水江流域盛行各类契约文书的原因进行了探讨，有自己的一些见解。王俊的文章将"流动人类学"作为人类学的一个分支学科，从范式、时空之轴、类型、动力、方式和途径等方面，对"流动人类学"的建构做了初步思考。

——陈玉平（贵州民族大学民族学与历史学学院教授）

威宁苗语植物名词调查研究

蔡吉燕　邵选林[*]

摘　要： 词语是语言的基本构成材料。名词是一种语言中词的大类，在语言结构中起着不可忽视的作用。植物名词是名词系统中的一个子类，苗语植物名词是名物系统的重要构成成分之一。随着经济、文化和生态的发展变化，苗语中的植物名词正逐步减少，尤其是没有文字的语言，很多植物名词会随着植物的消亡和语言传承过程中的缺失而逐步消失。因此，对植物名词的研究就显得尤为重要，这是有效保存语言文化多样性的重要方式。

关键词： 威宁　苗语　植物名词　构词结构

一　苗族与苗语

苗族起源于我国，是我国人口较多的少数民族之一。从现在的地理分布来看，苗族是国际性的民族。其主要聚居于中国南部，东南亚的泰国、缅甸、老挝、越南，有少量苗族迁徙到了美国、法国、澳大利亚等国。从苗族人口的地域分布来看，中国境内的苗族人口最多。据 2010 年第六次人口普查统计，我国苗族人口总数达

* 蔡吉燕，贵州民族大学文学院副教授，研究方向为南方少数民族语言；邵选林，贵州省贵阳市息烽县公安局民警，研究方向为少数民族习惯法。

9426007 人，在我国人口最多十大少数民族中居第四位。贵州省苗族人口总数为 3968400 人，是全国苗族人口分布最多的省份；排名第二的是湖南省，苗族人口总数为 2060426 人；排名第三的是云南省，苗族人口总数为 1202705 人；排名第四的是重庆市，苗族人口总数为 482714 人；排名第五的是广西壮族自治区，苗族人口总数为 475492 人。苗族的族源与古代的"九黎""三苗""南蛮"有密切的联系。而汉文献中所记载的"蚩尤"被认为是苗族的始祖，与"黄帝""炎帝"并称为中华民族的三大始祖，共同创造了远古中华文化。

苗语是苗族人民使用的语言，属于汉藏语系苗瑶语族苗语支。由于苗族是一个迁徙性民族（尤其是蚩尤战败涿鹿后，苗族大迁徙就开始了，总体趋势是由北而南、由东向西，可谓遍布全世界），且分布范围非常广，加之受过去彼此联系的机会少、条件不成熟等因素的影响，苗语内部分化非常严重，分为东部方言（又叫湘西方言）、中部方言（又叫黔东方言）、西部方言（又叫川黔滇方言）三大方言，三大方言又分为 7 种次方言十八种土语。苗语各方言之间差异较大，通解度较低，因此彼此之间想用母语交流非常困难。限于本研究需要，且威宁县黑石头镇开厂村苗语保存较好，我们就不再一一介绍其他方言的苗语方言、次方言及土语的基本情况了。本研究主要讨论属于汉藏语系苗瑶语族苗语支西部方言滇东北次方言的威宁县黑石头镇开厂村苗语植物名词的基本情况。

二　开厂村苗语语言生态

生活在贵州省威宁彝族回族苗族自治县黑石头镇开厂村的常住人口一共有 200 多户 800 多人，包括苗族、彝族和汉族三个民族，其中苗族人口最多，彝族人口较少，只有两三户，汉族人口仅 10 余户。经济来源主要有外出务工和在家务农两种途径。随着国家城镇化速度的加快，人民群众受教育程度大幅度提高，村子里大多数年轻人外出务工，家里多为留守的老人和小孩。40岁以上的人群中，男性外出务工比例大，女性在家带孩子种地。①村子里的主要经济作物是烤烟。此外，很多农户按传统方式耕作，如种植玉米、土豆、豆类……当然，这些传统农作物的耕种，主要是为了满足基本生活需求。该村仍处于以自给自足为主的农业发展阶段。

开厂村苗族属于大花苗支系，所使用的苗语属于汉藏语系苗瑶语族苗语支西部方言滇东北次方言。当地苗族人民在日常生活和交流中主要使用苗语，苗语为苗族内部日常用语。在某些场合也常说汉语，例如，学校开展教育教学活动时、与村子里其他民族交流或赶集时，外出务工时甚至完全以汉语为交际工具。我们认为这与当地苗族大杂居、小聚居的现实情况是相吻合的。很多孩子在入学前都只会说苗语，不会说汉语，苗语仍为家庭内部的主要交际用语。他们一般需要等到入学后，才跟着老师学习和使用汉语。当然，这种情况现在逐渐有所变化，很多家长外出务工了，他们为了让孩子能够更好地适应学校教育，转而选择当地汉语方言作为孩子的母语，甚至以国家通用语言为孩子母语的也大有人在。我们认为，这种现象的出现是语言乃至经济社会发展的必然趋势，是无法避免的。尤其是随着现代经济的发展，很多苗语固有名词被汉语名词代替，很多苗语专用名词只有老一辈苗族人仍在使用，这在学生群体中相当常见（尽管这些学生全是通过民族语口语测试入学的）。该村的苗语保存得相对完整，当地的汉族和彝族村民中也有一部分人会说苗语。彝族人会说苗语，汉族人有一部分能听得懂苗语，但他们不太愿意说，这与三个民族杂居的现实情况密切相关。由于小聚居

---

① 与受教育程度高低有一定的关系。女性受教育程度远低于男性，且女性更细心，照顾孩子更有耐心，所以大多数女性在家承担起照顾老人和孩子的重任。

的现状，在村里如果遇到苗族人的话，他们会优先选用苗语，遇到汉族人则优先选用汉语，遇到彝族人则既有可能选用苗语，也有可能选用汉语，这就要看哪一民族的人或哪一民族的母语人有比较强的交流意愿。如果是苗族人的话，一般会选择苗语，而彝族人一般会选择汉语。妇女和老人基本使用苗语与他人交流，因为他们本身的汉语能力很弱，只能用一些简单的汉语词与汉族人交流。这与他们与外界的交流较少密切相关。总体来说，女性的母语能力远强于男性，这与女性外出机会少、受教育程度低、与外人交流机会少呈负相关关系，而外出机会多、与其他民族的人交流多、受教育程度高等因素使得男性的母语能力明显弱于女性。

三　当地苗语植物名词音系

基于研究需要及调研词表的制作限制，本音系是植物名词常用音系。例词均来自植物名词。

（一）声母

当地苗语的声母共计 44 个，例词如下所示。

声母	例词	汉义	例词	汉义
p	pau^{35}	花	pu^{33}təu^{55}tsʅ^{55}	果皮
pʰ	tɕaŋ^{33}tsʅ^{31}pʰə^{55}	鬼子姜	tsʅ^{55}li^{33}pʰʮ^{33}	石榴
mp	ki^{55}mpa^{33}ʔie^{55}	苦瓜	su^{55}mpə^{31}	苦蒿
m	mu^{31}tleu^{54}	白薯 / 地瓜	tsʅ^{55}mi^{33}tsə^{55}	板栗
m̥	m̥aŋ^{54}ki^{54}po^{33}	刺藤	m̥o^{11}	麦子
f	pau^{13}fu^{35}	薄荷	fu^{55}zau^{33}	萝卜
v	va^{31}	粮食	tsʅ^{55}ki^{55}və^{54}	红籽果

续表

声母	例词	汉义	例词	汉义
t	tau³¹tleu⁵⁴	白豆	tɕaŋ³³toʮ³³	树根
tʰ	ʂəu³⁵tʰa³³	高粱	fau⁵⁵ʐau⁵⁴pu³³tʰu³³	胡萝卜
nt	ntau⁵⁴se³¹se⁵⁵	花椒树	ntau³³vaŋ³⁵	黄豆
ntl	ʔa⁵⁵ntlai³³	舌头	tsʅ⁵⁵ntlau¹³	草莓
ntlʰ	ntlʰau³⁵ntau³³	叶子	ntlʰau³⁵pu³³qʰau⁵⁵	柳叶
n	pau¹³nou³³	向日葵	tsʅ⁵⁵nau³¹nəu³³	葡萄
l	tau³¹lie⁵⁴	红豆	pau³⁵li¹¹vai³¹	杜鹃花
ɬ	ntau³³tsʅ⁵⁵pu¹¹ɬʮ³³	柿子树	ki⁵⁵l̥³³	半夏
l̥	pu³⁵l̥au³³tau³¹	豆壳	l̥iu¹³qei³³ŋaŋ³³	牛草
tl	tlau¹³ntau³³	树叶	tli³³	稻米
ts	qei³¹ntli¹³tsʅ⁵⁵	果核	pau³⁵tsʯ³³ta⁵⁵	臭牡丹
tsʰ	tau³¹tsʰa³³	扁豆	xua³³tsʰai¹³	莲花菜
nts	ʐau⁵⁴ntsa⁵⁴	青菜	ʔa⁵⁵ntsaŋ³³	尾巴
ntsʰ	ʐau⁵⁴ntsʰʅ⁵⁴	粗菜	ntli³⁵ntsʰie³³	新米
s	su⁵⁵	大艾	su⁵⁵mpə³¹	苦蒿
ʈ	tsʅ³⁵ʈo¹³qai⁵⁴	黄藘	tɕau³³ki³¹tau³¹	折耳根
ʈʰ	ki³³ʈʰa³³	韭菜	ŋʈɕi³³ki³³ʈʰa³³	扫把菌
ŋʈ	tsʅ³⁵qeu⁵⁴ŋʈau³¹	玉米花	ŋʈau¹³ʈəu3¹	金竹叶
tʂ	tʂeu⁵⁴	芭蕉	ʐau³³tʂʅ³³	泡菜
tʂʰ	tʂʰa³¹	茶	ʐau³³tʂɛ³³	嫩菜
ŋʈʂ			pau¹³ŋʈʂau³³	山花
ŋʈʂʰ	Nqəu⁵⁴ŋʈʂʰai¹¹tleu⁵⁴	白茅草	Nqəu⁵⁴ŋʈʂʰai¹¹	芭茅草
ʂ	ʂʅ⁵⁴tlo⁵⁴	竹子	ki³³ʂa³³lie⁵⁴	红辣椒
ʐ	tsʅ³¹ʐa¹³	梨子	ʐau³³	蔬菜
tɕ	tɕi³⁵	荞麦	ʔa⁵⁵tɕaŋ³³	根儿

声母	例词	汉义	例词	汉义
tɕʰ	tɕʰʐ⁵⁴ȵaŋ⁵⁴ntli³⁵	稻草垛	qa⁵⁵tɕʰʐ³¹ntau³³	树墩
ȵtɕ	ȵtɕi¹³qaŋ⁵⁴	甜荞	ȵtɕi⁵⁴pu⁵⁴tlaŋ⁵⁴	毒菌
ȵ̊	ȵ̊aŋ³³ntli³⁵	稻穗	qei⁵⁵ȵ̊aŋ³³	草
ɕ	ntli³⁵ɕe⁵⁴	糍粑	ȵ̊e³⁵ɕau³³	年轮
ʐ	ʐou³³lau³³	老秧苗	ʐʅ¹¹	洋芋
k	kau¹¹ʐau⁵⁴	菜芽	ki⁵⁵mpa⁵⁴	南瓜
kʰ	kʰau³³Nqəu⁵⁴	草丛	tsʅ⁵⁵kʰəu³³	李子
nk	ʐau⁵⁴nki¹¹	干菜	ki⁵⁵ʂa³³nkau³¹	茄子
x	lan³¹xua³⁵	兰花	tau³¹qʰo⁵⁵ɬa³⁵	花生
q	Nqəu³³ntsa³³	绿草	qa⁵⁵ntsʰa⁵⁵	青苔
qʰ	ʐau⁵⁴qʰa³³	蓧菜	po¹¹qʰa⁵⁴	藿麻
Nq	tɕaŋ⁵⁴Nqəu⁵⁴	草根	tsʅ⁵⁵pau¹¹Nqəu³³	橙子

注：豆壳、花生等很多词在下文存在形式不一致现象，因为汉语借词与固有词并用，读法不同。

通过与西部方言中标准音点的声母相比较发现，植物词表中缺少了 mpʰ、pl、plʰ、mpl、mplʰ、ntʰ、n̥、ȵtʰ、ȵtɕʰ、ŋ̊、ŋk、ŋkʰ、ŋ、Nqʰ、w 等十几个声母，其中声母 x 在植物名词中多用于拼写现代汉语借词。

（二）韵母

威宁苗语共计 24 个韵母，韵母及例词如下所示。

韵母	例词	汉义	例词	汉义
a	ki⁵⁴mpa⁵⁴	瓜	ki³³ʂa³³	辣椒
o	tsʅ³³m̥o³¹	麦穗	tsa³³ʂo³¹	茴香

韵母	例词	汉义	例词	汉义
e	se³¹se⁵⁴	花椒	ntli³⁵ɕe⁵⁴	糍粑
ɛ	tlau¹³tʂʰɛ³³	嫩叶	nə³¹qɛ³⁵ŋaŋ³³	马草
ə	və⁵⁴ntau³³	树林	su⁵⁵mpə³¹	苦蒿
i	ntli³⁵	大米	tli³⁵ntli³⁵	稻谷籽
ɿ	tsɿ⁵⁵tʂʰɛ³³	嫩果	tsɿ³³kʰəu⁵⁴	李子
ʅ	ʐau³³tʂʅ³³	泡菜	ʔa⁵⁴tʂʅ³⁵ntau³³	树梢
u	tʂʅ³³mo³¹	麦穗	ntli³⁵tlu⁵⁴	黑米
ʯ	mu³¹tʰʯ³³	何首乌	zʯ¹¹	洋芋
ai	pau³⁵li¹¹vai³¹	杜鹃花	tlai³³tau³¹	豆角
ei	qei³¹ntli¹³tsɿ⁵⁵	果核	qei⁵⁴mu³¹tleu⁵⁴	白心薯
eu	ȵtɕi⁵⁴teu³³qai⁵⁴	黄丝菌	ʐau³³qʰeu³³	莲花白
au	tsɿ¹¹tla³⁵tlau³³	毛桃	pu³³qʰau⁵⁵	柳树
əu	Nqəu⁵⁴ntʂʰai¹¹	茅草	ntau³³ʂəu³⁵tʰa³³	高粱秆
iu	ŋ̊iu¹³qei³³ŋaŋ³³	牛草	ȵtɕi⁵⁴qa⁵⁵ȵiu¹³	牛屎菌
ie	ʐau³³ʔie⁵⁵	苦菜	ȵtɕi³³tlie³³	灵芝
an	kan³³tʂʅ³³	白皮蔗	lan³¹xua³⁵	兰花
en	ntau³¹qen³³naŋ³³	黄豆角	pu³⁵tou³¹xua³³sen³³	花生衣
in	pʰin³¹kuo⁵⁴	苹果		
aŋ	ȵtɕi³³ʔaŋ⁵⁵	泥菌	tsaŋ⁵⁵ntau³³	蓝花
ua	lan³¹xua³⁵	兰花	xua³³tsʰai¹³	花菜
ou	ntau³³sou⁴⁴tʰa³³	高粱秆	pu³⁵tou³¹xua³³sen³³	花生衣
oʯ	qa⁵⁵tɕʰʯ³¹toʯ³³	树疙瘩	tɕaŋ³³toʯ³³	树根

　　韵母以单元音及复合元音居多，鼻韵尾韵母较少。其中韵母 ua、an、in 均用于拼写现代汉语借词。

（三）声调

苗语植物名词的声调，一共有 8 个，如下所示。

调类	调值	调号	例词	汉义	例词	汉义
第一调	54	b	ȵtɕi⁵⁴	菌子	ɱaŋ⁵⁴	藤
第二调	35	x	tɕi³⁵	荞麦	pau³⁵	花
第三调	55	d	su⁵⁵	蒿	ʂʅ⁵⁵	红苋菜
第四调	13	l	ɱaŋ¹³	麻	tle¹³ntli³⁵	谷粒
第五调	33	t	ntau³³	树	ʐau³³	蔬菜
第六调	31	s	va³¹	粮食	mu³¹	红薯
第七调	11	k	zʅ¹¹	马铃薯	ɱo¹¹	麦子
第八调	31	f	tau³¹	豆	tʂʰa³¹	茶

通过对威宁县黑石头镇开厂村苗语的实地考察，我们发现当地苗语语音存在以下突出特点。

第一，出现了连读音变现象。词缀ʔa⁵⁵的声调出现了 11、31 调自由变读的情况；有的词中的前一音节受后一音节（尤其是鼻冠音声母音节组合成词时）的影响，出现后一音节声母的一部分变成前一音节韵尾的连读音变现象。例如，"名字"本读为 /ʔi⁵⁵ntsʅ³³/ 却可以读成 /ʔin⁵⁵tsʅ³³/，"尾巴"本读为 /ʔa⁵⁵ntsaŋ³³/ 却可以读成 /ʔan⁵⁵tsaŋ³³/，"嘴"本读为 /ʔa⁵⁵ȵtɕau³⁵/ 却可以读成 /ʔan⁵⁵tɕau¹³/，"舌头"本读为 /ʔa⁵⁵ntɬai³³/ 却可以读成 /ʔan⁵⁵tɬai³³/ 或 /ʔan³¹tɬai³³/。

第二，出现鼻音尾 -ŋ 变读为 -u 元音的情况。发音人是语言学专业的学生，但是他在发音的时候，语音和口形皆为 -u，但发音人坚持说发的是 -ŋ。例如，"雨"，发音人发的是 nau³¹，但其否认发该音，坚持认为发的是 naŋ³¹，因为 nau³¹ 在当地是"鸟"的意思。

第三，出现鼻冠音声母 nt-、ŋtɕ-、ŋtʂ-、ntɬ- 与塞音声母 t-，以及塞擦音声母 tɕ-、tʂ-、tɬ- 自由变读的情况。由此预测，以鼻冠音 n- 作为声母的苗语词语可能逐渐消失。例如，"杀（动物）"本读为 /nta³³/ 却可以读成 /ta³³/，"灰"本读为 /ŋtʂʰau³⁵/ 却可以读成 /tʂʰau³⁵/。

第四，有的三音节词中第二个音节的韵母会出现与第三个音节韵母同化的现象。例如，"圆"本读为 /ʔa³³qe⁵⁵lo¹¹/ 却可以读成 /ʔa³³qo⁵⁵lo¹¹/。有的三音节词中第二个音节的韵母与第三个音节的韵母出现了异化现象。例如，"牛草"本读为 /l̥iu¹³qa³⁵ŋaŋ³³/ 却可以读成 /l̥iu¹³qei³³ŋaŋ³³/，第二个音节 qa³⁵ 受后一音节影响发生异化的音变现象。

四 苗语植物名词的基本分类

苗语是一门古老且有着顽强生命力的语言，随着社会历史进程的不断发展，形成了今天语音系统完整、词汇丰富、表达能力强的独立语言学科。当今社会，苗族人民除少数改用汉语和其他民族语言外，90% 以上的人口仍在使用母语作为交际工具，可以说，苗语在相当长的时期内还将继续影响和服务于苗族社会的各领域。

苗语的词汇非常丰富，按照词的词汇意义和语法功能，苗语的词汇分为名词、量词、数词、方位词、代名词、动词、形容词、状词、副词、介词、助词、叹词和拟声词等 13 类。名词是苗语词汇中较丰富的一类词，苗语中词语的构成形式和汉语刚好相反，汉语中许多名词是偏正式结构，而苗语则是正偏式，这是苗语构词语序比较突出的一大特点。

苗语的名词分为专有名词和普通名词。专有名词是表示某人、某个地方或某些事物名称的词；普通名词则是表示人、事物等名称的词。在苗语植物名词中，既有专有名词，也有普通名词。苗语植物名词主要是根据苗族人民在认知事物过程中，植物与现实生活关系的亲疏远近，以及苗族人民在传统植物分类中的基本方式来分类的。据此可以将植物名词分为树类、草类、藤类、谷类、菜类、果类、豆类、瓜类、菌类、薯类、其他类等。我们在下文中一一介绍。

（一）树类

例词如下：

ntau^{33}tʂ^{h}a^{31}　茶树	ntau^{33}ki^{54}po^{33}　刺树	ntau^{54}mpa^{35}　杜仲 *
ntau^{54}se^{31}se^{55}　花椒树	ntau^{33}tsʅ^{33}tleu^{33}　核桃树	ntau^{33}tau^{31}　豆秸
ntau^{33}sou^{44}t^{h}a^{33}　高粱秆	ntau^{33}tsʅ^{55}pu^{11}ʮ^{33}　柿子树	ntau^{33}mu^{55}lie^{54}　红皮蔗

*ntau^{54}mpa^{35} "杜仲" 一词中的 ntau^{33} "树" 因受后一音节影响出现了变调现象。

从上述例词中，我们可以了解到在苗族人民认知中的树，不仅包括了高大的乔木，如 ntau^{54}mpa^{35} "杜仲"、ntau^{33}tʂ^{h}a^{31} "茶树"，同时也包括了一些矮小的灌木，如 ntau^{33}ki^{54}po^{33} "刺树"，甚至包括了谷类植物的秸秆，如 ntau^{33}sou^{44}t^{h}a^{33} "高粱秆"、ntau^{33}tau^{31} "豆秸"。此外，虽然有的树的性状已经发生了变化，但其仍然是以树来命名的，如 ntau^{33}q^{h}a^{55} "枯树"。

在苗语中，存在大量以 "ntau^{33}" 为构词语素构成的木本植物名词和相应的木类植物器官名词。这一方面反映了树木在威宁苗族地区人们的生产、生活中发挥了重要作用，另一方面说明了苗族人民在对木本植物的利用与认知中，对其内部组成器官有比较全面的认识。例如：

tṣaŋ⁵⁵ntau³³	树种	tɕi¹¹ntau³³	树枝	ntlau¹³ntau³³	树叶
pu³³teu⁵⁵ntau³³	树皮	ʔa⁵⁴tṣʅ³⁵ntau³³	树梢	kau³³ntau³³	树芽

正是由于木本植物在当地苗族人民的生产、生活中发挥了极其重要的作用，所以在命名上也会显得细致而周到，几乎涉及了所有与树相关的植物器官的名称。

（二）草类 ①

例词如下：

Nqəu³³ntsa³³	青草	Nqəu³³tṣʰɛ³³	嫩草
Nqəu³³ntsau³¹tli⁵⁵	狗尾草	Nqəu³¹vaŋ³⁵	黄草
Nqəu⁵⁴ŋtṣʰai¹¹	茅草	Nqəu³³ʔau³³	水草

从上述例词中，我们可以看出，无论是草类的生长环境还是其本身性状、外形差异等，都是通过复合词根语素 Nqəu³³ 来体现的，这说明草这一类别的词根语素始终没有发生变化。

（三）藤类

例词如下：

ɱaŋ⁵⁴mu³¹tʰʅ³³	何首乌藤	ɱaŋ⁵⁴ki⁵⁴po³³	刺藤
ɱaŋ⁵⁴tɕi³¹ntau³¹	缠树藤	ɱaŋ⁵⁴tau³¹	豆藤
ɱaŋ⁵⁴tau³¹ntla³³	刀豆藤	ɱaŋ⁵⁴qa³⁵mu³¹	地瓜藤

藤类植物包括各类藤，不管其与人类生产、生活的亲疏远近，

---

① 例词中的声调不同，是因发生了变调情况。

是否存在功能差异，都称为"$\mathrm{man^{54}}$"。出现的差异，是通过复合词根语素的变化来体现的，而表示"藤"的词根语素没有发生任何变化。

（四）谷类

例词如下：

$\mathrm{nan^{33}ntli^{35}}$	谷草	$\mathrm{ntli^{35}tlu^{54}}$	黑糯稻	$\mathrm{tle^{13}ntli^{35}}$	谷粒
$\mathrm{ntli^{35}lie^{54}}$	红米	$\mathrm{ntli^{35}q^ha^{54}}$	旱稻	$\mathrm{ntli^{35}tlu^{54}}$	黑米
$\mathrm{nan^{33}ntli^{35}}$	稻穗	$\mathrm{kau^{11}ntli^{35}}$	稻芽	$\mathrm{pau^{35}ntli^{35}}$	稻花

在苗语中，普通稻子与糯稻没有区分，因此我们可以看到上面的例词中"黑米"和"黑糯稻"语音形式都为"$\mathrm{ntli^{35}tlu^{54}}$"。另外，在苗语中，"稻""米""谷"均为"$\mathrm{ntli^{35}}$"，且有很多表示谷类的名词在苗语中没有对应的词。例如，在我们的词表中的"稗子／稗谷""白米稻""矮脚糯""秕子"等词，在滇东北苗语中没有与之对应的词。为何会出现称谓单一的情况？我们认为可能是由于苗族是一个迁徙民族，且目的地多为高山地区，故而对"稻"的称谓单一。

谷类名词在苗语中较少，这主要和当地苗族人民的生活环境有关。滇东北次方言苗语的粮食名词也比较特殊，如：粳稻、稻子、水稻、稻谷、粳米统称为"$\mathrm{ntli^{35}}$"，都是"米"的意思；荞麦、荞米、荞穗、荞子都称为"$\mathrm{tɕi^{35}}$"，是"荞"的意思。这一类的词都没有进行细分，可能是因为苗语词义扩大现象，也有可能是由于苗族地区很少见到这样的植物，没有与之对应的词语表达。

（五）菜类

例词如下：

ʐau³³qʰəu³³	莲花白	fu⁵⁵ʐau³³	萝卜	ʐau³³ʔie⁵⁵	芥菜
ʐau⁵⁴zu⁵⁴	椿菜	ʐau⁵⁴pau³⁵	花菜	tlo¹³ʐau⁵⁴lie⁵⁴	红油菜
ʐau³¹ki³¹ʂa³¹	灯笼椒	ʐau⁵⁴qʰa³³	薅菜	ʐau⁵⁴ntʂa⁵⁴	青菜

菜类植物包括原生植物，也包括人工加工后存储供无蔬菜的季节食用的菜。例如，ʐau⁵⁴nki¹¹ "干菜"、ʐau³³tʂʅ³³ "泡菜"。有的菜类植物由于对生长环境的要求不同，在威宁地区无法生长，例如 "茨菰" "水葫芦" 等因威宁地区无田而无法生长，故而没有这类植物的名词。

除了供人类食用的称为 "ʐau⁵⁴" 外，供动物食用的也称为 "ʐau⁵⁴"。例如，mpa³³ʐau⁵⁴ "肥猪草"、ʐau⁵⁴ŋa³³mpa³³ "浮萍" 均可用于饲养动物。

由于滇东北苗族聚居于高原，受地理因素及历史因素的影响，菜类植物名词不是很丰富。

（六）果类

例词如下：

tsʅ⁵⁵tʂʰa³¹	茶蘼	tsʅ⁵⁵ntlau¹³	草莓	tsʅ⁵⁵ʐa³⁵tsa¹¹	野地瓜
tsʅ⁵⁵pu³³ka³³ʐau³³	桑葚	tsʅ⁵⁵mi³³tsə⁵⁵	板栗	tsʅ⁵⁵kʰəu³³lie⁵⁴	红李
tsʅ⁵⁵ɱaŋ⁵⁴ki⁵⁴po³³	刺藤果	tsʅ⁵⁵tɕiu¹¹tɕiu¹¹	拐枣	tsʅ⁵⁵paŋ³⁵qəu⁵⁴	黄果

通过上述例词我们可以看出，苗语中的 "tsʅ⁵⁵" 既包括了果实的名称，也包括了果类植物的名称；既包括了野生植物的果实，如 tsʅ⁵⁵tʂʰa³¹ "茶蘼"、tsʅ⁵⁵ʐa³⁵tsa¹¹ "野地瓜"、tsʅ⁵⁵ɱaŋ⁵⁴ki⁵⁴po³³ "刺藤果"，也包括了人工种植获取的果实，如 tsʅ⁵⁵ntlau¹³ "草莓"、tsʅ⁵⁵paŋ³⁵qəu⁵⁴ "黄果"、tsʅ⁵⁵mi³³tsə⁵⁵ "板栗"。同时，也有将自然果实经过人工加工后形成的便于储存的果实，例如：tsʅ⁵⁵nki¹¹ "干

果"。可见，苗族人民在日常生活中，除了充分利用新鲜的果实，还会进一步加工存储，以备无该果实的季节食用。

水果类的名词在苗语中比较丰富，一些亚热带的水果都有自己的名称，如 $tsʅ^{55}kʰau^{33}vaŋ^{33}$ "黄李子"、$tsʅ^{55}paŋ^{35}qəu^{54}$ "橘子"、$tsʅ^{55}ʔie^{33}$ "苦果"、$tsʅ^{55}kʰəu^{33}$ "李子"、$tsʅ^{31}za^{33}$ "梨子"、$tsʅ^{12}tla^{35}tlau^{33}$ "毛桃"等。还有一些是本民族以前没有，后来传入的，这一类词是直接从汉语中音译过来的，如 $pʰin^{31}kuo^{54}$ "苹果"等。

（七）豆类

例词如下：

$tau^{31}tʂʰɛ^{33}$	嫩豆	$tau^{31}ntsa^{54}$	青豆、毛豆	$tau^{31}tleu^{54}$	白豆
$tau^{31}tsʰa^{33}$	扁豆	$tau^{31}tsʰa^{33}$	蚕豆	$tau^{31}ntla^{33}$	刀豆
$tau^{31}qʰo^{55}ɬa^{35}$	花生	$tau^{33}vaŋ^{35}ʔie^{55}$	苦黄豆	$tlai^{33}tau^{31}$	豆角

从上面的例词中可以看出，除了较为常见的豆类外，苗语将 $tau^{31}qʰo^{55}ɬa^{35}$ "花生"也归入豆类植物中，这体现了苗族人民根据果实来命名的认知模式。还有的豆类植物器官也以"tau^{31}"为主要构词语素。例如：

$zou^{11}tau^{31}$	豆苗	$pu^{33}teu^{55}tau^{31}$	豆皮	$ɱaŋ^{54}tau^{31}$	豆藤
$kau^{33}tau^{31}$	豆芽	$ntlau^{35}tau^{31}$	豆叶	$tli^{35}tau^{31}$	豆籽
$ntla^{33}tau^{31}$	豆荚	$ntau^{33}tau^{31}$	豆秸	$pu^{33}teu^{55}tau^{31}$	豆壳

这些词丰富了苗语豆类词汇。另外，还有经过人工加工的豆类名词，在苗语中也相当常见。这体现了人工加工是苗族人民进行食物储存的一种重要方式。在物资匮乏的年代，这不失为一种满足食物需求的重要方式。例如，$tlai^{33}tau^{31}nki^{11}$ "干豆角"这一食物现在在苗族人民生活地区仍然存在，只是不再像以前那么重要了，

可以被很多现代农业种植出来的蔬菜所取代，但是在农村仍然比较
常见。

（八）瓜类

常见例词如下：

ki⁵⁴mpa⁵⁴	黄瓜	ki⁵⁴tau⁵⁴	葫芦	ki⁵⁴tau⁵⁴mpa⁵⁴	葫芦瓜
ki⁵⁴mpa⁵⁴tʰau⁵⁴	冬瓜	ki⁵⁴tli⁵⁴tleu⁵⁴	白黄瓜	ki⁵⁴mpa⁵⁴	南瓜
ki⁵⁴mpa³³tʂʰɛ³³	嫩瓜	ki⁵⁴mpa⁵⁵lau³³	老瓜		

上述例词是苗语瓜类植物中较常见的一些。另外，瓜类植物的器
官通常亦是以"ki⁵⁴mpa⁵⁴"与相应的词根语素复合构词的。例如：

ŋtɕio³³ki⁵⁴mpa⁵⁴	瓜蒂	ŋtɕio³³ki⁵⁴mpa⁵⁴	瓜杆	pau³⁵ki⁵⁴mpa⁵⁴	瓜花
tɕaŋ³³ki³⁴mpa³¹	瓜蔓儿	pu³³teu⁵⁵ki⁵⁴mpa⁵⁴	瓜皮	ŋu⁵⁵ki⁵⁴mpa⁵⁴	瓜瓢
m̥aŋ⁵⁴ki⁵⁴mpa⁵⁴	瓜藤	tli³⁵ki⁵⁴mpa⁵⁴	瓜子	ki⁵⁴mpa⁵⁴lʐ³³	烂瓜

（九）菌类

常见例词如下：

ŋtɕi³³ʔaŋ⁵⁵	泥菌	ŋtɕi³³qa⁵⁵n̥iu¹³	牛屎菌	ŋtɕi³³tlie³³	灵芝
ŋtɕi³³pu¹¹nkəu⁵⁵	马屁包	ŋtɕi³³tlo³⁵qai⁵⁴	鸡油菌	ŋtɕi⁵⁴teu³³qai⁵⁴	黄丝菌
ŋtɕi⁵⁴tleu⁵⁴	白菇	ŋtɕi⁵⁴lie⁵⁴	红菌	ŋtɕi⁵⁴vaŋ³³	黄菌

从上述的例词中，我们可以看到，苗族的菌类植物既包括了可
食用菌，也包括了非食用菌，同时还包括了药用菌。

（十）薯类

常见的例词如下：

qei⁵⁴mu³¹tleu⁵⁴	白心薯	mu³¹tleu⁵⁴	白薯/地瓜	mu³¹	红薯，红苕
qei⁵⁴mu³¹lie³³	黄心薯	qa³⁵mu³¹	地瓜	mu³¹tʰʅ³³	何首乌

上述例词是苗族人民生活地区常见的一些薯类植物名词，以薯类果实为主要对象。当然，还有很多薯类植物器官也是以"mu³¹"为主要词根语素的。例如，mu³¹nki³¹"红薯干"、zou⁵⁴mu³¹"红薯秧"等。

（十一）其他类

在苗语中，有很多植物名词没有进行细分，也不知道究竟是属于哪一类，因此归入其他类中。例如：

ki⁵⁵ɬʅ³³	半夏	qa⁵⁵ntsʰa⁵⁵	青苔	tʂʅ³¹pʰə⁵⁵	姜
ʂʅ⁵⁵paŋ³³qau³¹	糠	pu¹¹qʰa³³	藿麻草	ki⁵⁵tʰa³³	韭菜
ŋtau¹³təu³¹	金竹叶	qa³⁵va³³	山药	ʔa³³tsʰau³³	核儿

另外，还有很多比较相似的事物，都是用一个名词来进行表达。例如，"花椒""胡椒"在苗语中都说成"se³¹se⁵⁵"。

从以上各类名词可以看出，苗语的名词多是被修饰成分在前、修饰成分在后，如"绿叶"tlau¹²ntsa³³，与之相对应的翻译是"叶绿"。

五 苗语植物名词构词结构及特征

苗语植物名词，有的根据音节数量的多少构词，有的根据音节间的意义搭配来构词（语法构词）。

在讲苗语植物名词时，我们还应提及语素这一基本的构词概念。语素是语言中最小的音义结合体，一般一个音节就是一个语素。苗语中包括了构词语素与语法语素。构词语素有词根语素与词缀语素，词根语素有名词性的、形容词性的。词缀基本为前缀，即使一些三音节、四音节复合词中有处在中间位置的词缀语素出现，也是由于这一词缀语素要与后一词根语素搭配成词。这不同于英语中出现中缀的情况，暂且称其为"中词缀"。通过调研我们发现，威宁苗语植物名词中的词缀以前缀为主，存在一定数量的"中词缀"。

（一）单音节词与多音节词

根据音节多少分类，有单音节词、双音节词、三音节词、四音节词，等等。除了单音节词外的词均可称为多音节词，如下所示。

1. 单音节植物名词

单音节植物名词是由一个音节构成的词（也可以叫单音节单纯词）。例如：

ʐau³³	蔬菜	ntau³³	树	ntli³³	稻米
tɕi³⁵	荞子	ŋtɕi³³	蘑菇	m̥o¹¹	麦子

2. 双音节植物名词

双音节植物名词是由两个音节构成的植物名词。例如：

qa⁵⁵ntsʰa⁵⁵	青苔	ki⁵⁵ʂa³³	辣椒	pu³⁵l̩au³³	壳
Nqəu³³ntsa³³	绿草	ntau³³qʰa⁵⁵	枯树	m̥aŋ³³ vaŋ³⁵	黄麻

3. 三音节植物名词

三音节植物名词是由三个音节构成的植物名词。例如：

Nqəu⁵⁴ŋtʂʰai¹¹ɬo⁵⁴	大茅草	ʐau⁵⁴kau³³tau³¹	豆芽菜
tsɹ̩⁵⁵paŋ³⁵qəu⁵⁴	橘子	tɕaŋ³³ki³³tʰa³³	韭头

4. 四音节植物名词

四音节植物名词是由四个音节构成的植物名词。例如：

| ki³³ʂa³³na³¹ntu³⁵ | 朝天椒 | ȵtɕi³³pai³¹ka³³mi³³ | 奶浆菌 |
| ntau³³tʂʅ⁵⁵paŋ³⁵qəu⁵⁴ | 黄果树 | fau⁵⁵ʐau⁵⁴pu³³tʰu³³ | 胡萝卜 |

此外，有少量的五音节词，如 ntlau³⁵ tsʅ⁵⁵pu³³kaŋ³³ʐau³³ "桑叶"；还有一些六音节词，多为现代汉语借词。

（二）单纯词与合成词

苗语植物名词中有单纯词和合成词两类。

1. 单纯词

所谓单纯词，指的是由一个语素构成的词。根据音节的多少，可以分成单音节单纯词、双音节单纯词和多音节单纯词三类。

（1）单音节单纯词

单音节单纯词是由一个音节构成的单纯词，这类词在苗语中的比例不大。例如：

| ȵtɕi³³ | 蘑菇 | m̥aŋ⁵⁴ | 藤 | ntli³³ | 稻米 |
| m̥o¹¹ | 麦子 | m̥aŋ¹³ | 麻（一种植物） | təu³¹ | 金竹 |

（2）双音节单纯词

双音节单纯词是由两个音节组合而成的单纯词，这类词在苗语中数量较多。例如：

| se³¹se⁵⁵ | 胡椒 | ʂʅ⁵⁴tlo⁵⁴ | 竹子 | mi³³tsə⁵⁵ | 栗子 |
| pau¹³fu³⁵ | 薄荷 | Nqəu⁵⁴ȵtʂʰai¹¹ | 茅草 | ʂəu³⁵tʰa³³ | 高粱 |

部分双音节借词也属于双音节单纯词这一类。这类借词往往来自汉语，且属于音义全借词，借入后两个音节不能拆开，一旦拆开各音节就无实际意义。例如，lan³¹xua³⁵ "兰花"、xua³³tsʰai¹³ "莲花菜"、pʰin³¹kuo⁵⁴ "苹果"，等等。

（3）多音节单纯词

多音节单纯词是由三个及三个以上音节组合成的单纯词，例如：

| $tsʅ^{55}nau^{31}nəu^{33}$ | 葡萄 | $ki^{55}ʂa^{33}nkau^{31}$ | 茄子 |
| $fau^{55}ʐau^{54}pu^{33}tʰu^{33}$ | 胡萝卜 | | |

多音节单纯词中有一定数量的汉语借词。例如，$la^{55}pa^{33}xua^{33}$ "喇叭花"、$se^{13}xui^{13}tsu^{55}ji^{24}$ "社会主义"、$tsoŋ^{33}xua^{31}zən^{31}min^{31}koŋ^{13}$ $xo^{31}kue^{31}$ "中华人民共和国"，等等。这类词音义全部借自汉语，各音节对应的汉语意义不变，但是不可拆开使用。

2. 合成词

合成词包括成派生词和复合词两类，都是由两个或两个以上的音节构成的词。这种构词法是采用语法手段来构成新词。派生词在苗语植物名词中所占比例较大。复合词在苗语植物名词中种类多、数量多，所占比例最大。

（1）派生词

在苗语的植物名词中，派生词主要是"词缀＋词根→派生完形词"的形式。例如：

| ki^{55} | mpa^{54} | 瓜 | qei^{33} | $və^{33}$ | 葫芦 | qa^{35} | $ŋaŋ^{33}$ | 草 |
| 前缀 | 瓜 | | 前缀 | 葫芦 | | 前缀 | 草 | |

（2）复合词

在苗语植物名词中，复合词以"词根＋词根→复合完形词"（双音节词）的形式最为常见，同时也有"词根＋词根＋词根→复合完形词"（三音节语）、"（词缀＋词根）＋词根→复合完形词"（三音节词）、"词根＋（词缀＋词根）→复合完形词"（三音节词），以及"词根＋（词缀＋词根）＋词根→复合完形词"（四音节词）等形式。

① "词根＋词根→复合完形词"形式在苗语植物名词中为双音节复合词的主要构词形式。例如：

Nqəu³³ʔau³³ 水草	tʂaŋ⁵⁵ntau³³ 树种	qəu¹³ŋtau³³ 野葱
草 水	种 树	葱 坝子
ntau³³ vaŋ³⁵ 黄豆	ŋtau¹³təu³¹ 金竹叶	ntli³⁵qʰa⁵⁴ 旱稻
豆 黄	叶 金竹	稻 干

在这类词中，两个语素均为实词性词根语素，可以独立自由运用。且前一个语素为整个词的中心语素，在语法上形成"中心语素 + 修饰性语素"的形式。其中，中心语素多为名词性词根语素，而修饰性语素多为名词性词根语素和形容词性词根语素，构成的是正偏式复合词。

②"（词缀 + 词根）+ 词根→复合完形词"形式在苗语植物名词中也相当常见。例如：

ki⁵⁵	ʂa³³	ntsa⁵⁴	青椒	ki³⁵	tli³³	ʔie⁵⁵	苦黄瓜
词缀	辣椒	青		词缀	黄瓜	苦	
qa³⁵	tɕʰʐ³¹	toŋ³³	树桩	ʔa⁵⁴	tʂʅ³⁵	ntau³³	树梢
词缀	根	木柴		词缀	尖	树	

通过上述例词我们可以看出，词缀多为第二语素的前缀，同与其紧密相连的第二语素构成"前缀 + 词根→派生完形词"的形式，因此我们可以将这类词看成"派生完形词 + 词根→复合完形词"的形式，其中派生完形词充当的是中心语素成分，而最后一个词根语素是修饰性成分，中心语素多为派生完形词形式的名词，而修饰性语素多为形容词性词根语素和名词性词根语素，构成的复合词为正偏式复合词。

③"词根 +（词缀 + 词根）→复合完形词"形式在苗语植物名词中比较常见。例如：

ɱaŋ⁵⁴	ki⁵⁴	mpa⁵⁴	瓜藤	ŋtɕi³³	ki³³	tʰa³³	扫把菌
藤	词缀	瓜		菌	词缀	扫把	
tʂɿ⁵⁵	qei³³	və³³	救兵粮				
果实	词缀	石头					

通过上述例词我们可以看出，在这类构词形式中，词缀多为第三语素的前缀，其构词形式应为"词根+派生完形词（词缀+词根→派生完形词）→复合完形词"的形式。由于词缀处于整个词中间的位置，我们称这个复合词中的词缀为"中词缀"，中词缀必须要与最后一个词根语素构成派生完形词，然后再与第一语素复合成词，构成正偏式复合词。

④ "词根+词根+词根→复合完形词"的构词形式，在苗语植物名词中有一定数量，常见的词如：

pau³⁵	tsʐ³³	ta⁵⁵	臭牡丹	ŋtɕi⁵⁴	kuo³³	Nqəu⁵⁴	草菌
花	闻	臭		菌	底部	草	
ntau³³	tʂʰa³¹	tlo¹²	茶油树	ɱaŋ⁵⁴	tɕi³¹	ntau³¹	缠树藤
树	茶	油		藤	爬	树	

在上述例词中，三个词根中的每一个词根都可以作为一个自由语素独立使用。第一词根语素为中心语素，通常是由名词性词根语素充当，第二语素和第三语素都是修饰性词根语素，共同修饰和限定第一语素，构成正偏式复合词。

⑤ "词根+（词缀+词根）+词根→复合完形词"的构词形式，在苗语植物名词中的数量不多。常见的词如：

tsɿ⁵⁵	pu³³	kaŋ³³	ʐau³³	马桑果
果	词缀	虫子	菜	（桑葚）

在这类词中，第二个语素是词缀语素，其必须与第三、第四语素构成派生完形词，再与第一语素复合成词，构成的也是正偏式复合词。

⑥ "词缀 + 词根 + 词缀 + 词根 → 复合完形词" 的构词形式，是由两个派生完形词构成的一个复合完形词。例如：

pu^{33}	təu^{55}	ki^{54}	mpa^{54}	瓜皮	pau^{35}	tsʅ^{55}	mi^{33}	tsə^{55}	板栗花
词缀	皮	词缀	瓜		花	果实	词缀	栗子	

⑦ "词缀 + 词根 + 词根 + 词根 → 复合完形词" 的构词形式，是由前两个语素构成的派生完形词与两个词根语素构成的一个复合完形词。例如：

ki^{33}	ʂa^{33}	na^{31}	ntu^{35}	朝天椒
词缀	辣椒	看	天	

其中派生完形词为中心语素，后两个语素为修饰性语素，构成的复合词为正偏式复合词。

⑧ "词根 + 词根 + 词缀 + 词根 → 复合完形词" 的构词形式，是由第一词根语素 + 第二词根语素 + 派生完形词［词缀（第三语素）+ 词根（第四语素）→ 复合完形词］构成的一个复合完形词。

tsʅ^{55}	mʐaŋ^{54}	ki^{54}	po^{33}	刺藤果	ntau^{33}	tsʅ^{55}	ki^{54}	tlau^{54}	山楂树
果实	藤	词缀	刺		树	果实	词缀	山楂	

这种构词形式也是以第一语素为中心语素，第二、第三、第四语素为修饰性语素所构成的复合完形词。

此外，在苗语植物名词中，还有一定数量的复合完形词是由词根与单纯词复合而成的。常见的有 "词根 + 词根 + 双音节单纯词 → 复合完形词" 的构词形式。例如：

ntau³³	tsʅ⁵⁵	pu¹¹ʐ̩³³	柿子树	tli¹³	tsʅ⁵⁵	nau³¹nəu³³	葡萄籽
树	果实	柿子		籽	果实	葡萄	
ŋtɕi³³	pai³¹	ka³³mi³³	奶浆菌	ntau³³	tsʅ⁵⁵	mi³³tsə⁵⁵	栗子树
菌	出	奶		树	果实	栗子	

在这类植物名词中，第一词根语素为中心语素，第二、第三语素为修饰性语素，所构成的植物名词为正偏式植物名词。

总体来说，苗语植物名词的构词形式是以正偏式构词为主，这是苗语植物名词构词形式的一个共同特征。

（三）外来词（借词）

随着时代发展，除了本族固有词外，在与其他民族交流过程中，苗族会从其他民族借用一定数量的词来丰富和完善原有词汇。苗族是一个迁徙民族，在长期的迁徙过程中，或多或少地会与其他民族有接触，借词应运而生。苗语的借词多是借自当地汉语方言，有全借词和半借词等类型。

1. 全借词

全借词指音和义均借自外来语的词，有单音节借词、双音节借词、三音节借词，等等。常见的借词以两个或两个以上音节的借词类型为主，这类植物名词借词以苗族生存的生态环境中少见的植物或外来名词为主。例如：

ʐu¹¹	洋芋	tau³¹	豆
lan³¹xua³⁵	兰花	tɕi³³tsoŋ³³	鸡枞菌
kəu³³tɕi³¹tsʅ⁵⁵	枸杞子	la⁵⁵pa³³xua³³	喇叭花

2. 半借词

在这类词中有一部分是借自汉语的词（加粗部分均为借词）。例如：

pu³³teu⁵⁵	**xua³³sen³³**	花生衣	tlau³⁵	**vaŋ³³**	黄叶
皮	花生		叶	黄	
pa⁵⁴pa⁵⁴	ntli³⁵	糍粑*	ntau³³	**tʂʰa³¹**	茶树
粑粑	米		树	茶	

也可说 ntli³⁵ɕe⁵⁴，ɕe⁵⁴ 是"粑粑"，是苗语固有词。

这类词在苗语植物名词中也是比较常见的类型，有的词的借入时间相对来说比较久远，有点类似于从古汉语中借入的，例如：vaŋ³³"黄"。

（四）同义词与多义词

1.同义词

我们发现在苗语植物名词中存在两个同义词根语素并用的现象。例如：

| ʈau³³ | ʔəu³³ | 山林 | ŋ̍e³⁵ | ɕau³³ | 年轮 |
| 山 | 山 | | 年 | 年 | |

2.多义词

所谓多义词，指的是具有多个词语意义的词。在苗语植物名词中有一些多义词存在，这些多义词多有两个意义，其中一个是植物名词义，另一个为非植物名词义。例如：

| ki⁵⁵tʰa³³ | 韭菜 | ki⁵⁵tli³³ | 山林 | pu¹¹qʰa³³ | 霍麻草 | ki⁵⁵ɭ̍³³ | 半夏 |
| | 扫帚 | | 狐狸 | | 老变婆 | | 蚊子 |

以上几种词类、词义构词形式，是苗语植物名词中一些常见的构词形式。通过上述研究，我们发现在苗语植物名词中，复合词是

主要的构词形式，且以正偏式复合词形式为主。

六　苗语植物名词命名理据

早在战国时期，荀子就在其《正名》篇中讲道："形体、色理以目异；声音清浊、调竽奇声以耳异；甘、苦、咸、淡、辛、酸、奇味以口异；香、臭、芬、郁、腥、臊、洒酸、奇臭以鼻异；疾、养、沧、热、滑、铍、轻、重以形体异；说、故、喜、怒、哀、乐、爱、恶、欲以心异。"由此可见，在战国时，人们就采用耳听、眼看、口尝、鼻闻等方式来认知这个世界。苗族人民在认知外界事物时，大多也以这些方式为主。

1. 根据味道命名的常见植物名词，例如：

ȵtɕi^{13}qaŋ^{54}　　甜荞 荞　香	ȵtɕi^{13} ʔie^{55}　　苦荞 荞　苦	ʐau^{33}ʔie^{55}　　苦菜 菜　苦

2. 根据颜色命名的常见植物名词，例如：

ȵtɕi^{54}lie^{54}　　红菌 菌　红	ntli^{35}tlu^{54}　　黑米 米　黑	pau^{35}tleu^{54}　　白花 花　白

3. 根据生长处所命名的常见植物名词，例如：

vaŋ^{35}ʐau^{54}　　菜园菜 园子　菜	qəu^{13}ɳʈau^{33}　　野葱 葱　坝子	ȵtɕi^{33} ʔaŋ^{55}　　泥菌 菌　泥土

4. 根据生长环境命名的常见植物名词，例如：

ʐau^{54}q^{h}a^{33}　　焯菜 菜　焯	ȵtɕi^{33}qa^{55}n̥iu^{13}　牛屎菌 菌　屎　牛	Nqəu^{33}ʔau^{33}　　水草 草　水

5.根据收成时间命名的常见植物名词，例如：

ntli³⁵ntsʰie³³　新米	ntli³⁵ lau¹¹　陈米	tʂʰa³¹ tʂʰɛ³⁵　新茶
米　新	米　旧	茶叶　新

6.根据植物本身性质命名的常见植物名词，例如：

ʐau⁵⁴ntsʰ1̩⁵⁴　粗菜	ŋtɕi³³nki³³　干蘑菇	ntau⁵⁴mpa³⁵　杜仲
菜　粗	蘑菇　干	树　丝绸

7.根据产出物、渗出物命名的常见植物名词，例如：

ntau³³tʂʰa³¹tlo¹³　油茶树	ŋtɕi³³pai³¹ka³³mi³³　奶浆菌	ʐau³³ tʂ1̩³³　泡菜
树　茶　油	菌　出　奶	菜　泡

8.根据外部突出特征命名的常见植物名词，例如：

tɕau³³ki³¹ʈau³¹　折耳根	tʂ1̩⁵⁵ ntlau¹³　草莓	tlai³³tau³¹　豆角
根　指甲	果实　花纹	舌　豆

9.根据生长外观命名的常见植物名词，例如：

ʐau³³qʰeu³³　卷心菜	Nqəu³³ntsau³¹tli⁵⁵　狗尾草	ŋtɕi³³ki³³tʰa³³　扫把菌
菜　卷	草　尾　狗	菌　扫把

10.根据口感、质地命名的常见植物名词，例如：

ŋtɕi³³pu¹¹nkəu⁵⁵　马屁包	ʔa³³tsʰau³³　核儿	tʂ1̩⁵⁵qei³³və³³　救兵粮
菌子　脆骨	骨头	果实　石头

11.根据食用者命名的常见植物名词，例如：

nə³¹qei³³ŋaŋ³³　马草	ɭiu¹³qei³³ŋaŋ³³　牛草	mpa³³ʐau⁵⁴　猪菜
马　草	牛　草	猪　菜

12. 根据生长时节命名的常见植物名词，例如：

pau¹³ŋtʂau³³　山花（农历十二月左右盛开） 花　冬	tsʅ³¹tla¹³ntso⁵⁵　　　　三月桃 桃　旱

13. 根据水分含量来命名的常见植物名词，例如：

ʔau⁵⁵ʐau³³　　魔芋 水　魔芋	tsʅ³¹tla¹³ʔau³³　水蜜桃 果实　桃　水	ʐau⁵⁴ŋki¹¹　　干菜 菜　干

14. 根据果实生长过程中储存器命名的常见植物名词，例如：

tsʅ⁵⁵li³³pʰʅ³³　　石榴 果实　瓶子	ntau³¹qen³³naŋ³³　黄豆角 豆角　袋子	xua³³sən³³　　花生 豆　泥巴洞

tsʅ⁵⁵li³³pʰʅ³³"石榴"，第一个语素"tsʅ⁵⁵"是"果实"的统称，而"li³³pʰʅ³³"的汉语意思是"瓶子"，语义上可以理解为"生长在像瓶子一样的果皮里的果实"。

15. 根据将植物人为加工后的产出物命名的常见植物名词，例如：

ʐei³³ʐau³³qʰa³³　干菜 晒　菜　干	ʐau³³tsʅ³³　　泡菜 菜　泡	ŋtɕi³³ŋki³³　干蘑菇 蘑菇　干

从上述植物及植物产出物的命名方式来看，苗族人民在认知外界事物时采用的认知方式更加丰富和细致。除了常见的味道、颜色、生长处所、生长外观、生长环境、植物本身的性质等特征外，还可以根据收成时间、产生物和渗出物、可食用植物的口感和质地、食用者、水分含量、果实生长过程中储存器等作为植物命名的依据。

七 苗语植物名词的文化内涵

苗语植物名词的文化内涵十分丰富，在古歌、谚语、诗歌以及其他一些文学作品中都会有体现，主要体现苗族传统的婚姻观、恋爱观、道德观、价值观。在言语表达中，人们常将植物作为喻体来进行修辞表达，丰富语言的表现形式。例如，"ni¹¹ pɹʏ¹¹pɹho³³ su¹¹ le¹¹ paŋ³⁵ tsi⁵⁵ ɬuɑ³⁵（她的脸庞好像桃花一样）。"该句将姑娘的脸庞比喻成桃花，像桃花一样白里透红。

在诗歌当中，人们也惯于采用比喻的修辞手法，把人比喻为植物。例如，"ŋɯ³⁵ ʂaŋ⁵⁴ tɯ³³ zoŋ³³ ŋɯ³⁵ ʂaŋ⁵⁴ mo¹¹（情妹得好当家去），l̥hɑ¹¹ zi³⁵ tɯ³³ ti⁵⁵ ɳɔ⁵⁴ su¹¹ te⁵⁵ tɯ³³ nto³⁵ po¹¹ huɑ⁵⁴（情哥命苦像枝花儿开在云雾里）。"上述两句诗，来自《苗族抒情诗选》，把正值恋爱期间的青年男性的命运比喻成开在云雾里的花朵，悲苦不已，难见天日。

在苗族婚姻礼词中，人们也常常采用比喻的修辞手法，例如，"……tuɑ³⁵ tso³¹ ɳtʂʅ¹¹ tsuɑ³¹ ɳtʂʅ¹¹ tʂuɑ³¹（来到那个荒草坝），ɳtʂʅ¹¹zoŋ⁵⁵ ɳtʂʅ¹¹ tɕuɑ³⁵ ntsoŋ³⁵ zuɑ³⁵（箐里竹梢伸上天）。"这个句子，将新郎的家庭所在地比喻为"荒草坝"，将新郎比喻为"竹梢"，意指在这段婚姻中，是男方高攀了女方。"……tɑo³¹ tʂe⁵⁵ muɑ³⁵ lo⁵⁴ zoŋ³³ vɯ³⁵（房前有块好菜园），ɳthuɑ⁵⁴ vɯ³⁵ ɳthuɑ⁵⁴ tʂe⁵⁵ muɑ³⁵ te⁵⁵ pɯ³⁵（院里有朵好鲜花）。qou³¹ tʂe⁵⁵ muɑ³⁵ tɑi⁵⁴ zoŋ³³ pɑo³⁵ te⁵⁴ to³¹（屋后有块好菜园），ɳthuɑ⁵⁴ vɯ³⁵ ɳthuɑ⁵⁴ tʂe⁵⁵muɑ³⁵ te⁵⁵zoŋ³³ pɑɯ³⁵ ɳa³⁵ ko⁵⁴（屋里好花正鲜艳）。"这几句礼词，把新娘生活的家庭比喻成房前屋后的好菜园，证明新娘的生活条件好，环境优越，而新娘则被比喻成鲜艳的花朵。同时，还运用对比的修辞手法，如"房前"与"屋后"、"竹梢"与"花朵"、

"荒草坝"与"好菜园",等等。这段婚姻礼词,主要体现了苗族人民尊重女性及重视女性的社会地位的民族传统文化。"pau³⁵tæʮ³¹ za o³¹ tʂ₁³³tʂ₁⁵⁵(花开要结果),tʂ₁³³tʂ₁⁵⁵ za o³¹ tʂ₁⁵⁵ tɬʰu a³⁵(结果是桃子)。"这句礼词说明男女结婚后,一定要生育后代。在这两句中,既有比喻的修辞手法,把新娘比喻成"花朵",把结婚比喻为"开花",把婚后生育的孩子比喻为"桃子",体现了苗族传统的婚姻观;又有顶真的修辞手法,如"……tʂ₁³³tʂ₁⁵⁵,tʂ₁³³tʂ₁⁵⁵……"。顶真手法的使用,让人体会到诗意层层递进,节奏明快,进而让作者与读者的情感得到最大限度的激荡。

在《西部民间文学作品选(1)》关于兄妹结婚的片段中,对人物形象的描写采用了比拟的修辞手法。例如,"……su¹¹ lo⁵⁴ tou⁵⁴ pu³¹(像个冬瓜样)。"该句把人比作冬瓜。兄妹结婚后,生下的孩子像冬瓜一样,秃秃的,既没有眼睛,也没有耳朵。"……mua⁵⁴ tʂao⁵⁴ pæʮ³⁵ tɬe³⁵ tʂo³⁵ ŋaɯ³¹ʔaɯ⁵⁵(把菖蒲踩入泥巴),pæʮ³⁵ tɬe³⁵ ʔi⁵⁴ tɕe⁵⁵ lo³³ lua³⁵ taɯ¹¹:……(菖蒲开口骂:……)。"在这个片段中,将菖蒲采用了拟人化手法,体现了反对兄妹结婚的婚姻观,否则,生出来的孩子也是没有手脚,没有眼睛耳朵,不为世人所接受的。这一文学作品体现了苗族婚姻文化是禁止兄妹通婚的,也是血缘婚被禁止的一个重要文献来源。

八 结语

总体来说,苗语植物名词无论从基本分类、构词结构与构词形式、命名理据还是从文化内涵来说,都有其独特之处。

首先,苗语植物名词主要是根据苗族人民在认知事物过程中,植物与现实生活关系的亲疏远近及苗族人民在传统植物分类中的基本方式来分类的,主要包括了树类、草类、藤类、谷类、菜类、果类、豆类、瓜类、菌类、薯类、其他类。

其次，苗语植物名词根据不同的要素分成不同的形式。第一，根据音节的多少，分为单音节词和多音节词；第二，根据意义的多少，分成单义词与多义词；第三，根据词汇来源分成借词（包括全借词与半借词）与固有词；第四，根据语素的多少，分成单纯词和合成词。其中，合成词包括派生词与复合词两类，苗语以复合词为主，以派生词为辅。其中派生词主要的构词模式为"词缀＋词根→派生完形词"。复合词有九种构词形式：①"词根＋词根→复合完形词"；②"（词缀＋词根）＋词根→复合完形词"；③"词根＋（词缀＋词根）→复合完形词"；④"词根＋词根＋词根→复合完形词"；⑤"词根＋（词缀＋词根）＋词根→复合完形词"；⑥"词缀＋词根＋词缀＋词根→复合完形词"；⑦"词缀＋词根＋词根＋词根→复合完形词"；⑧"词根＋词根＋词缀＋词根→复合完形词"；此外，还有"词根＋词根＋双音节单纯词→复合完形词"的构词形式。

再次，苗语植物名词的命名理据。除了有根据味道、颜色、生长处所、生长外观、生长环境、收成时间、植物本身的性质、产出物和渗出物、可食用植物的口感和质地等因素来命名的外，还有根据植物食用者、水分含量、果实生长过程中储存器等因素来命名的，体现了苗族人民独特的认知观与思维观。

最后，苗语植物名词中蕴含的文化内涵，主要是通过苗语的言语表达形式来展现的，在口语交流、文学作品中都有体现，如婚姻礼词、民歌、民间谚语、民间故事，体现了苗族人民的婚姻观（禁止血缘婚）、恋爱观（恋爱就要结婚，结婚就应该有子嗣）、道德观（兄妹如果结婚，将会遭受到各种各样的惩罚）。

此外，由于苗族是一个迁徙民族，多住在高山上，因此，在苗族的农业生产中缺少某类植物，也相应缺少某类植物名词，例如，"茨菰"，指一种生长在水田里的植物，有的根茎呈圆球形，有的呈椭圆形，味苦，是蔬菜的一种，可食用。"稗子 / 稗谷"是一种生长在水田中，神似稻秧并吸取本应为稻秧吸取的养分却不能为人类提供稻谷的植物。另外，大米只有一个统称 ntli^{35}，只分新旧，例如，新米为 ntli^{35}ntsʰie^{33}，旧米（陈米）为 ntli^{35}lau^{11}。糍粑，在苗语中是合璧词，苗语为 pa^{54}pa^{54}ntli^{35}，也可说 ntli^{35}ɕe^{54}，ɕe^{54} 是"粑粑"的意思。总体来说，在苗语中对米的种类没有更细致的区分，这体现了苗族的认知观与其生活的自然环境有紧密的联系。

参考文献：

[1] 蔡吉燕，邵选林 . 布依语植物名词构词特征及文化内涵研究 [J]. 贵州民族研究，2019，40（11）：168–173.

[2] 惠慧 . 俄汉语植物词文化内涵差异对比研究 [J]. 当代教育实践与教学研究，2017（10）：238–239.

[3] 温显贵，成文露 .《尔雅》植物名词重出现象简论 [J]. 湖北大学学报（哲学社会科学版），2017，44（03）：142–147.

[4] 龙浩海 . 德宏傣语植物名词研究 [D]. 中央民族大学，2017.

[5] 田兵 . 约翰逊《英语词典》的语文性与专科性——基于植物名词条目的研究 [J]. 外国语文，2017，33（01）：104–109.

[6] 古红梅 . 浅析苗语川黔滇次方言中的植物隐喻 [N]. 贵州民族报，2017–01–05（C03）.

[7] 庄卉洁 . 佤语动植物复音节名词研究 [J]. 民族论坛，2016（05）：105–109.

[8] 王丹，吴文君 . 野洞河苗语植物名称探析 [J]. 凯里学院学报，2015，33（05）：72–74.

[9] 李润桃 . 取象于人的植物名词研究 [J]. 安阳工学院学报，2015，14（01）：47–52.

[10] 刘禹 . 傈僳语植物名词研究 [D]. 云南民族大学，2014.

[11] 李坤 . 基于文化伴随意义的俄语植物名词分类 [D]. 新疆大学，2012.

[12] 谢美英 . 从《尔雅》植物名词看中国古人的器物制造 [J]. 百色学院学报，2010，23（03）：21-27.

[13] 萨仁图雅 .《二十一卷本辞典》植物名词研究 [D]. 内蒙古大学，2010.

[14] 王宁 . 俄语中的动植物名词涵义 [D]. 上海外国语大学，2009.

[15] 晁正蓉 . 维吾尔语动植物名词做比喻所体现的民族文化内涵 [J]. 现代语文（语言研究版），2009（01）：77-78.

[16] 李润桃 . 以动物为原型的植物名词研究 [J]. 河南师范大学学报（哲学社会科学版），2008（05）：145-147.

[17] 张晓丽，杨华 . 英语中植物名词喻人的表达法 [J]. 英语知识，2008（05）：26.

[18] 王晓兰 . 植物名词趣喻 [J]. 今日中学生，2007（11）：23.

[19] 谭宏姣 . 汉语植物命名中的类比思维 [J]. 社会科学战线，2006（02）：310-312.

[20] 王晓兰 . 巧用植物来比喻 [J]. 学生之友（小学版 B），2005（11）：19.

[21] 张艺芬 . 英汉植物名词的文化内涵 [J]. 宜宾学院学报，2003（04）：88-89.

[22] 曲木铁西 . 彝语义诺话植物名词的语义分析 [J]. 语言研究，1993（02）：180-189.

附录：

词条	苗语音标	词条	苗语音标
艾草 / 艾蒿	su⁵⁵mpə³¹	稗子 / 稗谷	—
艾麻	naŋ²¹naŋ⁵⁵	竹（又高又大）	ʂʅ⁵⁴tlo⁵⁴
艾叶	ntlau³⁵su⁵⁵	金竹	ʈeu³¹
白皮蔗	kan³³tʂʅ³³	板栗	tsʅ⁵⁵mi³³tsə⁵⁵
白薯 / 地瓜	mu³¹tleu⁵⁴	板栗花	pau³⁵tsʅ⁵⁵mi³³tsə⁵⁵
芭蕉	tʂeu⁵⁴	板栗树	ntau³³tsʅ⁵⁵mi³³tsə⁵⁵
芭蕉花	pau³⁵tʂeu⁵⁴	包谷	tsʅ³³qəu⁵⁴
芭蕉叶	ntlau³⁵tʂeu⁵⁴	薄荷	pau¹³fu³⁵
折耳根	tɕau³³ki³¹ʈau³¹	陈米	ntli³⁵lau¹¹
白菜	ʐau⁵⁴tleu⁵⁴	橙子	tsʅ⁵⁵paŋ³⁵qəu⁵⁴
白豆	tau³¹tleu⁵⁴	杨树	ntau³³tsʅ³³pi³⁵
白菇	ŋtɕi⁵⁴tleu⁵⁴	臭牡丹	pau³⁵tsʯ³³ta⁵⁵
白花	pau³⁵tleu⁵⁴	春笋	kau¹¹ʂʅ⁵⁴tlo⁵⁴
白黄瓜	ki⁵⁴tli⁵⁴tleu⁵⁴	椿菜	ʐau⁵⁴zu⁵⁴
白菌	ŋtɕi⁵⁴tleu⁵⁴	椿树	ntau³³ʐau⁵⁴zu⁵⁴
白萝卜	fau⁵⁵ʐau⁵⁴tleu⁵⁴	茨菇	—
白茅草	Nqəu⁵⁴ŋtsʰai¹¹tleu⁵⁴	灵芝	ŋtɕi⁵⁴tlie⁵⁵
白米 / 大米	ntli³⁵	糍粑	pa⁵⁴pa⁵⁴ntli³⁵
芭茅草	Nqəu⁵⁴ŋtsʰai¹¹	次根 / 根须	ʔa³³tɕau⁵⁴
包谷	tsʅ³³qəu⁵⁴	刺	ki⁵⁴po¹¹
扁豆	tau³¹tsʰa³³	刺丛	kʰau⁵⁴po¹¹
青菜	ʐau⁵⁴ntsa⁵⁴	野地瓜	tsʅ⁵⁵ʐa³⁵tsa¹¹
菜根（在泥土之上）	ko³³ʐau⁵⁴	幼苗	zou⁵⁴
菜根（在泥土之下）	tɕaŋ³³ʐau⁵⁴	刺蓬	ki³³po³³

续表

词条	苗语音标	词条	苗语音标
菜花	pau³⁵ʐau⁵⁴	刺梨蓬	kʰau⁵⁴po¹¹tɕie⁵⁵
菜薹	mpə¹³ʐau⁵⁴	刺树	ntau³³ki⁵⁴po³³
菜芽	kau¹¹ʐau⁵⁴	刺藤	ɱaŋ⁵⁴ki⁵⁴po³³
菜叶	ntlau³⁵ʐau⁵⁴	刺藤果	tsʅ⁵⁵ɱaŋ⁵⁴ki⁵⁴po³³
菜园菜	vaŋ³⁵ʐau⁵⁴	刺针	ki⁵⁵po¹¹
蚕豆 / 汉豆	tau³¹tsʰa³³	菜种	tʂaŋ⁵⁵ʐau⁵⁴
葱	tlo¹¹	刺竹	—
草	Nqəu⁵⁴	葱白	tɕau³³tlo¹¹
草刺	—	葱头	tɕau³³tlo¹¹
草丛	kʰau³³Nqəu⁵⁴	葱叶	ntlau³⁵tlo¹¹
草根	tɕaŋ⁵⁴Nqəu⁵⁴	粗菜	ʐau⁵⁴ntsʰʅ⁵⁴
草菌	ȵtɕi⁵⁴kuo³³Nqəu⁵⁴	粗草	Nqəu⁵⁴ntsʰʅ⁵⁴
草莓	tsʅ⁵⁵ntlau¹³	粗秆稻	—
草芽	kau¹¹Nqəu⁵⁴	粗叶	ntlau³⁵ntsʰʅ⁵⁴
草药	ʔa⁵⁴tsa³³ntsa⁵⁴	大艾	su⁵⁵
侧芽	ʔa⁵⁴kau¹¹	大芭芒	—
茶	tʂʰa³¹	大薸菜	ʐau⁵⁴qʰa³³
茶泡	tsʅ⁵⁵tʂʰa³¹	大葫芦	laŋ³³ki⁵⁴tau⁵⁴
茶树	ntau³³tʂʰa³¹	藿麻	po¹¹qʰɑ⁵⁴
茶树菇	ȵtɕi⁵⁴ntau³³tʂʰa³¹	大麻	—
茶叶	ntlau³⁵tʂʰa³¹	豆类	tau³¹
茶油树	ntau³³tʂʰa³¹tlo¹²	豆面	—
茶籽	tsau³⁵tʂʰa³¹	豆苗	ʐou¹¹tau³¹
缠树藤	ɱaŋ⁵⁴tɕi³¹ntau³¹	豆皮	pu³³teu⁵⁵tau³¹
菖蒲	—	豆藤	ɱaŋ⁵⁴tau³¹

词条	苗语音标	词条	苗语音标
朝天罐	—	豆芽	kau³³tau³¹
朝天椒	ki³³ʂa³³na³¹ntu³⁵	豆芽菜	ʐau⁵⁴kau³³tau³¹
车前草	—	豆子	tau³¹
大麦	ʂau⁵⁴	毒菌	ŋtɕi⁵⁴pu⁵⁴tlaŋ⁵⁴
大茅草	Nqəu⁵⁴ŋtsʰai¹¹ɬo⁵⁴	杜鹃花	pau³⁵li¹¹vai³¹
大青菜	ʐau⁵⁴ntsa⁵⁴	杜仲	ntau⁵⁴mpa³⁵
大叶茶	tʂʰa³¹	大蒜	qəu³⁵
大叶韭	ki³³tʰa³³	猪菜	mpa³³ʐau⁵⁴
大叶榕树果	ʔa³³mu³¹	地瓜	qa³⁵mu³¹
刀豆夹	tau³¹ntla³³	刀豆藤	m̥aŋ⁵⁴tau³¹ntla³³
刀豆籽	tli³⁵tau³¹ntla³³	刀豆叶	ntlau³⁵tau³¹ntla³³
稻草	ŋa̱ŋ⁵⁴ntli³⁵	稻草垛	tɕʰʐ̩⁵⁴ŋa̱ŋ⁵⁴ntli³⁵
稻谷壳	pu³⁵lau¹¹ntli³⁵	稻草芯	—
稻谷籽	tli³⁵ntli³⁵	浮萍	ʐau⁵⁴ŋa³³mpa³³
稻花	pau³⁵ntli³⁵	柑橘	tsʐ̩⁵⁵paŋ³⁵qəu⁵⁴
稻穗	ŋa̱ŋ³³ntli³⁵	橄榄	—
稻芽	kau¹¹ntli³⁵	干菜	ʐau⁵⁴nki¹¹
稻秧兜	ntau³³ntli³⁵	干果	tsʐ̩⁵⁵nki¹¹
稻叶壳	—	干辣椒	ki³³ʂa³³nki¹¹
灯笼椒	ʐau³¹ki³¹ʂa³¹	干树叶	ntlau³⁵ntau³³nki¹¹
灯芯草	—	高脚糯	—
地瓜藤	m̥aŋ⁵⁴qa³⁵mu³¹	高粱	ʂəu³⁵tʰa³³
葛麻	—	地萝卜	qa³⁵mu³¹
冬笋	—	冬瓜	ki⁵⁴mpa⁵⁴tʰau⁵⁴
豆（总称）	tau³¹	葛藤	m̥aŋ³³

词条	苗语音标	词条	苗语音标
豆荚	ntla³³tau³¹	根	tɕaŋ³³
豆角	tlai³³tau³¹	根部	ko⁵⁴tɕaŋ³³
豆角干	tlai³³tau³¹nki¹¹	狗尾藤	—
豆秸	ntau³³tau³¹	黑米稻	ntli³⁵tlu⁵⁴
豆壳	pu³³teu⁵⁵tau³¹	黑糯	ntli³⁵tlu⁵⁴
狗尾草	Nqəu³³ntsau³¹tli⁵⁵	黑糯稻	ntli³⁵tlu⁵⁴
枸杞子	kəu³³tɕi³¹	红豆	tau³¹lie⁵⁴
红菌	ȵtɕi⁵⁴lie⁵⁴	红花	pau³⁵lie⁵⁴
红李	tʂʅ⁵⁵kʰəu³³lie⁵⁴	红椒	ki³³ʂa³³lie⁵⁴
红皮蔗	ntau³³mu⁵⁵lie⁵⁴	谷草 / 稻草	ŋaŋ³³ntli³⁵
谷壳	pu³³teu⁵⁵ntli³⁵	红萝卜	fau⁵⁵ʐau⁵⁴lie⁵⁴
谷粒	tle¹³ntli³⁵	红米	ntli³⁵lie⁵⁴
谷种	tʂaŋ⁵⁵ntli³⁵	麦穗	tʂʅ³³m̥o³¹
谷子	ntli³⁵	红薯 / 红苕	mu³¹
瓜（总称）	ki⁵⁴mpa⁵⁴	红薯干	mu³¹nki³¹
瓜蒂	ȵtɕio³³ki⁵⁴mpa⁵⁴	红薯秧	zou⁵⁴mu³¹
瓜秆	ȵtɕio³³ki⁵⁴mpa⁵⁴	红油菜	tlo¹³ʐau⁵⁴lie⁵⁴
瓜花	pau³⁵ki⁵⁴mpa⁵⁴	红折耳根菜	tɕaŋ³³ki³³ȵtau³³
瓜蔓儿	tɕaŋ³³ki³³mpa³¹	红籽果	tsʅ⁵⁵ki⁵⁵və⁵⁴
瓜皮	pu³³teu⁵⁵ki⁵⁴mpa⁵⁴	胡椒	se³¹se⁵⁵
瓜瓤（芯）	ŋu⁵⁵ki⁵⁴mpa⁵⁴	胡萝卜	fau⁵⁵ʐau⁵⁴pu³³tʰu³³
瓜子	tli³⁵ki⁵⁴mpa⁵⁴	葫芦	ki⁵⁴tau⁵⁴
瓜藤	maŋ⁵⁴ki⁵⁴mpa⁵⁴	葫芦瓜	ki⁵⁴tau⁵⁴mpa⁵⁴
拐枣	tsʅ⁵⁵tɕiu¹¹tɕiu¹¹	蝴蝶花	pau³⁵kiŋ⁵⁴tsʅ⁵⁴
鬼子姜	tɕaŋ³³tsʅ³¹pʰə⁵⁵	花	pau³⁵

词条	苗语音标	词条	苗语音标
桂花	pau³⁵kuei²⁴xua³³	花瓣儿	sau⁵⁴pau³⁵
果核	qei³¹ntli¹³tsʅ⁵⁵	花苞	lu⁵⁴pau⁵⁴
果皮	pu³³teu⁵⁵tsʅ⁵⁵	花菜	pau³⁵ʐau⁵⁴
果仁	qei³¹ntli¹³tsʅ⁵⁵	花蒂	ŋtɕio³³pau³⁵
海棠花	—	花朵	pau³⁵
红苋菜	ʂʅ⁵⁵	花椒	se³¹se⁵⁵
旱稻	ntli³⁵qʰa⁵⁴	花椒树	ntau⁵⁴se³¹se⁵⁵
蒿子	su⁵⁵	花蕾	lu⁵⁴pau³⁵
何首乌藤	m̥aŋ⁵⁴mu³¹tʰŋ³³	花生	tau³¹qʰo⁵⁵ɬa³⁵
河菌	—	花生米	tli³⁵tau³¹qʰo⁵⁵ɬa³⁵
河青苔	qa⁵⁵ntsʰa⁵⁵	花生衣	pu³³teu⁵⁵xua³³sən³³
荷花	xo³¹xua³³	花玉米	tsʅ³⁵qeu⁵⁴ŋtau³¹
荷叶	xo³¹je³¹	枯树	ntau³³qʰa⁵⁵
核/果仁/籽	tli³⁵	怀山药	qa³⁵va³³
核儿	ʔa³³tsʰau³³	槐树	—
核桃树	ntau³³tsʅ³³tleu³³	核桃	tsʅ³³tleu³³
黑米	ntli³⁵tlu⁵⁴	黑豆	tau³¹tlu⁵⁴
黄薰	tsʅ³⁵to¹³qai⁵⁴	金竹	təu³¹
黄草	qou³¹vaŋ³⁵	金竹笋	—
黄稻	ntli³⁵vaŋ⁵⁵	金竹叶	ŋtau¹³təu³¹
黄豆	ntau³³vaŋ³⁵	茎	tɕaŋ³³
黄豆角	ntau³¹qen³³naŋ³³	粳米	ntli³³
黄豆叶	ŋtau¹³tau³¹	粳稻	ntli³³
黄瓜	ki⁵⁴mpa⁵⁴	黄豆叶壳	pu³⁵l̥au³³tau³¹
黄果	tsʅ⁵⁵paŋ³⁵qəu⁵⁴	韭菜	ki⁵⁵tʰa³³

续表

词条	苗语音标	词条	苗语音标
黄果树	ntau³³tʂʅ⁵⁵paŋ³⁵qəu⁵⁴	韭头	tɕaŋ³³ki³³tʰa³³
黄花	pau³⁵vaŋ³³	黄果子	tʂʅ⁵⁵vaŋ³⁵
黄花菜	ʐau³¹vaŋ³⁵	救兵粮（红子）	tʂʅ⁵⁵qei³³və³³
黄李子	tʂʅ⁵⁵kʰəu³³vaŋ³³	黄菌	ŋtɕi⁵⁴vaŋ³³
黄麻	m̥aŋ³³vaŋ³⁵	橘子	tʂʅ⁵⁵paŋ³⁵qəu⁵⁴
黄糯	—	蕨草	ŋaŋ³³sa³³
白心薯	qei⁵⁴mu³¹tleu⁵⁴	蕨菜	ŋaŋ³³sa³³
黄丝菌	ŋtɕi⁵⁴teu³³qai⁵⁴	蕨草的根茎	tɕaŋ⁵⁴ŋaŋ³³sa³³
黄心薯	qei⁵⁴mu³¹lie³³	蕨苔	ŋaŋ³³sa³³
黄叶	tlau³⁵vaŋ³³	菌子	ŋtɕi⁵⁴
茴香	tsa³³ʂo³¹	菌类	ŋtɕi⁵⁴
藿麻草	pu¹¹qʰa³³	鸡脚草	ʐau³³pu³¹kʰa³¹
鸡㙡菌	tɕi³³tsoŋ³³	糠	ʂʅ⁵⁵paŋ³³qau³¹
鸡油菌	ŋtɕi³³tlo³⁵qai⁵⁴	壳	pu³⁵l̥au³³
寄生藤	m̥aŋ³³	苦菜	ʐau³³ʔie⁵⁵
嫁接桃	tsa³³tʂʅ⁵⁵tla³⁵	苦草药	tsa³³ʔie⁵⁵
姜	tʂʅ³¹pʰə⁵⁵	苦丁茶	tʂʰa³¹ʔie⁵⁵
姜苗	zou³³tʂʅ³¹pʰə⁵⁵	苦果子	tʂʅ⁵⁵ʔie⁵⁵
姜芽	kau³³tʂʅ³¹pʰə⁵⁵	苦黄豆	ntau³³vaŋ³⁵ʔie⁵⁵
姜种	tʂaŋ⁵⁵tʂʅ³¹pʰə⁵⁵	苦黄瓜	ki³⁵tli³³ʔie⁵⁵
豇豆	—	苦李	tʂʅ⁵⁵kʰəu³³ʔie⁵⁵
茭白	—	苦楝子树	—
绞股蓝	—	甜荞	ŋtɕi¹³qaŋ⁵⁴
野葱	qəu¹³ŋtau³³	苦荞	ŋtɕi¹³ʔie⁵⁵
芥菜	ʐau³³ʔie⁵⁵	苦山豆	—
牛屎菌	ŋtɕi³³qa⁵⁵n̥iu¹³	柳条	tɕi¹¹pu³³qʰau⁵⁵
葵花	pau¹³nou³³	柳叶	ŋtau¹³pu³³qʰau⁵⁵
葵花籽	tʂʅ⁵⁵pau¹³nou³³	喇叭花	la⁵⁵pa³³xua³³
辣椒	ki⁵⁵ʂa³³	龙眼／桂圆	—

词条	苗语音标	词条	苗语音标
辣椒籽	tli¹²ki⁵⁵ʂa³³	兰花	lan³¹xua³⁵
蓝花	pau³³nʦa³³	萝卜	fau⁵⁵ʐau³³
烂瓜	ki⁵⁵mpa⁵⁴lŋ³³	萝卜菜	fau⁵⁵ʐau³³
郎鸡草	—	萝卜缨	tlau³⁵fau⁵⁵ʐau³³
老豆	tau³¹lau³³	落叶	tlau³⁵pau⁵⁴
老瓜	ki⁵⁵mpa⁵⁵lau³³	绿草	qəu³³nʦa³³
老麦	ɱo¹¹lau³³	绿茶	tʂʰa³¹nʦa⁵⁵
茄子	ki⁵⁵ʂa³³nkau³¹	绿花	pau¹³nʦa⁵⁵
青苔	qa⁵⁵nʦʰa⁵⁵	绿皮果	—
马草	nə³¹qɛ³⁵ŋaŋ³³	绿叶	tlau¹²nʦa⁵⁵
老秧苗	zou³³ lau³³	麻	ɱaŋ¹³
梨花	pau³⁵ʦ͡ɿ³¹ʐa¹³	马铃薯	zɿ¹¹
梨树	ntau³³ʐa¹³	马屁包	ŋʨi³³pu¹¹nkəu⁵⁵
梨子	ʦ͡ɿ³¹ʐa¹³	马桑	ʦɿ⁵⁵pu³³ka³³ʐau³³
李子	ʦ͡ɿ⁵⁵kʰəu³³	马桑树	ntau³³pu³³ka³³ʐau³³
李子花	pau³⁵ʦɿ³³kʰəu⁵⁴	麦秆	qei⁵⁵ŋaŋ³³ɱo¹¹
李子树	fai³³ʦɿ³³kʰəu³³	麦秸	qei⁵⁵ŋaŋ³³ɱo¹¹
栗子树	ntau³³ʦɿ⁵⁵mi³³ʦə⁵⁵	麦子	ɱo¹¹
莲花白	ʐau³³qʰeu³³	毛桃	ʦɿ¹¹tla³⁵tlau³³
莲花菜	xua³³ʦʰai¹³	竹笋毛	ki⁵⁴tlo³³tlau³³
粮食	va³¹	茅草	qəu⁵⁴nʦʰai¹¹
灵芝	ŋʨi³³tlie³³	嫩芽	ʔa³¹ŋəu⁵⁵tʂʰɛ³³
柳树	pu³³qʰau⁵⁵	嫩秧苗	zou³³tʂɛ³³
新茶	tʂʰa³¹tʂʰɛ³⁵	嫩叶	tlau¹³tʂʰɛ³³
泥菌	ŋʨi³³ʔaŋ⁵⁵	年轮	ŋe³⁵ɕau³³
米	tli³³	牛草	ŋiu¹³qei³³ŋaŋ³³
爬地藤	ɱaŋ⁵⁴	糯玉米	ʦɿ⁵⁵qəu³³
蘑菇	ŋʨi³³	泡菜	ʐau³³tʂɿ³³
蘑菇干	ŋʨi³³nki³³	苹果	pʰin³¹kuo⁵⁴

续表

词条	苗语音标	词条	苗语音标
魔芋	ʔau⁵⁵ʐau³³	葡萄籽	ntli¹³tsʅ⁵⁵nau³¹nəu³³
木藤	m̥aŋ⁵⁴	荞麦	tɕi³⁵
奶浆菌	ȵtɕi³³pai³¹ka³³mi³³	荞米	tɕi³⁵
南瓜	ki⁵⁵mpa⁵⁴	蔬菜	ʐau³³
嫩菜	ʐau³³tʂʰɛ³³	荞叶壳	pu³³l̩au³³tɕi³⁵
嫩草	qəu³³tʂʰɛ³³	荞子	tɕi³⁵
嫩豆	tau³¹tʂʰɛ³³	山楂树	ntau³³tsʅ⁵⁵ki⁵⁴tlau⁵⁴
嫩瓜	ki⁵⁵mpa³³tʂʰɛ³³	石榴	tsʅ⁵⁵li³³pʰɳ³³
嫩果	tsʅ⁵⁵tʂʰɛ³³	青菜	ʐau³³ntsa³³
青草	qəu³³ntsa³³	树	ntau³³
青豆／毛豆	ntau³¹ntsa⁵⁴	柿树	ntau³³tsʅ⁵⁵pu¹¹ɬɳ³³
青椒	ki⁵⁵ʂa³³ntsa⁵⁴	树墩	qa⁵⁵tɕhɳ³¹ntau³³
树林	və⁵⁴ntau³³	树疙瘩	qa⁵⁵tɕhɳ³¹toŋ³³
杜鹃花	pau³⁵li³¹vai³¹	树根	tɕaŋ³³toŋ³³
高粱秆	ntau³³ʂəu³⁵tʰa³³	树皮	pu³³teu⁵⁵ntau³³
半夏（三步跳）	ki⁵⁵ɬɳ³³	树梢	ʔa⁵⁴tʂʅ³⁵ntau³³
树苗	ʐou³³ntau³³	树芽	kau³³ntau³³
三月桃	tsʅ³¹tla¹³ntso⁵⁵	树苗	ʐou³³ntau³³
桑果	tsʅ⁵⁵pu³³kaŋ³³ʐau³³	树叶	tlau¹³ntau³³
葫芦	ki⁵⁵tau⁵⁴	树枝	tɕi¹¹ntau³³
桑树	ntau³³pu³³kaŋ³³ʐau³³	树种	tʂaŋ⁵⁵ntau³³
桑叶	ntlau³⁵tsʅ³³pu³³kaŋ³³ʐau³³	树桩	qa³⁵tɕhɳ³¹toŋ³³
扫把菌	ȵtɕi³³ki³³tʰa³³	水草	qəu³³ʔau³³
晒干菜	ʐei³³ʐau³³qʰa³³	水果	ʐau³³tsʅ³³
山花	pau¹³ȵtʂau³³	水晶葡萄	tsʅ⁵⁵nau³¹nəu³³
山林	ʈau³³ʔəu³³	水蜜桃	tsʅ³¹tla¹³ʔau³³
葡萄	tsʅ⁵⁵nau³¹nəu³³		

论明清时期清水江文书盛行成因 *

杨子奇 **

摘　要：清水江文书是当前倍受学术界关注的焦点，文章从清水江流域的苗侗民俗、地理条件、植被特征、杉木栽培技术、外来力量、文化传播等方面，对清水江文书盛行的原因进行了探究。具体表现在：苗族议榔和侗族款约制度为它提供了法治土壤，杉木栽培技术为它创造了物质基础，外来力量汇入为它提供了良好契机，汉文化传播为它提供了合适载体，水道畅通为它创造了有利条件。

关键词：清水江文书　款约　杉木栽培　水道交通

清水江流域，指清水江水系的干流和支流的整个集水区域。清水江古名旁沟水，今属长江支流沅江的上游河段，其流域面积超过 17000 平方公里，是贵州省域内的第二大河流。其发源于今贵州省都匀市谷江乡西北的斗篷山，在黔南称剑江，流经福泉、都匀至岔河口与重安江汇合后称清水江。清水江干流流经黔东南丹寨、麻江下司、凯里、黄平、施秉、台江施洞、剑河、锦屏、天柱，过远口、兴隆、白市、瓮洞，进入湖南境内，在托口镇与渠水汇合后称

---

　* 本文为 2016 年国家社科基金项目"明清时期土司制度与民族地区社会治理研究"（项目编号：16BMZ021）阶段性研究成果。

　** 杨子奇，凯里学院副教授，中央民族大学访问学者，研究方向为现当代文学、文化人类学。

沅江。主要的支流还有重安江、巴拉河、南哨河、乌下江、六洞河、亮江、鉴江等。清水江流域处于中亚热带季风湿润区，气候暖和，夏无酷暑，冬少严寒。河流沿岸雨量充沛，日照时间长。土地以黄壤和红壤为主，约占全州土地总面积的72.5%。[1]黄壤和红壤呈酸性，非常适宜杉树、松树、油桐、茶树、竹等树木植被的生长和繁殖。天柱、锦屏等清水江下游地区出产的杉树，具有材质坚韧、树干通直、结构均匀、耐腐性强等特征，久负盛名。"经全国多地试验点反复测试，确认清水江流域沿岸的天柱、锦屏等县的杉木品种在生长量、材质、生态适应范围和抗逆性等42个性状指标上，均属于全国杉木优良种源。"[2]"产于清江南山者为更佳，质坚色紫呼之曰'油杉'。"[3]皆道出了清水江流域的生态环境和所盛产杉木的非常品质。

《明史》载，洪武三十年（1397年）在锦屏设置铜鼓卫，因屯军占地45300亩，引起上婆洞林宽领导失地的侗族农民起义。十月，明军主力"由沅州伐木开道二百里抵天柱"，镇压了这次农民起义。[4]之后贵州建立行省，清水江的优质杉木逐渐成为朝廷采办"皇木"的对象。"工部以修乾清、坤宁宫，任刘丙为工部侍郎兼右都御史，总督四川、湖广、贵州等处采取大木，而以署郎中主事伍全于湖广，邓文璧于贵州，李寅于四川分理之。"[5]《明实录·神宗万历实录》载："坐派贵州采办楠杉大柏枋一万二千二百九十八根，该木价银一百零七万七千二百七十一两四钱七分六厘，计作四起查给。一给开山垫路；二给运到外水；三给运至川、楚大河；四给到京交收。"[6]详细地记录了朝廷在清水江流域采办"皇木"的对象、种类、数量和金额。

清水江文书，主要包括遗存在民间的关于清水江中下游地区土地、木材、山林、房屋等财产买卖、抵押、经营、分成等方面的协议，以及族谱、家谱、书信、乡规民约、碑刻等文字资料，其中以土地买卖和典当契约为主。据初步统计，黔东南各县已征集入档的文书数量为：锦屏 60376 件、黎平 60000 件、天柱 30000 件、三穗 28000 件、剑河 15000、台江 500 件、岑巩 19000 件。各县档案馆入藏总数已高达 212876 件。[7] 目前发现的契约已逾 40 万份，其数量之多、内容之丰、系统之完整，在少数民族地区，实为罕见。作为记载西南地区和乡土中国的珍贵原始资料，为专家学者全面、系统、完整地了解明清以来中国西南少数民族的生存、劳作、交往、贸易等经济文化生活提供了全息图景，是迄今为止我国乃至世界保存较为完整、系统、集中反映清水江流域苗侗经济社会文化的重要历史文献和珍贵民间档案。清水江文书的发现，填补了中国经济社会发展史上的两项空白：一是少数民族地区使用和推广封建社会的官方契约文书；二是反映清水江流域林业生产关系的历史文献。清水江文书呈现的多元价值，无论对于当前的社会管理、经济改革、文化传承、法治建设还是民族地区构建和谐的社会关系，都具有十分重要的意义。诚如钱宗武所言："清水江文书具有不可替代的重要的历史学、经济学、文献学、法学、民族民俗学、语言学、生态学研究价值。"[8]

清水江文书的发现者杨有赓认为："文斗苗族地区的山林封建化与商品化双向同步发展，为我们留下了一批山林买卖契约和山林租佃契约。"[9] 历史学博士马国君也认为："繁荣的林木贸易，带动了当地与中原地区的木材交易活动，产生了大量的林业契约。"[10] 清水江文书盛行于清水江流域，与清水江盛产优质杉木有关，这是毋庸置疑的。但倘若按照他们的推论，将木材贸易视为清水江文书产生的主要原因，窃以为还不够准确。他们看到的只是一种表象，盛产优质杉木和分担"皇木"任务的绝非只有清水江一隅。为何只有清水江流域出现清水江文书？这难道是巧合？其实，清水江文书之所以盛行于清水江流域有其特定的历史原因。

一　苗族议榔和侗族款约为清水江文书盛行提供了法治土壤

　　"议榔"制度在清水江流域苗侗地区存在已久。清水江的苗族称其为"议榔"或"构榔"，或"勾夯"，也称"构榔会议"，而广西融水称其为"埋岩会议"，湘西称其为"合款"，云南金平称其为"丛会"或"里社会议"。[11]"议榔"产生于何时，因缺少文字记载，已无法考证。结合苗族古歌和传说推测，其大约产生于氏族公社时期，具有非常久远的历史，是随地缘关系建立起来的组织。"议榔"组织大小不一，可以由一个寨子或几个寨子甚至数十个寨子组成，大多二至三年举行一次会议。举行会议时，一般召开有关村寨的群众大会，每户保证有一人参加。会议一般由威望最高的"娄方"（理老）主持，主持人被称为榔头。榔头向参会的群众宣布榔规，使与会人员了解并表决通过。有的地方在宣布新的榔规之前，榔头还要背诵历史上留传下来的榔规。会后，还要杀牛一头，每户分肉一块，表示要牢记榔规，任何人（包括榔头、理老、寨老等）都不得违反，并饮血酒盟誓，以示遵守。榔规系口耳相传，无文字记载。直至民国年间，才有人用汉字记载，把榔规做成榔碑或榔牌，立在路口或挂在寨旁，以告村民。侗族地区称之为"款"（侗语 kuant）或"合款"（abs kuant）。"款"在侗族社会有悠久的历史，据考证其起源于人类早期的婚恋关系，具有原始氏族农村公社和原始部落联盟的特征，是传统侗族地区特有的民间自治和自卫组织。侗款以地缘和亲缘为纽带，将邻近的部落、村寨、社区通过盟誓与款约的形式团结起来，建立起带有区域行政与军事防御性质的联盟，是侗族古老的社会组织。侗款常由款首、款众（军）、款脚（传号令者）、款坪、款牌、款约等构成。其规模有小款、中款、大款和特大款之分。小款主要以村寨为单位，联合"盟誓立款"对村寨进行"内部管理"，维护房族和村寨的秩序，确保族群的和谐相处。各个小款的联合形成中款，中款的联合形成大款，大款的联合形成特大款。特大款在民间有"头在古州，尾在柳州"之说。大款和特大款一般较为少见，只有在民族利益受到严重侵犯，面临生死存亡的时候才出现。对于共同议定的款约，各款款首根据排定的顺序依次饮血酒盟誓，并将一根烧红的耙齿钉在鼓楼柱上或款坪周围的树干上，表示其代表的款誓守此约，绝不反悔。

明朝之前，清水江流域苗民还是未被纳入国家行政区域的"生苗"。《贵州图经新志》卷七载："生苗者，自古不知王化。"在不入王化的"生苗"区域中，当地住民主要以"议榔"和"款"来规范和协调当地的社会管理。明朝建立后，贵州是中原进入云南的必经之地，具有显要的战略地位，清水江流域则是中原通往云南最便捷的咽喉要道。为了统一云南和维护西南边疆的稳定，明清两朝，先后在清水江流域广设卫所，多次屯军，严重破坏了当地的社会组织结构，民族矛盾和社会矛盾加剧。特别是吴三桂的反叛和黔南澜土土司的暴动，使贵州成为统治阶级镇压民族反抗的重灾区。雍正时期实施的"改土归流"和"开辟苗疆"，更使清水江流域的广袤"苗疆"成为清剿"生苗"的主战场，先后爆发了此起彼伏的苗侗人民反抗斗争。明洪武五年（1372年），发生了古州八万诸洞农民起义。洪武十一年（1378年）至洪武十八年（1385年）吴勉两次"合款"盟誓，在五开洞和古州率二十万大军，席卷湘黔桂边境，大败官军，声震湖广。洪武三十年（1397年），林宽利用"盟款"联络周边村寨，率十万侗族民众在古州上婆洞揭竿而起。雍正十年（1732年），白党在台拱带领一百多个村寨的苗民与清军展开对抗。"传递木刻，刹牛誓众。上九股三十寨，下九股四十二寨，高坡三十余寨皆附焉。"[12] 雍正十三年（1735年），以包利、枉利、红银为首，组织了古州、丹江、台拱等苗侗村寨一万余人参加"议榔"，进行反抗。咸丰五年（1855年），姜映芳领导侗族民众在天柱盟誓起义，提出"打富济贫"口号，之后转战三穗、剑河、台江等地。同年，梁维干、潘通发等在从江六洞、四脚牛领导侗族民众起义，活动于黎平、从江、榕江、通道、靖州一带，坚持斗争达二十年之久。1865年，张秀眉领导台拱、清平、丹江、麻哈、古州、天柱、八弓、黄平、施秉等地苗侗民众云集台拱，杀牛合榔盟誓，反抗清廷。尽管以上反抗均以失败告终，但清水江流域苗侗民众誓死不屈的反抗精神，给清代的统治者留下了非常深刻的印象，以至于后来治理清水江流域时行文规定："苗民风俗，与内地百姓迥别，嗣后一切自相争诉之事，俱照'苗例'完结，不必绳以官法。"[13] 所谓"苗例"，其实就是苗族"议榔"的榔规和侗族"款"的款约。榔规和款约，都以规范区域成员行为，维护氏族、村寨以及族群区域的利益和稳定为目的，类似于今之村规民约，主要明确村寨与村寨之间的关系、联络办法、约定等，以及村民个体在村寨当中应当承担的责任和义务，与现代意义上的契约有共通之处。

众所周知，契约文书是商品经济发展到一定阶段的产物。而商品经济的产生，必须同时具备两个基本条件：社会分工、生产资料和劳动产品属于不同所有者。社会分工是商品经济产生的基础和前提。社会分工不同，才有商品交换的要求和可能。生产资料和劳动产品分属于不同的所有者，才会发生商品交换，这是商品经济产生的先决条件。清水江流域的木材贸易，就社会分工而言，分为两方：一方为购买杉木的主顾，另一方为出售杉木的所有者。生活环境和生活方式的不同，决定了他们有各自不同的交易目的，这是非常明显的。就所有权而言，主顾得有足够的银两，卖方得有相应数量的杉木，才能使贸易成交。于是顺应买卖双方的需要，契约文书作为交易的凭证应运而生，并受到官方的认可。加盖官方印信的，称为

"红契";不加盖官方印信的,称为"白契"。"红契"要缴纳税款,而"白契"则无须缴纳,但二者的凭证作用是一致的。如"立卖田人射里(今则里)老寨老酒,为因家下缺少用度无从,自愿将摆虚田一丘,约禾玖把。凭中出断卖与龙朝辉明(名)下,承买为业。当日凭此实受过断价文银五两整,亲手收回应用。其田自断之后,任从买开坎、耕种、管业,不与弟兄、房族、外人相干。如有异言,俱在卖主一力存当,今欲凭此此断□□□。凭中:三度 代笔:雷正乾 嘉庆八年七月十二日立"[14]。

值得注意的是,这是一份盖有"开泰县政府印"的官方"红契",它不仅承认卖方对田地的所有权,还允许当地苗侗民众对田地进行自由买卖。这在其他的地方是难以见到的。"普天之下,莫非王土;率土之滨,莫非王臣。"在封建统治年代,让统治阶级做出让步,承认土地私有,无异于虎口夺食。事实上,契约的产生是有条件的,即契约双方互相制衡。签订协议的双方都无法通过武力征服对方,契约才有可能被执行进而生效。从明朝到清朝的数百年间,清水江流域发生的农民起义不下数百起,给封建统治造成了很大的打击和影响。清朝在维系皇权的过程中,也清醒地意识到地方民众团结的力量。只要不危及政权,就可以在一定范围内做出一些让步和妥协,以缓解民族矛盾。承认土地私有,允许清水江流域进行山林和土地买卖,就是典型的案例。徐晓光教授在研究清水江契约精神时也得出了类似结论:"在村落社会中,有一套完整的履约机制在发挥其作用,反映了清水江流域独特信用机制的存在。"[15]正是苗族议榔和侗族款约制度的延续,培育了清水江流域苗侗人民尊重契约、不畏强权、重诺守信的民族性格和法治精神,为清水江文书的产生提供了法治土壤,才使清水江文书盛行成为可能,这也是清水江文书能够流传于世的决定性因素。

二　杉木栽培技术为清水江文书盛行
奠定了物质基础

"明代洪武年间，清水江的神秘面纱被军事征伐"苗疆"的"窥江者"揭开，地处边乡僻壤的清水江流域被打开。明永乐四年，朱棣"诏建北京宫殿"，在西南地区征集"皇木"，继官商"例征皇木"后，江淮、中原民间资本接踵进入清水江，繁荣的木材贸易将清水江流域带入全国性市场，从而开启了清水江空前繁荣的木商时代。"[16] 该则资料表明，清水江流域木材交易的规模之大，远非几片乃至几十片林地可以满足。长年累月向外输送杉木，纵是莽莽森林，也有砍尽伐绝之日。从搜集到的现有清水江文书资料发现，涉及山林转让的契约时间跨度达二三百年。数百年来，清水江流域能够源源不断地向外提供优质杉木，说明当地苗侗住民已经掌握了人工培植杉木的核心技术，有效保障了林木资源的对外供给，推动了清水江流域木材贸易的繁荣。

据个人珍藏《姜氏家谱》所载，明朝万历年间（1573~1620年），居住在铜鼓卫（今锦屏县）文斗寨的姜姓人家就已经从事稻田耕作和栽种杉木的农业生产活动。"先辈自宋末，从军至银矿坡（旧地名，包括文斗和附近几个村寨），散居各处……万历年……只知开坎砌田，挖山栽杉。"清水江流域的苗侗住民在山多地少的自然环境中，经过长期实践和积累，已经探索出了一套"开坎砌田，挖山栽杉，山田互补、林粮间作"的生产方式。只不过到了清代，受木材贸易的影响，栽杉技术更趋于成熟和规范。清代《黎平府志》载："土人云，种杉之地必预种麦及包谷一二年，以松土性，欲其易植也。杉阅十五六年始有子，择其枝叶而上者，撷其子乃为良。裂口坠地者弃之，择木以慎其选也。春至则先粪土，覆以乱草，既干而后焚之。而后撒子于土面，护以杉枝，厚其气以御其芽也。秧初出谓之杉秧，既出而后移之，分行列界，相距以尺，沃之以土膏，欲其茂也。稍壮见有拳曲者则去之，补以他栽，欲其亭亭而上达也。树三五年即成林，二十年便供斧柯矣。"[17]这段材料详细记述了苗侗住民栽杉的做法，分别对培土、选种、追肥、育秧、移苗、植株等环节的技术要点做了详细的总结和归纳，足见当时的杉木栽培技术已相当成熟。

至乾隆、嘉庆、道光三朝，清水江木材贸易进入鼎盛时期。"郡内自清江以下，至茅坪二百里，两岸翼云承日，无隙土，无漏阴，栋梁枭桷之材，靡不备具。坎坎之声，铿訇空谷。商贾络绎于道。编巨筏放之大江，转运于江淮间者，产于此也。"[18]随着市场需求的急剧增长，清水江流域的天然林木资源显然难以满足木材贸易的需要。"黔地山多地广，小民取用日杂，令民各视土宜，逐步栽植，每户数十株至百株不等，种多者，量加鼓励。"[19]受木材交易刺激和政府推行栽植的鼓励，人工栽杉造林之风大盛，促进了清水江流域杉木栽培的规模化发展，也促成了清水江文书的空前繁荣，产生了诸如林地使用权转让、活立木买卖、林地租佃契约和分银合同等与林木相关的契约类型。这些林业契约稳定了当地的社会关系，保障了栽杉育林过程中每一位参与者的收益，从而使清水江木材贸易的货源有了根本保障。从另外一个角度看，杉木栽培技术的成功运用，在改善农林间作的生产方式，提高当地民众经济生活水平的同时，也极大地促进了当地木材贸易的延续和繁荣，使清水江文书产生并盛行于清水江流域成为必然。

三　外来力量汇入为清水江文书盛行 提供了良好契机

明清时期，清水江流域的外来力量至少包括三部分：一为屯军的军户，二为迁居的移民，三为经商的外来汉人。

军户是指明清统治者为了维护边疆统治，从湖广、江浙、安徽等地调集而来从征、垛集或罪徙而来的卫所、驿站官兵及其家属，其数量是比较多的。"黄平州：卫之士卒来自湖广。"[20] "洪武十二年，以成都中卫军士二千益贵州卫……七百守御黄平。"[21] "屯所之户，明初军籍十居其三，外来客民，十居其七。今日皆成土著，与苗寨毗连，已各交好往来，睦邻之道，例所不禁。"[22] 移民，就是从其他行省移居到当地的住民。如前面所述，明清时期，统治者对清水江流域农民反抗的镇压不下数百次，人员死伤惨重，有的地方"十室九空"，人口锐减，造成了大量土地荒芜。为改变这种状况，统治者先后从陕西、江西、蜀中等地移民进入清水江。因为长期的交错杂居和相互通婚，军户和移民后来都从汉人变成了"夷人"。到清朝乾隆时期，在开泰县还出现了"夷多汉少"的人口结构。[23] "改土归流"之后，大量的外地汉人移民清水江，清水江流域人口迅猛增长。受当地山多田少、峰多坡陡的制约，发展耕作已然无望，于是，木材交易和栽杉造林成为当地民众积极投入和赖以生存的根本活动。无地无产的移民逐渐转变为向当地土地所有者租佃林地生产木材的林农。从杨有赓考察锦屏县文斗寨租佃林地的 35 份契约来看，"栽手（佃户）的姓氏籍贯，以姜姓外的异姓栽手最多，约占80%。异姓栽手多为外寨、外县和外省人，其中：属湖南省之黔阳、芷江、行溪等县的 4 户，属天柱县之稿样、蔡溪、聚溪、窝兔、邦寨等寨者 7 户，属本县之加什、也格、岩湾、张化、平鳌诸寨者 9户，籍贯不明者 7 户"[24]。一村如此，其余可知。

　　明代之前，到清水江经商的汉人很少。清水江的林木成为"皇木"之后，江淮商贾见有利可图，也纷纷到清水江沿岸从事木材贸易。最早来清水江流域从事木材贸易的商人以"三帮""五勷"为主，"三帮"即安徽、江西和陕西商帮，"五勷"是指湖南的常德、德山、河洑、洪江、托口木商。[25] 外地商业资本的大量注入，促进了清水江木材贸易的蓬勃发展，越来越多的汉族商帮在清水江沿岸码头修建会馆，拓展贸易。他们通过官方或民间的途径买卖木材、买卖山林、租佃林地等活动日益频繁。为明确交易双方的权利和责任，大量的"红契"和"白契"出现，在促进清水江流域经济繁荣的同时，也在客观上推动了清水江文书在清水江流域的普及和发展。

波兰尼在论述文明时强调，力量平衡体系、金本位制、市场模式和自由政体是文明建立的基础。"正是市场创新产生了特殊的文明。金本位制仅仅是把国内市场体系扩展到国际领域的一种努力而已；力量平衡是建立在金本位制基础上并部分通过金本位制进行运作的一个超组织形式；自由政体本身是那个自我调节的市场的产物。"[26] 木材市场的繁荣与发展，促进了清水江文书的产生和兴盛，但是从另一个角度而言，它又制约了清水江社会经济文化的发展。外地移民和外地商人的大量涌入，打破了当地苗侗住民千百年来自给自足的农耕生活，农业与家庭手工业紧密结合的自然经济逐步瓦解，经济生活发生了根本变化。"茅坪、王寨、卦治三处，皆面江水而居，在清水江之下游，照地与生苗交界。向者生苗未归王化，其所产木放出清水江，三寨每年当江发卖。"[27] 清雍正年间，朝廷通过张贴告示的形式，对木材贸易进行规范，加大了对外来商帮的扶持和保护。外来木商在推动当地商品经济发展的同时，也在不同程度上限制了本土经济的融合、壮大和发展，起到了平衡体系的制约作用。清水江流域的经济结构在之后的两百年间没有发生本质的变化，与外部力量的介入关系重大。这也是清代统治阶级继西南地区实行大规模"改土归流"之后未能达到既定目标，而针对清水江流域实施经济调控的又一策略。

四　汉文化传播为清水江文书的盛行
提供了合适载体

唐代以前，受历史、社会、经济、自然条件等因素的影响，清水江流域民众的受教育程度十分有限，多以民歌、款约、故事、民俗活动等较原始的方式传承民族文化。唐、宋、元时期，随着封建统治向民族地区的渗透，汉族先进的生产工具和技术伴随着民族交往，逐步向民族地区传播。一些被贬谪到清水江流域的朝廷官员，传播了汉文化，促进了苗侗地区文化教育的发展。天宝七载（748年），被称为"七绝圣手"的王昌龄，被贬为龙标（今锦屏隆里）尉，由他创立的龙标书院，首开教化之风，为邻近州县培养了一大批人才，有进士、举人，入仕为官的不下百位。之后，魏了翁在靖州开办鹤山书院，顾亮在五开卫（今黎平）兴办教育，陆洙在五开卫开办黎阳书院，朱梓在天柱兴建开化书院，扩大了汉文化在清水江苗侗地区的影响。明清时期，中央为加强对少数民族地区的管控，积极推行屯田和"改土归流"政策，越来越多的汉族军民和商人涌入，推动了木材商品经济的蓬勃发展，使汉文化在该地区的影响日益扩大；加之政府广办州学、府学和县学，当地民众的文化教育水平普遍有了提高，每个村寨都有能够熟练使用汉字描述事象表达意见的乡民。

特别是木材贸易的繁荣，使汉族的买卖契约在清水江流域得到了广泛的应用和发展。研究表明，"康熙二十六年（1687）徽州断卖田契一张，乾隆五十六年（1791）福建断卖田契一张，道光六年（1826）浙江断卖田契一张，同治八年（1869）广东宝安县断卖田契一张，与文斗苗族断卖山林契约相比较，则五省不同时期的卖契，如出一辙"[28]。契约明确了土地来源、买卖原因、四至范围、田地价格、买卖双方的权利和义务、凭中人、立契人、时间等基本内容。不仅如此，随着经济贸易的加强，汉族的诉讼、婚书、典当、碑刻、族谱、账簿等应用文书也逐渐传播到清水江苗侗地区，涉及当地社会、经济、文化生活的方方面面。可以毫不夸张地说，汉文化在清水江流域苗侗地区的传播，正是借助诉讼、婚书、族谱、契约等实用文书，让苗侗民众感受到真真切切的现实利益，进而接受汉文化在日常生活中的传播形式和内涵。清水江文书，成为清水江流域商贾巨富和普通民众最早开展木材贸易的典型文案和合适载体。

五 水道畅通为清水江文书的盛行 创造了有利条件

明代以前，清水江沿岸地区因为山高林密、峰峦险峻，陆路交通十分不便。相对而言，清水江水道还比较便捷，能够通沅江，直达洞庭湖和长江。《黔记·宦贤列传》载：成化二年（1466年），茅坪苗叛。三年（1467年）初，铜鼓苗侗人又一次暴动，时"贼方联舟洪江"……十一年（1475年），起义军又一次反击，李震所领官军分五道围攻。连陷远口、蔡溪、九虎塘等沿江各地，十一月攻取茅坪。十万左右的官军攻伐二月余，由清水江运送的军粮，不下数万石，"遂营排洞，以便漕运"。

明代中叶后期至清代，为解决土司割据的积弊，加强对西南少数民族地区的管控，统治阶级积极推行"改土归流"政策，以高压强势手段开辟了贵州今之剑河、台江、凯里、独山、丹寨等苗疆，设置"苗疆六厅"，彻底将清水江流域的苗侗地区纳入中央版图，地处边乡僻壤的清水江被征伐苗疆的"窥江者"用作运送屯军的重要通道。明永乐四年（1406年），朱棣兴建北京宫殿，在西南地区征集"皇木"，继官商"例征皇木"之后，江淮、徽商以及中原等民间资本相继进入清水江，繁荣的木材贸易使得清水江流域的木材有机会跻身全国市场，开启了清水江流域的木材贸易空前繁荣的时代。

贵州巡抚张广泗在任期间，为改变河道梗阻、货运不通的情况，奏请朝廷疏浚清水江。"雍正七年鄂文端与巡抚张公广泗开浚，自都匀府起至楚之黔阳止，凡一千二十余里，于是复有舟楫之利。"[29]

清水江水道的疏通，促进了沿岸木材贸易的兴盛和繁荣，推动了商品经济的发展，为清水江最大的木材集散地和贸易中心"内三江"（王寨、卦治、茅坪）和"外三江"（坌处、清浪、三门塘）的设行开市奠定了基础，开启了"大筏小桴，纵横绁束，浮之于江，经奔处远口、瓮洞入楚之黔阳，合沅水而达于东南诸省，无不届焉"[30]的盛况，明清两代，清水江成为黔木出山最早和最大的水运通道，由此带动了当地与中原、江南地区的木材贸易活动，刺激了人工造林业的兴起和繁荣兴旺。特别是在清代中后期，水道更是得到极大的发展，清水江以水流平缓、泊排能力强，成为运送云贵两广木材的"黄金水道"，一度出现了排工（水夫）的职业，使木材商品远销四海，在客观上为清水江流域经济的繁荣以及清水江文书的盛行创造了良好的便利条件。

清水江文书盛行，除了受上述方面影响之外，还与清代商业资本的繁衍以及当地的地理位置、社会结构、经济形态、民族性格、风俗习惯等有关，其他的研究文章亦有提及①，本文不再赘述。需要强调的是，清水江文书自 20 世纪 50 年代被发现以来，得益于贵州省、州、县各级政府的支持和几代专家学者的共同努力，经过近七十年的搜集、整理和研究，目前已经取得了可喜的成绩。不仅在清水江中下游的黎平、锦屏、天柱、三穗、剑河、台江等县相继设立了清水江文书博物馆，同时也引起了日本学习院大学、东京外

---

① 如扬州大学钱宗武的《清水江文书研究之回顾与前瞻》，总结了清水江文书五十年研究成果的类型，提出了后续研究的规划与建议，其中也包含清水江文书产生原因的分析，认为清水江文书是国家法与民间法的互动和契约精神的体现；贵州师范大学徐晓光的《清水江文书"杉农间作"制度及"混交林"问题探微》，通过清水江文书的真实案例，探讨了"杉农间作"系统和"混交林"系统的自然生成原因及其社会文化意义；中央民族大学邓建鹏、邱凯的《从合意到强制：清至民国清水江纠纷文书研究》，着重探讨了清水江纠纷文书是借鉴和吸收了汉族契约文书的成果，同时也是汉文化与苗侗民族文化互相冲击、融合的产物；复旦大学朱荫贵的《从贵州清水江文书看近代中国的地权转移》，分析了清水江文书中土地买卖、地权转移的类型和原因；等等。

国语大学，英国牛津大学和我国中山大学、贵州大学、西南政法大学、贵州民族大学、凯里学院等国内外高校的重视。各高校组织了很多专业的团队对其进行研究，出版和发表了一系列专著和大量的研究文章，产生了一批优秀成果，在国际上的影响日益扩大。近年来，清水江文书研究还被纳入国家自然科学基金和国家社会科学基金选题指南。

清水江文书作为一种活态的民间史料文献，记录了自 15 世纪以来清水江流域苗、侗、汉各族人民在政治、经济、文化等方面的社会生活，是当地住民与各阶层社会成员调整和分配资源时所有权的法律凭证，也是清水江文明的见证。在倡导依法治国的今天，探讨清水江文书盛行的成因，对践行"全面正确贯彻落实党的民族政策，坚持和完善民族区域自治制度，牢牢把握各民族共同团结奋斗、共同繁荣发展的主题，深入开展民族团结进步教育，加快民族地区发展，保障少数民族合法权益，巩固和发展平等团结互助和谐的社会主义民族关系，促进各民族和睦相处、和衷共济、和谐发展"[31]，传承弘扬民族传统优秀文化，保障民族区域自治权利的落实，具有积极的借鉴意义。

参考文献：

[1] 黔东南州各类土壤面积及分布状况 [EB/OL]. http://www.zlzb.gov.cn/show.asp?id=118, 2021-04-26.

[2] 贵州省天柱县志编纂委员会. 天柱县志 [M]. 贵阳：贵州人民出版社，1993：3.

[3] 徐家干. 苗疆见闻录 [M]. 上海：上海古籍出版社，1979：22.

[4] 贵州省编辑组. 侗族社会历史调查 [M]. 北京：民族出版社，2009：6.

[5] 台湾"中央研究院"历史语言研究所校勘. 明实录·武宗正德实录：卷

117[M].上海：上海书店，1982：3798.

[6] 贵州省编辑组.侗族社会历史调查 [M].北京：民族出版社，2009：7.

[7] 王奎.锦屏文书记忆读本 [Z].锦屏县档案馆，2016：119.

[8] 钱宗武.清水江文书研究之回顾与前瞻 [J].贵州大学学报（社会科学版），2014，32（01）：88-94，134.

[9] 杨有赓.清代清水江下游苗族林契研究 [C] // 苗学研究会成立大会暨第一届学术讨论会论文集.贵阳：贵州民族出版社，1989：133.

[10] 马国君，李红香.近六十年来清水江林业契约的收集、整理与研究综述 [J].贵州大学学报（社会科学版），2012，30（04）：74-81.

[11] 张永国，吴爱平.论苗族议榔的社会属性和作用 [J].贵州民族研究，1983（02）：162-171.

[12] 张永国，吴爱平.论苗族议榔的社会属性和作用 [J].贵州民族研究，1983（02）：167-171.

[13] 高其才.中国习惯法论 [M].北京：中国法制出版社，2008：3.

[14] 张子刚.地契文书的文化功能初探 [J].侗学研究通讯，2014（03）：34.

[15] 王宗勋，张应强.锦屏文书与清水江地域文化 [M].广州：世界图书出版公司，2016：19.

[16] 王奎.锦屏文书记忆读本 .[Z] 锦屏县档案馆 .2015：33.

[17] 俞渭，陈瑜.黎平府志 [Z].食货志卷三下物产，光绪十八年（1892年）.

[18] 爱必达.黔南识略·黔南职方纪略 [M].杜文铎，点校.贵阳：贵州人民出版社，1987：177.

[19] 贵州省文史研究馆古籍整理委员会.贵州通志：舆地志·风土志 [M].贵阳：贵州大学出版社，2010：22.

[20] 黄家服，段志洪.中国地方志集成·贵州府县志辑：第 1 辑 [M].成都：巴蜀书社，2006：128.

[21] 黄家服，段志洪.中国地方志集成·贵州府县志辑：第 19 辑 [M].成都：巴蜀书社，2006：121.

[22] 爱必达.黔南识略·黔南职方纪略 [M].杜文铎，等，点校.贵阳：贵州人民出版社，1992：322.

[23] 林芊，等.明清时期贵州民族地区社会历史发展研究 [M].北京：知识产权出版社，2012：78.

[24] 杨有赓.清代清水江林区林业租佃关系概述 [J].贵州文史丛刊，1990（02）：77-82.

[25] 贵州省编辑组.《侗族社会历史调查》[M].贵阳：贵州民族出版社，1988：32.

[26] 波兰尼.大转型：我们时代的政治与经济起源 [M].冯钢，刘阳，译.杭州：浙江人民出版社，2007：5.

[27] 杨有赓.文斗苗族地区的明清社会经济文化发展状况——《姜氏家谱》剖析 [J].贵州民族学院学报（社会科学版），1989（04）：22-28.

[28] 杨有赓.汉民族对开发清水江流域少数民族林区的影响与作用（下）[J].贵州民族研究，1993（03）：138-144.

[29] 吴振棫.丛书集成续编（第54册）[M].上海：上海书店出版社，1994：606.

[30] 吴振棫.丛书集成续编（第54册）[M].上海：上海书店出版社，1994：634.

[31] 胡锦涛.坚定不移沿着中国特色社会主义道路前进　为全面建成小康社会而奋斗 [M].北京：人民出版社，2012：29-30.

浅谈流动人类学 *

王 俊 **

摘　要： 流动人类学是人类学的一个分支学科，以文化为研究内容，探寻具体文化流动的动力、方式和途径。流动人类学的科学共同体可分为侧重文化时间流动研究的科学共同体和侧重文化空间流动研究的科学共同体，其中侧重文化时间流动研究的共同体通常被称为进化论学派，侧重文化空间流动研究的共同体通常被称为传播论学派，而因对文化进化动力和方式的认识差异，进化论又被分为古典进化论和新进化论。流动人类学有其既有范式，文化流动有明确的时空之轴、类型和动力、方式和途径。

关键词： 流动人类学　范式逻辑　理论方法

人类学是什么，从字面来看，人类学是研究人类的学科，在《辞海》中，"人类"被定义为"一般指更新世以来的人，通常只包括智人"[1]。人类学是一个相对模糊的概念，就人而言，好像什么都是，大到无边无际；又好像什么都不是，小到无着无落。有学者认

---

　* 本文为国家社科基金一般项目"西南地区少数民族农业文化遗产调查研究"（项目编号：15BMZ039）、贵州省哲社单列项目"贵州世居少数民族传统认知研究"（项目编号：17GZMH04）的阶段性研究成果。

** 王俊，贵州民族大学多彩贵州文化省部共建协同创新中心副研究员，博士，硕士生导师，研究方向为流动人类学、西南少数民族农业文化遗产、乡村振兴。

为"人类学（anthropology）是全面研究人及其文化的学科"[2]。就该定义而言，"人类学"也被称为"文化人类学"。也有学者认为"人类学是研究人类体质和社会文化的学科"[3]。就该定义而言，"人类学"也被称为"体质人类学"和"社会人类学"。*The Dictionary of Anthropology* 对人类学做了如下表述（内容据原文汉译而成）：

> 人类学、文化人类学、社会文化人类学和社会人类学即使不是完全分离的知识传统，也是有区别的。在 20 世纪 30 年代，对"文化"和"社会"这两个术语的区分变得普遍起来，分歧的最直接来源便是 19 世纪 90 年代美国博厄斯（Franz Boas，1858~1942）所倡导的研究之间的差异，大约在那个时候，在马雷特（R.R.Marrett，1866~1943）、塞利格曼（C.G.Seligman，1873~1940）、里弗斯（W.H.R.Rivers，1864~1922）和哈登（Alfred Haddon，1855~1940）等的倡议下，新的人类学开始在英国传播。今天，这两个术语并不表示方法的精确划分，因此一些人类学家放弃了区分（例如，巴雷特，1984）。但是，对于许多其他人而言，区别仍然很重要，至少作为一种描述民族志风格的速记方式。"文化人类学"通常专用于具有整体精神的民族志作品，以文化影响个人经验的方式为导向，或旨在全面了解一个民族的知识、习俗和制度。"社会人类学"是一个应用于民族志作品的术语，该民族志试图分析那些包括家庭生活、经济、法律、政治等社会关系的特定社会关系系统，或宗教给予社会生活组织基础的分析优先权，并把文化现象看成仅次于社会科学探究的主要问题。[4]

应该说巴雷特（Thomas Barfield）在 *The Dictionary of Anthropology* 中对人类学的相关表述相对精辟，其中涉及两个关键词，即"文化"和"社会"，而"文化"一词常常是作为"人类学"成果进行体现的。目前学界多认为"文化"一词最早源于英国人类学家泰勒（E. B. Tylor，1832~1917）的《原始文化》，其中将文化定义为"文化或文明，就其广泛的民族学意义来说，是包含全部的知识、信仰、艺术、道德、法律、风俗以及作为社会成员的人所掌握和接受的任何其他的才能和习惯的复合体"[5]。而"人类学成为一门学科与英国人类学家泰勒的积极推动有密切的关系"[6]。至于"社会"一词，《辞海》将其解释为"以一定的物质生产活动为基础而相互联系的人类生活共同体。人是社会的主体。劳动是人类社会生存和发展的基础。物质资料的生产是社会存在的基本条件"[7]。作为既有联系又有区别的两门学科，"人类学"一词大约在公元16世纪初诞生于希腊文 anthropos，指关于人的科学。随后，中欧学者用这个词来指解剖学和生理学，相关内容后来被称为"体质人类学"或"生物人类学"。在17、18世纪，欧洲神学家用这个词指神灵与人类相类似的特性。到18世纪晚期，部分俄国和奥地利学者开始用德文单词 Anthropologie 表示不同族群的文化属性。在18世纪晚期和19世纪早期，部分学者开始用"民族学"一词表示文化差异和确定世界上各民族共同人性特点两方面的研究。[8]在人类学的发展过程中，主要形成了人类学、民族学、文化人类学和社会人类学的表达语境，其中在英国和大多数英语国家，主要使用"社会人类学"；在欧洲大陆，社会人类学作为民族学的同义词被广泛使用，而"人类学"一词常常指的是"体质人类学"；在美国，文化人类学作为民族学的同义词被使用。至于"社会学"，吉登斯认为是"对人类的社会生活、群体和社会的科学研究"[9]。就社会学的研究内容而言，孔德认为主要是可观察的社会实体，涂尔干认为是社会事实，马克思认为是资本主义和阶级斗争以及基于唯物史观的社会变迁[10]，韦伯认为是社会行动。虽然目前学界关于"文化"和"社会"的界定依旧模糊，但多赞同"社会"强调结构或关系，"文化"强调功能或媒介。基于本文采用的"社会"和"文化"定义，就人类的发展史而言，"社会"产生在前，"文化"产生于后，物质资料的生产既是"社会"产生和存在的基础，也是"社会"产生和存在的最初目的。与"社会"产生的时间不同，"文化"是人类发展到一定阶段后才产生的，即便是物质文化，也是当物质资料的生产具有可重复性，形成可持续性生产技术后才产生的，而非物质文化，则更是"经济基础决定上层建筑"的产物，即"这些生产关系的总和构成社会的经济结构，即有法律的和政治的上层建筑竖立其上并有一定的社会意识形式与之相适应的现实基础。物质生活的生产方式制约着整个社会生活、政治生活和精神生活的过程。不是人们的意识决定人们的存在，相反，是人们的社会存在决定人们的意识"[11]。因此可以这样说，社会是基于生存，而文化是基于生活，但当文化产生以后，便因其对物质或非物质的功能性体现而成为社会必不可少的组成部分，社会便成了文化社会，而文化，则成了社会文化。文化产生以后，便和社会互相依托、彼此促进，即"文化与社会是在相同的现象中抽象出来的不同方面，前者为意义结构，行动者根据它来行动；而后者则是社会互动本身，以及它采取的一种稳定方式"[12]。

在汉语语境与英语语境中，"流动"有多种词性，流动是动词时充当谓语，主语可以是名词或名词性的词，构成"？+流动"的句式；流动是形容词时充当定语，起修饰作用，构成"流动的+？"的句式；流动是名词时充当主语或定语，构成"流动+？"的句式。作为一个边际模糊的概念，人类学几乎是万能的名词后缀，可以用在任何名词之后，从而导向不同的人类学分支学科，如文化人类学、社会人类学、体质人类学、艺术人类学、分子人类学、文学人类学等。目前无法统计以人类学为后缀的人类学分支学科究竟有多少，这受感于人类学的动态发展。一方面，分支学科的建立需要有相对成熟或知名的理论；另一方面，分支学科的发展还要具有可持续性。于是，当学科理论尚未建立起来，或学科的可持续发展存在困难时，要么说明学科建设虽有导向但并未建立，要么说明学科虽已建立但已丧失生命力，不能再称为学科。从这个角度来说，当下绝大多数以人类学为后缀的所谓人类学分支学科更多的只是拟人类学或人类学术语，而非分支人类学。毫无疑问，流动人类学是人类学，如果一定要给流动人类学一个学科界定的话，则可将其视为文化人类学的一个分支学科。基于人类学的相关定义研究所谓的"流动人类学"，是指以文化为研究内容，探寻具体文化流动的动力、方式和途径的人类学。

一　建构流动人类学的目的和意义

实际上建构"流动人类学"是基于两个动因，往小了说，是研究者对于人类学范式创新的一种尝试，承载着研究者对人类学的哲学思考；往大了说，是人类学发展的现实需求。在全球化的今天，文化流动的内容、动力、技术和途径更加丰富，对文化流动进行专题的人类学探讨，一方面可为文化的现实发展提供理论参考，另一方面也可为文化的理论发展提供现实依据。

二　流动人类学既有的范式逻辑

关于范式，其创造者美国科学哲学家托马斯·库恩在其名著《科学革命的结构》一书中将其定义为："意欲提示出某些实际科学实践的公认范例——它们包括定律、理论、应用和仪器在一起——为特定的连贯的科学研究的传统提供模型。"[13]之后，库恩在该书的后记中又对"范式"做了进一步说明，认为"范式"一词有两种不同意义的使用方式，"一方面，它代表着一个特定共同体的成员所共有的信念、价值、技术等等构成的整体。另一方面，它指谓着那个整体的一种元素，即具体的谜题解答；把它们当作模型和范例，可以取代明确的规则以作为常规科学中其他谜题解答的基础"[14]。"一个范式就是一个科学共同体的成员所共有的东西，而反过来，一个科学共同体由共有一个范式的人组成。"[15] "一个科学共同体由同一个科学专业领域中的工作者组成。"[16] "这种共同体就是本书描述为科学知识的生产者和确认者的单位。范式是为这样的团体的成员所共有的东西。"[17] 这里不讨论"范式"一词在当下的时髦性，在某些学者看来，这是一个有些过时或不合时宜的词，但无论怎样，其对"范式"的建构逻辑始终是有借鉴意义的。基于此，本文依照库恩建构的"范式"逻辑，对流动人类学建立的范式逻辑进行梳理，以探讨流动人类学建立的可能、价值和意义。根据库恩的范式逻辑，本文从流动人类学的科学共同体及其共有的信念和价值、文化流动的技术和路径两方面对流动人类学的范式逻辑进行探讨。

（一）流动人类学的科学共同体及其共有的信念和价值

根据本文的"流动人类学"定义，回顾人类学学科史不难发现，"流动"不是一个新话题，实际上就目前人类学主流的学科史语境而言，流动人类学的科学共同体可分为侧重文化时间流动研究的科学共同体和侧重文化空间流动的科学共同体，其中侧重文化时间流动研究的共同体通常被称为进化论学派，侧重文化空间流动研究的共同体通常被称为传播论学派，而因对文化进化动力和方式的认识差异，进化论又被分为古典进化论和新进化论。这里需要特别强调的是，人类学相关理论学派间并非一种截然对立的关系，而是你中部分有我，我中部分有你，即各理论学派间无论是共同体还是信念、价值都在时间或内容上存在部分重叠性。

受达尔文进化论的影响，文化人类学学科正是以"进化"的流动之名于 19 世纪 70 年代左右诞生于欧美。作为文化人类学中的第一个理论学派，最早的文化进化论也被称为古典进化论或单线进化论，相关科学共同体也被称为古典进化论学派或单线进化论学派。最早的古典进化论学派代表有英国人类学家泰勒、美国人类学家摩尔根（Lewis Henry Morgan，1818~1881）、德国人类学家阿道夫·巴斯蒂安（Adolf Bastian，1826~1905）等。泰勒认为，"由于人类的精神过程普遍相似，人类社会文化的发展遵循着'几乎一致的渠道'，表现为进步的特征，并且在文化的进化中得以展现"[18]；"文化特性在时空上的分布可能反映了不同的过程。一些模式可能起源于不同文化之间的接触以及文化特性的传播"[19]。摩尔根将人类社会分为蒙昧、野蛮和文明三个阶段，其中又将蒙昧和野蛮各分为低、中、高三个阶段，认为蒙昧的低级阶段始于人类出现，结束于用火和捕鱼知识的产生；中级阶段从人类懂得用火和捕鱼开始，一直持续到人类发明了弓箭；高级阶段从弓箭的发明到陶器的出现。野蛮的低级阶段从陶器的发明开始到旧大陆上畜牧业的兴起及新大陆上灌溉农业和建筑业的出现，中级阶段自畜牧业、灌溉农业、建筑业的产生至冶铁业的产生，高级阶段自冶铁业的产生至音标字母的产生，而音标字母的产生则标志着人类正式进入文明时代。[20]

除古典进化论学派外，还有 20 世纪 30 年代诞生于美国的新进化论学派，代表人物有美国人类学家怀特（Leslie A. White，1900~1975）、斯图尔德（Julian Haynes Steward，1902~1972）、塞维斯（Elman Rogers Service，1915~　）、萨林斯（Marshall Sahlins，1930~2021）等。怀特的进化论又被称为普遍进化论，认为文化是整合、动态和象征的系统，在该系统中技术是最重要的要素，能量是文化进化的关键机制。[21]斯图尔德的进化论又被称为多线进化论，为其创立的文化生态学提供分析焦点和经验基础[22]，因此人们也常将其多线进化论等同于其文化生态学。

如果说文化进化论更强调文化流动的时间性，即历时性的话，那么文化传播论则多强调文化流动的空间性，即共时性。文化传播论学派的代表有德国人类地理学家拉策尔（Friedrich Ratzel，1844~1904）、人类学家弗罗贝纽斯（Leo Frobenius，1873~1938）、格雷布内尔（Fritz Graebner，1877~1934），英国人类学家里弗斯（William H. Rivers，1864~1922）、史密斯（Elliot Smith，1871~1937）等。作为文化传播论学派的开创者，拉策尔认为："单一文化要素要趋向于传播到其他地方，而整体'文化复合体'（culture complexes，相关文化要素丛）则通过迁移扩散开来。"[23]格雷布内尔认为"试图在科学基础上研究地理文化圈和交叠文化层的努力依然标志着传播论思想的顶点"[24]。里弗斯认为："各族的联系及其文化的融合，是发动各种导致人类进步的力量的主要推动力。"[25]

对流动人类学的学科史进行梳理不难发现，流动人类学的科学共同体是清楚的，从其共有的信念和价值来看，无论是时间流动还是空间流动，均以"流动"为关键词，并普遍认为"流动"是文化的基本特征，对文化的形成和发展有根本性影响，这些都为"流动人类学"学科名的提出提供了有力的支撑。

（二）文化流动的技术和路径

实际上从广义的角度看，人类学都可称为"流动人类学"，无非是进化论学派还是传播论学派都明确提到了流动的内涵，而其他人类学学派虽没有明确提到流动的内涵，但无一例外或多或少提到了文化流动的技术和路径，这在巴纳德归纳的人类学范式中有直观的体现。巴纳德从历时性、共时性和互动观点三个方面对人类学范式进行了归纳总结，其中历时性观点包括进化论、传播论、马克思主义（在某些方面）、文化区域研究（在某些方面）；共时性观点包括文化相对论

（包括"文化与人格"）、结构主义、结构—功能主义、认知研究、文化区域研究（在绝大多数方面）、功能主义（在某些方面）、阐释主义（在某些方面）；互动观点包括互动论、过程论、女性主义、后结构主义、后现代主义、功能主义（在某些方面）、阐释主义（在某些方面）、马克思主义（在某些方面）。[26]本文倾向于将传播论归入共时性研究，并认为从文化人类学学术史的角度看，文化区域研究更多属于文化传播论的范畴，自然文化区域研究也属于共时性范畴。

关于本文认为进化论和传播论之外的人类学理论其实即便不专门涉及流动，但也无一例外或多或少涉及文化流动的技术和路径的观点，在巴纳德的任何一种具体人类学范式中都有体现。以相对晦涩的结构主义理论为例，"对列维－施特劳斯来说，文化的本质就是结构。不仅各种文化都有自己的结构，世界文化也如此，因为各种文化都存在于一个大的文化体系中"[27]。根据列维－施特劳斯的观点，"客观世界的基础既不是生产方式，也不是绝对精神，而是内在于人的大脑神经系统这个物质实体中的二元心智结构"[28]。而这种"二元心智结构"，正是文化流动的技术和路径。至于功能主义则更简单，文化的功能既是其流动的技术，也是其流动的路径。因篇幅所限，在此不再对相关理论——展开阐释，但有一点是肯定的，虽有扩大化之嫌，但除进化论和传播论外的其他人类学家通过相关研究，充实了流动人类学的技术和路径，因此除进化论学派和传播论学派的其他人类学学派也都可归入流动人类学共同体的范畴。通过对人类学中文化流动的技术和路径的梳理，本文试图再次证明，"流动人类学"的提出并非仅是一个简单的拟行，而是一个基于既有范式逻辑的范式探讨。

三 流动人类学的理论与方法

本文主要从文化流动的时空之轴、类型和动力、方式和途径三个方面对流动人类学的理论和方法进行探讨。

（一）文化流动的时空之轴

动需要有参照，如无参照便无法判断动的性质和特点，流动也不例外，这个参照便是具体的时间和空间。因此文化是否流动，可以如下的时空之轴进行直观判断（见图1）。

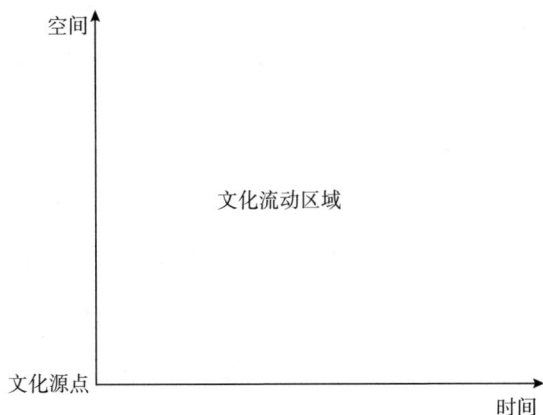

图1　文化流动的时空之轴

需要说明的是，这里的时间和空间的界定是基于经典物理学，其中，空间在宏观上由经度、纬度和海拔构成，在微观上由长、宽、高构成。

（二）文化流动的类型和动力

探讨文化流动的类型和动力，就要从文化的萌生、触点及推动文化流动的无形的手入手。萌生不单指刚产生，还指已产生，也就是说这里的萌生指的不是一个点，而是从一个点到一个面的过程，即指文化从产生至延续到一定阶段或程度的过程，这里的萌生既是一个进行时动作，也是一种持续性状态。文化产生的原因很多，其中功能性是基本的，文化往往因需要满足人们的某种或某些需要而产生，也因其功能性而被延续或抛弃。文化的产生往往具有偶然性，或因个人，或因群体，产生以后其功能的普适程度决定了其流动的深度和广度。文化产生以后，促使其流动的动力点可称为触点或文化触点，这个触点虽客观存在，但很难具体追寻、定位其踪迹。文化动力就好像一只无形的手，在其产生或触碰文化的瞬间，文化便流动开来。这些推动文化流动的"无形的手"，从动力来看，可分为自然流动和社会流动；从形式来看，可分为时间流动和空间流动。对文化触点进行关注，进而探讨文化流动的特点及规律，为文化未来的流动或发展提供可供启发的理论参考正是本文的重点和难点。

1. 自然流动和社会流动

关于自然流动和社会流动，完整的称谓是文化的自然动力流动和文化的社会动力流动。所谓文化的自然流动，指促使文化流动的动力来自自然，包括气候、水源、地形地貌等自然因素；所谓文化的社会流动，则指促使文化流动的动力来自社会，包括经济、政治、军事、文化等非自然因素。

2. 时间流动和空间流动

流动的时间形式和空间形式则相对简单，时间流动指文化从其产生的某个时间点存续到另一时间点，或自其产生后便存续至今；而空间流动指文化从空间中的某一个点（区域）流动到另一个点（区域）。

（三）文化流动的方式和途径

在讨论文化流动的方式和途径时，需要引入或强调一个叫"结构"的概念，结构是"系统内各组成要素之间的相互联系、相互作用的方式"[29]。结构常与空间密不可分，不过这个空间既包括现实空间也包括虚拟空间。正如格尔茨在《文化的解释》一书中所说的那样，"所谓文化就是这样一些由人自己编织的意义之网，因此，对文化的分析不是一种寻求规律的实验科学，而是一种探求意义的解释科学"[30]。而人们对这种"意义之网"的编织过程，正是文化流动的具体动力和方式，在自然流动中，以自然结构为主，而在社会流动中，则以社会结构为主。自然结构指自然组成要素或自然综合体之间相互结合的形式。至于社会结构，吉登斯认为"指的是我们生活的社会背景不只是事件或行动的随机分类，而是以各具特色的方式被赋予结构或模式。……人类社会始终处在结构化的过程中，每时每刻都在被构筑社会的'一砖一瓦'——也就是你我这样的人——重新构造"[31]。归纳起来，文化流动有从以自然流动为主向以社会流动为主的转变过程。自然流动是文化较早的流动，人类在诞生之后的很长一段时间都是"自然决定论"的产物，人类的生产生活由自然决定。由于受自然因素的影响，文化以人或物为载体，随自然因素如气候、水源、植被的变动而流动。以气候为例，第四纪冰川对植物、动物的分布产生了重要影响，对人的流动和分布也产生了重要的影响；以游牧民族为例，"逐水草而居"者随气候变化而在高低纬度或高低海拔地区间流动，以人或物为载体的游牧文化也就随气候在高低纬度或高低海拔地区间流动。在自然流动中，文化常以山谷、河谷及人工修筑的道路为流动途径。

需要特别说明的是，自然流动和社会流动间并非截然分开的关系，人是社会性动物，文化在自然流动的过程中常常因人的社会性而同时产生社会流动。整体而言，社会流动的动力、方式和途径较多。在1837年电报发明前[32]，无论是驿站还是邮路，文化的流动都主要以人为载体。电报发明后，文化流动进入全新的非人载阶段，尤其是随着现代通信技术和计算机技术的应用，文化流动进入信息化时代，文化以信息形式进入信息流动即信息化时代。在信息化时代，文化流动的内容和动力变得更复杂、更难以捉摸。

三　结语

毫无疑问，此文仅为抛砖引玉，是对建构"流动人类学"的一些简单思考。要建立真正的"流动人类学"，需要流动人类学共同体持续地探索，这需要时间，且探索不一定会有结果，但作为人类学发展的一种尝试，无疑是有益的。

参考文献：

[1][7][28][29] 夏征农，陈至立 . 辞海 [M]. 上海：上海辞书出版社，2010：1560，1648，280，920.

[2][6] 庄孔韶 . 人类学通论 [M]. 太原：山西教育出版社，2002：1.

[3][25] 黄淑娉，龚佩华 . 文化人类学理论方法研究 [M]. 广州：广东高等教育出版社，1996：1，73.

[4]Thomas Barfield. The Dictionary of Anthropology[M]. Blackwell Publishing Ltd., 1997：17.

[5] 爱德华·泰勒 . 原始文化 [M]. 连树声，译 . 上海：上海文艺出版社，1992：1.

[8][21][22][23][24][26][27] 阿兰·巴纳德 . 人类学历史与理论 [M]. 王建民，刘源，许丹，等，译 . 北京：华夏出版社，2006：2，42，43，55，9-10，136.

[9][10][31] 安东尼·吉登斯 . 社会学 [M]. 李康，译 . 北京：北京大学出版社，2009：4，12-14，7.

[11] 马克思，恩格斯 . 马克思恩格斯选集：第 1 卷 [M]，北京：人民出版社，1972：10.

[12] 石奕龙 . 克利福德·格尔茨和他的解释人类学 [J]. 世界民族，1996

（03）：32-42.

[13][14][15][16][17] 托马斯·库恩.科学革命的结构 [M].金吾伦，胡新和，译.北京：北京大学出版社，2012：11，147，175，176，178.

[18][19][20] 杰里·D.穆尔.人类学家的文化见解 [M].欧阳敏，邹乔，王晶晶，译.北京：商务印书馆，2009：18，20，36.

[30] 克利福德·格尔茨.文化的解释 [M].韩莉，译.南京：译林出版社，1999：5.

[32] 孙宝传.电报的发明与通讯社的产生 [J].中国传媒科技，2011（11）：22-23.

II 区域文化

主持人语

　　"区域文化"专栏共收录了4篇高水平学术论文，学者们结合学术界热点，分别从多彩贵州文化的乌江文学、贵阳城市文化、影视文化及黔菜文化四个层面论述其发展或形象建构等问题。其中喻子涵教授的《乌江流域当代土家族作家群研究》探讨了乌江流域作家群的创作特征和创作走向，令狐克睿副教授等的《基于"五感体验"的贵阳城市文化形象建构研究》从"五感体验"视角建构了贵阳城市文化形象，陈明鑫的《敬畏与坚守：贵州电影中的生态影像建构》以影片《滚拉拉的枪》《鸟巢》为例阐释了其文本意义价值以及生态影像特点，刘宸博士等的《黔菜资源产业化开发中的问题及对策》结合具体省情和文化资源基础提出了黔菜发展的可行性对策。

——王伟杰（贵州民族大学贵州民族科学研究院教授）

乌江流域当代土家族作家群研究

喻子涵*

摘　要： 受乌江地理环境、人文传统，以及乌江流域作家、诗人特定的精神气质、生存哲学、审美理想的影响，乌江流域出现了跨越黔渝两地的当代土家族作家群。在创作特征上他们突出故土情怀和生存现实，注重书写族群记忆与风情民俗，善于挖掘母语背后的深刻内蕴，展示民族精神和心理特质。而地域特色与时代精神的融合，民族气质与世界眼光的融合，文化功能与美学理想的融合，则是乌江流域当代土家族作家群的创作走向和留给文坛的启示。乌江流域当代土家族作家群，集中弘扬丰富独特的地域文化，同时又创造多元化的、具有时代性的新文学，这对于"文学乌江"的构建发挥了重要作用。

关键词： 地域文学　作家群　文学乌江　土家族文学

近 20 年来，地域文学及作家群研究在我国掀起新的高潮，这是我国文学多样化和个性化发展的体现。随着文学浙军、湘军、晋军、陕军、桂军等地域作家群的兴起，地域文学现象已成事实并呈现出一定的规律，地域与作家、与文学的关系日渐清晰。在乌江流域，

---

* 喻子涵，本名喻健，贵州民族大学教授、硕士研究生导师，贵州省高校哲学社会科学学术带头人，研究方向为中国现当代文学、跨媒介文学、文化传播等。

受乌江地理环境、人文传统的影响，形成了为数不少的少数民族作家群。尤其是跨越黔渝两地的土家族作家群，在意识观念、思维方式、文化性格等方面独具一格，并以其群体规模、创作个性，引起全国文坛的关注，而且，其生成因素和创作走向对未来文学的发展具有经验性和启发性意义。因此，本文从乌江地域人文传统与土家族作家群的生成关系入手，对乌江流域20世纪80年代以来逐渐形成的土家族作家群的生成因素、创作特征进行考察与解析，进而探讨乌江流域土家族作家群的创作走向与启示。

一 乌江流域土家族文学的兴盛与研究的缘起

关于地域文学和作家群的研究不是当代人的专利。我国最早的文论著作《典论·论文》就研究过"建安七子"作家群；南北朝时期的《文心雕龙》研究过《诗经》和《楚辞》的地域性特征。宋代至晚清许多文学流派，如"江西诗派""永嘉四灵""公安派""竟陵派""桐城派"等，用地域来命名已成习惯。当然，地域文学和作家群研究一直在持续、深入。到了近代，梁启超在《中国地理大势论》等系列文章中，探讨了文明的发生、政治历史、文学学术、地理风俗、兵事与地域的关系。他认为，文学千余年间南北峙立，其受地理环境之影响很为明显；"同一经学，而南北学风，自有不同，皆地理之影响使然也。"[1]刘师培的《南北文学不同论》、王国维的《屈子文学之精神》、汪辟疆的《近代诗派与地域》，可以说是地域文学研究的专文。刘师培说："大抵北方之地，土厚水深，民生其间，多尚实际。南方之地，水势浩洋，民生其际，多尚虚无，故所作文，多为言志、抒情之体。"[2]明确指出荆楚文学与南方"水势浩洋"之密不可分的关系。王国维也指出："南人想象力之伟大丰富，胜于北人远甚。"[3]他认为，南方气候湿热，容易形成狂放和倜傥不羁的性格，而丛林水泽，其氤氲之气更易激发奇幻狂想。这种奇幻狂想与楚人的浪漫精神，则成就了荆楚文学奔放、浩瀚的气势。[2] 这些思想资源建构了今天大多数人所谈论的"地域文化"知识的内涵。在西方，19 世纪法国文学史家丹纳，在《英国文学史》引言中，明确地把地理环境与种族、时代作为决定文学的三大因素。[3] 同时他在《艺术哲学》中强调："作品的产生取决于时代精神和周围的风俗。"[4] 这为人们研究地域文学提供了权威的理论依据，并使中国现代文学地域文化研究模式产生。

然而，不同的时代、不同的民族、不同的地域，均会产生新的地域文化、新的作家群和新的文学。20 世纪 80 年代，随着文学的复苏并逐渐走向繁荣，探究文学地域现象源流与特质的中国现当代地域文学，在一场"寻根热"和"文化热"中再度兴起。至 20 世纪 90 年代，现代文学史家严家炎先生主编了一套《20 世纪中国文学与区域文化丛书》，他在总序中指出："区域文化产生了有时隐蔽、有时显著然而总体上却非常深刻的影响，不仅影响了作家的性格气质、审美情趣、艺术思维方式和作品的人生内容、艺术风格、表现手法，而且还孕育出了一些特定的文学流派和作家群体。"[5] 这不仅有力地揭示了地域文化与作家创作之间的紧密联系和文学发展的某种客观真理，而且再次掀起了地域文学和作家群研究的热潮。

既然如此，乌江流域当代土家族作家群研究，便是一个具有重要价值的选题。乌江是一个区域的文明标志，是一个区域的文化符号，是一个区域的历史见证者和记录者。乌江这条母亲河，孕育了许多土家族诗人、作家和学者，他们的成就令世人瞩目。诗歌方面，曾以《中文系》风靡一时的"莽汉派"诗歌创始人李亚伟获得第四届华语传媒诗歌奖，冉庄、冉冉先后获得第六届、第七届全国少数民族文学创作"骏马奖"和首届"艾青诗歌奖"，冉仲景获得第一届、第二届重庆市少数民族文学奖与第三届"重庆文学奖"；散文诗方面，喻子涵获得第五届全国少数民族文学创作"骏马奖"和"中国当代十大优秀散文诗作家"称号；散文、报告文学方面，阿多获得第五届全国少数民族文学创作"骏马奖"，刘照进、安元奎分别获得第四届"贵州省文艺奖"和首届"乌江文学奖"，魏荣钊获得贵州省首届"乌江文学奖"和第三届"贵州省文艺奖"，任光明获得《民族文学》"山丹奖"和"四川文学奖"，舒应福、姚元和均获得重庆首届少数民族文学奖；小说方面，陈川、田永红分别获得第四届、第七届全国少数民族文学创作"骏马奖"，苦金获得《民族文学》"龙虎山杯"新人奖和重庆文艺奖，姚明祥获得重庆首届少数民族文学奖，林照文获得贵州省首届"乌江文学奖"；戏剧方面，何立高获得第八届全国"孔雀奖"铜奖、第十一届全国"群星奖"银奖；文学评论方面，冉易光获得重庆文艺奖和重庆社科奖，向必群近年来的民族文学创作评论和地域文学研究具有广泛影响；文学活动和文化传播方面，冉云飞获得"2008年度百位华人公共知识分子"称号。乌江流域土家族诗人、作家、评论家、学者共出版专著、作品集近百部，数十人被吸收为省级以上作家协会会员。

综上可见，乌江流域土家族文学创作呈现一片繁盛景象，当然，它与乌江地域环境、时代风尚及人文传统对土家族诗人、作家的影响和培育分不开。由此，乌江流域土家族作家群已成为人们特别关注的一种文化现象，是文学界研究当代"地域文学"和"作家群"不可忽视的一个采样标本。因而，乌江流域当代土家族作家群研究具有重要价值。第一，乌江中下游是土家族人聚居的核心地带和土家族文化的发祥地，地域人文传统与文学创作的关系十分密切，而且研究资源十分丰富，可为跨文化研究提供新的素材；第二，以土家族为主体的"乌江文学"已成崛起之势，一个新的作家群体在西南山区诞生并逐渐壮大，这对总结当下区域文学发展和参与推动欠发达地区经济社会发展均具有重要理论价值与现实意义；第三，乌江流域土家族作家群研究，具有不同于发达地区的研究对象和研究方法，它可以为当代地域文学和作家群研究提供新的案例，充实新的内容。

二 乌江流域当代土家族作家群的生成因素

先来讨论一下什么叫"地域"和"地域文化"。陈继会先生说："所谓地域，这里实际上包含着两层意思：一是作家创作时的聚散之地；一是作品所表现的文化地域。"[6] 其实，"它除了指区域范围这层外在意义外，更重要的内涵是指某一人类群体在这个区域长期生存及发展演变，所形成的具有文化特质的时空环境"。这样的"地域"，"因其具有文化特质而区别于其他时空环境呈现出自己独有的个性"[7]。因而，"地域文化"就是人们在某个区域长期生存生活及发展演变，形成的一个具有族群独特根性的与地域环境息息相关的山水人文系统。这种地域的山水人文系统，影响一个族群的思想、情感、行为、制度以及文化创造。

在谈论"乌江地域文化"之前我们先认识一下乌江。乌江跨越中国贵州省北部和重庆市东南部，是长江南岸的一大支流。乌江源出乌蒙山，北源六冲河出贵州省赫章县北，南源三岔河出贵州省威宁彝族回族苗族自治县东，两源在织金与黔西边境汇合后称鸭池河，自西南向东北奔腾于大娄山系和武陵山脉之间，经黔西、清镇、修文、金沙、息烽、遵义，至乌江渡后称乌江。往下仍向东北流，经开阳、瓮安、湄潭、余庆、凤冈、石阡、思南、德江，至沿河县城后，折西北方向入重庆市境。再经酉阳、彭水、武隆，至涪陵市汇入长江。三岔河汇口以上为上游，汇口至思南为中游，思南以下为下游，全长约1050公里。乌江流域面积约8.8万平方公里，覆盖黔、滇、渝、鄂4个省市共56个县、市、区，河流主干大部分在贵州境内，是贵州省的第一大河。乌江流域居住着汉、苗、布依、土家、壮、侗、彝、瑶、仡佬等 10 多个民族，土家族主要分布在乌江中下游一带。土家族进入乌江流域生活，已有数千年的历史。乌江古称"延江"（三国《水经》），延江就是"蜒江"，即蜒民居住的江（晋·常璩《华阳国志》）。蜒民是古代巴族的一支（宋·乐史《太平寰宇记》），是现在土家族的祖先。土家人据守乌江、崇敬乌江、开发乌江、保护乌江，数千年来与乌江相处共生，形成无法分割的地缘和血缘，创造出丰富多样的地域文化成果，成为一代代乌江土家人的精神支柱和文化食粮。

那么，"乌江地域文化"，就是乌江沿岸的居民与乌江山水长期共生、共融而产生的一种地域环境与人文系统。它包含三种类型，即山文化、水文化、人文化。就"山文化"而言，乌江上游地处乌蒙山，中上游南面面临苗岭，中下游两岸是大娄山脉和武陵山脉，山势巍峨高峻，山脉绵延纵横。这种逶迤起伏、磅礴雄浑的地貌，赋予乌江人豪放耿直、大气稳重的气质；同时，高山深谷、峭壁悬崖，又造就了乌江人谨慎精明、内敛自律的性格；山多地少、土地贫瘠，又磨炼出乌江两岸的土家人坚韧耐劳、倔强执着的品性。当然，由于山横水隔，交通不便，长期小范围生活，也使乌江人形成封闭、保守、狭隘的心理特征；不过，这种封闭恰又容易保存乌江区域原始古朴的民风民俗和多样性的民族文化。就"水文化"而言，人类文明起源于河流或海洋。江河具有流动性、开放性、吸纳性和外向性特质，因而容易让人与人、人与社会得到很好的沟通、交融，能够吸收外来文化和善于关注先进文化，从而增强一个民族的适应性、生存力和创造力，推进一个民族整体快速发展。因此《乌江盐殇》一书中有这么一段话："在陆路不通的古代社会里，乌江是贵州通往外界的重要水路，是古老的商道、盐道，也是传递大山与外界信息的文化渠道，在贵州历史上有着十分重要的政治、经济、文化战略地位，故有'黄金水道'之称。"[8]这不仅对乌江在贵州发展史上的作用进行了比较客观的定位，同时也深刻阐明了水文化的巨大魅力。水文化必然使一个族群乃至更大的社会，在内部结构上产生由传统向现代转型的巨大变化。就"人文化"而言，乌江上有人的活动可推至原始社会。[9]悠久的人类历史，遗留和传承丰富的人类文化。那么，乌江"人文化"就包括敬畏自然、敬畏生命、敬畏制度的信仰文化，如崇拜天地山水、崇拜动植物、崇拜祖先和英雄、崇拜鬼神和法力等；包括认识自然和征服自然所创造的物质文化和精神文化，如耕织、渔猎、饮食、服饰、居住、交通、纤道、船筏、盐巴、丹砂、城郭、语言、歌舞、戏剧、诗书画、竹枝词等；还包括民族文化和历史文化，尤其是民族风俗，它是一个民族在长期劳动和生活过程中所创造、享用并传承的物质文化与精神文化的综合形态，是人类在日常活动中世代沿袭与传承的社会行为模式，包括宗教信仰、图腾崇拜、劳动方式、婚嫁丧葬、礼俗仪规等日常生活各个领域的行为。这是"人文化"的核心内容，是特定地域文化的重要组成部分。乌江地域文化，不仅是乌江流域诗人、作家生生不息的精神栖息之所，也是构成他们文学创作的特定话语和表现对象。

由上可知，乌江流域土家族作家群的生成因素有三个方面。一是共同的乌江地域环境，包括乌江山水、物候气象和区域内的各种自然物体。二是共同的乌江人文传统，包括民族文化、历史文化、信仰文化、物质文化、精神文化、民俗风情等地域文化。这二者是乌江流域土家族作家群生成的外在因素。三是乌江流域诗人、作家所具有的精神气质、生存哲学、世界观和价值观、审美理想，这是乌江流域土家族作家群生成的内在因素。当然，内在因素是由外在因素长期影响，并通过内在因素的裂变与聚合而形成的，它使个人与群体之间产生相互渗透、相互结合的一致性，进而产生群体一致性的气质、思想、道德、习惯、思维、行为、语言风格和艺术趣味。常言说，一方水土养一方人，乌江流域土家族作家群，就是在乌江特定的地域环境、人文环境和生存哲学的影响下形成的。这样的"地域文化"所孕育的诗人、作家，"他们对自己的时空环境具有长期的依赖性和聚合性，即使离开这个'地域'的个体，仍然背负着自己的乡土，忘不了自己的民族，永远消退不了自己的文化根性。因此，民族诗人、作家、艺术家总被自己的民族地域情结牵扯而产生创作的动力，便自觉地把地域生活、地域文化作为民族文学创作的重要源泉"[10]。

三 乌江流域当代土家族作家群的创作特征

乌江流域当代土家族作家群的存在，主要从其创作特征上体现出来。那么，乌江流域当代土家族作家群的文学创作，从文体上看是多样化的，有诗歌、散文诗、散文、小说、戏剧、民间文学等。从选材上看也是多层次、多角度的，有历史的、现实的，宏观的、具体的，人物的、事件的，政治的、经济的，风物的、民俗的等。这二者充分体现当代少数民族文学创作的跨文体、跨文化特征。再从创作方法来看，有现实主义的和超现实主义的，有古典主义的和浪漫主义的，有写实的和魔幻的等，这些多种多样的创作方法，正好反映地域风情与民族文化的绚丽多姿，反映地域民族作家的丰富想象力和杰出创新力。从写作手法上看，则始终围绕"地域"因素来抒情或叙事、烘托或寄寓、讽喻或象征。从语言风格上看，由于土家族只存在一部分语言而没有自己的文字，因而运用"泛母语"来进行族群记忆的书写与文化多样性的表达，具有浓厚的地域性和民族性特征。下面就乌江流域当代土家族作家群的创作特征予以梳理和概括。

（一）突出故土情怀和生存现实

不同的地域文化背景和源流，可以确立作家不同的创作选择、创作方式和创作风格。乌江流域土家族作家群受地域文化的长期熏陶与孕育，故土意识已深入作家内心，在文学创作中也就自觉和不自觉地染上故土色彩与根性文化。在他们的笔下，各种各样的故乡人物及典型环境、千奇百怪的诗歌意象和生存体验，透视出不一般的生命形态和生命基调，并由此揭示传统与现代的冲突和生存现实中的焦虑。

在酉阳土家族诗人冉冉的诗歌中，一种文化乌江、文化乡土的自觉表现得十分突出。有学者对她评论说："土家族知识分子对本民族文化的发现与复活，并率先在自己的地域内部形成了自己的文化倾向和审美倾向，延宕着自我民族的文化品格。"[11] 这种文化品格，来自对乌江的感恩、对故乡的回报、对本民族的崇敬。她在诗中写道："我一直在跋涉，向着最远最美丽的地方／经过漫长的旅程，才发现它就在原地。"（《给大界》）作为一个土家族诗人，冉冉的乡土情怀是如此刻骨铭心，她把自己的全部，包括生命和理想以及所有的诗歌，都献给了乌江岸边那个叫大界的富于传奇色彩的故乡。酉阳另一个土家族诗人冉仲景也是一个心怀乡土且视其如生命的诗人。有人称其诗歌的精神结构是"持续的'还乡'"[12]。所谓"持续的'还乡'"，在他这里不仅是理念上的，还是行为上的。他深居乌江岸边的酉阳，以"在场"的方式扎根于祖先开拓的土地，从而获得诗性的"原始力量"。因此他说，住在乡下，才能对"挨紧（贴近）、下潜（深入）和在场（落实）"三个词语有全新的理解。[13]

沿河籍土家族诗人、中国"第三条道路写作"诗派创始人谯达摩，擅长创作长诗，如《凤凰十八拍》《世界之王交响曲》《第一波罗蜜》等，都是几百上千行的作品。这些作品气势宏阔，像乌江一样一泻千里，像乌江两岸大山一样逶迤壮丽。这些长诗，尽管是对人生、生命、信念、理想以及人与自然关系的宏观思考和形而上的诗性直陈，是"着眼于对宇宙世界的自在精神进行探究和阐述"[14]，但是，从最基础的意象材料、情感基调和诗性气质来看，这些诗作得益于成长的经历和故土的记忆，是对流淌的那条江、江上的那座岩、岩后的那个村、村里的那些人、人们的生活与信仰在他心灵所形成的童年情结的现代演绎和解密。如他在《第一波罗蜜》中写道："此刻抵达故乡的第一缕阳光／披着神的衣裳／天亮了吗？天亮了，天亮了！……""我的故乡——谯家岩／天生的摩崖石刻／像一枚钉子牢牢地依附云贵高原／举着稻草或葵花秆扎成的火把／我从这个岩洞出来，又进入／另一个岩洞：洞中一日，世上千年／在洞中，钟乳石是神秘的／蝙蝠是神秘的／风，还有暗河都是神秘的／总之，那里围绕着富饶，围绕着明朗，时间的顶峰上覆盖着茫茫白雪。"[15]虽然身在异乡，但他的灵魂幻影和诗性直觉"正健步走向高原"，一种"还乡"心迹清晰地显露出来。

思南籍土家族诗人徐必常，对乡土情怀则是另一种理解，他不直接表现乌江地域乡土，但是他的血液里流淌着故土的文化基因。他在《流水》组诗中写道："多少个梦，都和月圆有关／有关它的冷，都浸骨的凉／我们把一个又一个月饼当月圆／和亲人们，一咬，再一咬……／所有的圆月就在心中了。"[16]并且，他把这种文化基因化为对自己民族的生存现实的关注和担忧："此时我看到一只高飞的鸟，它就突然不飞了／它把整个身子压在了那棵树上／那棵树开始是弯了弯腰／最后还是做了一条汉子，把腰杆死死的挺住。"[17]（《就因为疼，我想到了悬崖上的那棵树》）"印江四诗人"之朵孩、非飞马、任敬伟，均是土家族诗人，他们三人在年龄稍长的同县城苗族诗人末末影响下从事诗歌写作，是乌江中游土家族诗人的代表。他们的诗，一般不抒情，而是冷静地叙述生活中的普通人情物事，采用日常口语和民间俚语写作，不讲求深度，也不在乎历史感，追求即时性和表演性效果，具有典型的后现代创作美学倾向。但是，他们仍然没有脱离地域文化的影响，注重对生活细节的观察并构成对时代的反讽，注重与生活相关的意象和象征，善于关注当下的生存现实，揭示传统与现代的冲突，从题材到语言都充满乡土情怀和地域元素。

（二）书写族群记忆与风情民俗

关注民族的、家族的、村落的兴衰历史和风俗习惯，是地域民族作家创作的又一个特征。尤其是小说家，捕捉民间的真实生活，关注被历史忽略了的人物和往事，是他们的良知和职责。乌江流域当代土家族作家群中从事小说写作的作家，他们习惯从一段历史、一个人物中去重新发现传统，去竭力寻找自己民族生存的密码与发展壮大的力量之源。因此，他们的作品充分揭示了生活在乌江流域的土家族居民与自然、与社会、与人文的关系，被深深打上了土家民族的历史传统和文化烙印，成功书写与建构了"乌江地域寓言"。

《走出峡谷的乌江》《燃烧的乌江》是思南土家族作家田永红创作出版的两部小说集，均以乌江人情物事、乌江风土民俗为写作对象，揭示了土家族群与乌江地域之间生命与文化的依存关系，其地域文化特征、地域寓言色彩突出。研究田永红小说创作的肖太云认为，田永红的小说，"不偏重讲故事，而着力于对某一特定地域的地理特征、风土人情的书写与审视，有鲜明的独异性，作者的思索和特有的寓意尽在其中"[18]。当然，对于这种"乌江地域寓言"，作者始终是以族群记忆的书写、乌江山水的描绘、地域人文传统的讲述、民族精神的提炼、文化性格的概括来进行的，并且把特有的思索和理想融入其中，从而形成一种个性特征鲜明、文化品格突出并为人们普遍认可和关注的文化地理符号。因此，在他的小说中，乌江的过去复活了，土家族先民复活了，已经被遗忘的记忆得以唤醒，属于过去的岁月得以重生。

长期在思南县乌江航道处工作的土家族作家林照文，他的系列小说《过不去的河流》，通过乌江中游一个曾经断航、搬滩，后又炸通了的滩——望娘滩的变迁，反映乌江流域的变迁；通过田氏族人过去、今天的奋争，展示乌江人的生存状态、心路历程、人性光辉以及和这条江相关的文化、风情、风景、习俗。他之所以要这样写乌江，是因为乌江富于变幻，满载着神秘、怪诞、魔幻的"鬼方"文化。他说："我只熟悉这条江，只熟悉这条江上的涛浪、水筋、漩涡、浪花，岸边的巉岩峭壁、弯脖子树。我的视野里只有打滩、守滩、绞滩的人，只有打鱼、耕田犁地、开小机船的人，耳边只有滩啸风声、牛叫猪嚎、船笛轰鸣，只有丰收了农人的欢笑、天灾人祸了吃水上饭人的哭泣。"[19]在林照文的笔下，乌江是一条历史的江、底层的江、现代的江、翻天覆地变化的江、欢乐幸福夹杂着苦痛忧伤的江，因此，他的小说写出了乌江人的希望与失望、乌江人的生存方式以及与命运抗争的轨迹。同时，他既把乌江土家民族记忆中过去的一切呈现出来，又把当下的乌江及其居民的生存状态真实地交给未来的历史和民族的记忆。

德江土家族作家张贤春的《猪朝前拱》，更是一部反映乌江中下游民族文化、风土人情和社会经济变迁的长篇小说。小说围绕主人公颜仲江成长的经历、波折的婚姻、起伏的生活，展示了数十个性格各异的人物的悲欢遭际，描绘了乌江岸边城乡接合部偏僻落后地区六十年丰富复杂、耐人寻味的生活图景。"猪朝前拱，鸡朝后扒"，这是流行在乌江中下游的一句谚语，小说题目取自于此，暗指人生之艰难；小说题目的独特，恰又体现了地域文化特色。这部小说虽然真实而深刻地反映了变革带给人们生活上、心灵上的深刻变化，是一部故事性很强的现实主义小说，但是其中不乏荒诞和具有魔幻色彩的情节，这与乌江地域文化的多样性、复杂性、戏剧性分不开，与德江傩文化、巫文化的神秘、怪诞、魔幻的影响分不开；并且，大量融入土家母语、汉语方言、民间俗语、谚语、俚语、民谣及民风、习俗、宗教、民情等，又是一部当代民间语言辞典，一部地域风情和风俗文化史。从取材、用语、人物塑造、写作风格等方面来看，它无疑是一部典型的以地域文化为创作背景的文学著作，体现了乌江流域当代土家族作家群的创作特征。

沿河土家族作家晏子非的小说，则不同于前面几位作家的小说。他发表的大量中短篇小说都具有"先锋"性质。按另一位土家族作家隐石的话说，晏子非的小说"在一种极端的处境中展开冲突，凸显灵魂的困厄和挣扎，关注精神在世俗生活中的地位，以及对生命困境的拯救作用，在理想寄寓与世俗伦理的瓦解和对抗中反思时代与生活"[20]。尽管如此，他那种地域和民族的印记始终没有抹去。比如，描写诗人寒隐在乌江边上的一个县工业局工作而又不识时务直至孤独死亡的《阳光下的葬礼》，刻画乌江峡谷乡村民办教师田茂典与娟娟特殊"爱情"故事的《在峡谷流淌的爱情》，等等，都没有离开地域、民族和时代的背景。因此，正如隐石所说，在晏子非的小说中，"几乎所有的人物都处于生活的最底层，处于一种生存的极端状态。这无疑是作者自我生存地域环境恶劣的投射"[21]。

（三）挖掘母语背后的深刻内蕴

最能浸染地域文化特色、透射地域文化意蕴的是语言。正如海德格尔所说："语言是存在的家"，"人以语言之家为家"。[22] 乌江流域土家族作家没有用纯粹的母语创作，然而对待母语是自觉的，也是灵活的和开放的。因为土家族虽然有自己的文化传统，但是只有一部分语言而且没有文字，写作只能依赖汉语。尽管如此，他们在用汉语写作时，所表达的却依然是母语意识和回归母语文化的情怀。由此也可以看出，土家族文化不是完全封闭的文化，而是一种具有跨文化特质的多元文化。随着乌江开发的加快与对外交流的扩大，现代生活方式和先进文化比较快速地进入乌江流域，土家民族的思维方式与现代汉语融会后形成"第三语言空间"，形成一种原生性的、实验性的、发散式的语言表达系统和独特的语言风格，这样，恰恰使乌江流域土家族文学在当代语境下更能揭示地域传统文化的深刻内涵。

沿河土家族作家刘照进，以《陶或易碎的片段》这部散文集，展示了其语言天赋。他的散文语言是很精致且极富内涵的："你常年在这条江上行走，你生命的根须紧紧连着这条河流……一棵树站着，是对天空和大地负责。"[23]（《穿过岁月的手掌》）读着这样的句子，会让人心潮澎湃，唤起一种情感的力量。《陶或易碎的片段》首先让"语言之家"呈现在我们面前，有时浸透一种悲悯，有时传达一种欢愉，有时是一种关注和潜思，有时是一种惊讶和震撼。在这个让人易感易触、带着体温和气息的"语言之家"里，每一个汉字都充满人文内涵，都能创造语言形象激发我们的无限想象。当然，语言来自"思"的存在。刘照进的"思"是一种故土情结，是现代人的故土观照和对人性的反思；这里的"存在"即故土，故土情怀中的故土，宿命中的故土，返回与亲近本源的故土，与生命、历史、民族、血缘、亲情共生共存的故土空间。这种故土，是他牵挂的对象，也是他往还的居所；是他书写的对象，也是他"思"的源泉。这种故土情结，是他的精神文化支柱，是其散文创作的动力源。因此，他的散文，浸透着语言背后的深刻意蕴。

思南土家族作家安元奎，其散文集《行吟乌江》也是一种"母语文化"的回归和"地域寓言"的书写。尽管他的散文着力点在于对乌江流域历史文化的清点与盘活，但是，一个乌江之子对自己的地域人文传统和根性文化的崇敬与复原，是他散文的价值所在。因此他说："我的祖辈世代生活在乌江边上……这条河对我来说，就如同流淌在我身体里的血液一样重要。我一直有个愿望，希望用我的笔，记录下乌江的山水、乌江的人。我追溯历史，是为了让人们找到自己的根。"[24] 从安元奎的散文来看，无论是《古盐道上的虚拟船号》中对老船长、老纤夫的追寻与采访，还是《怀念歪屁股船》中对乌江木船的深描与追念，无论是《野生的民歌》中对乌江两岸原生态的"打闹歌"和歌师的赞美与探访，还是《凭吊绿荫轩》中对黄庭坚谪迁乌江彭水遭际的怀想与感念，等等，无不充满着对故土的挚爱与留恋、惋惜与深思。他表现母语文化的方式不是直接的，也不停留在语言表面上，而是在寻找乌江文化的源头时，着墨于对母语文化精神的认同、熏染、强调和转换。

记者出身的德江土家族作家魏荣钊，曾经独自行走贵州的三条大河——乌江、赤水河、北盘江，写下系列纪实散文，其中一部就是《独走乌江》。这位"孤独的行者"，由于父爱的缺失、母亲的悲景、世态的炎凉，自幼形成了孤僻倔强的性格。他独行乌江，行在雨中、夜宿猴场、穿越大硝洞、摆渡过河、爬出绝境，所寻觅的是他的过去、前辈们的过去、祖先们的过去。他采用纪实手法，记事写人、追溯历史、描景状物、实录真相，将乌江地域人文生态"深描"下来，将散布在乌江流域的母语文化及其感人故事搜集起来，并在母语和现代汉语之间努力寻找一种表达上的契合，从而展现乌江地域文化的丰富性和深刻性，给人一种心灵的启悟、思想的引领、诗性的熏陶和现实的反思。

（四）展示民族精神和心理特质

生活在乌江地域的作家，与这一地域始终有解不开的结，因为地域和民族根性文化就是这个结的核心，是维系这个结的纽带。因此，书写民族生活图景，传达母语文化精神，解剖民族心理，揭示地域文化表层经验和深层底蕴，既是地域文学创作保持根性和个性的方式，又是地域作家坦诚面对、寻求对话、获取认同、谋求发展的一种策略。由此，乌江流域土家族作家始终以曲折的文学表现形式和"先锋"性精神，对自己民族的隐秘心理与意识冲突进行解剖，把对现实的描绘转化成一种深邃的哲学思考。乌江下游沿河土家族自治县的一批散文诗作家，在这方面做了艰苦而有成效的探索。

从土家族作家冉茂福的散文诗集《守望乡村》来看，生命、灵魂、故乡，是其散文诗的主体内容，是其艺术追求的终极目标。在写法上，他充分调动超现实的想象，将地域性很强的物象，染上自己民族的情绪、心境及生存体验与感悟，并融入不同的历史文化背景，营造一种极富人文色彩和情感基调的乡村意境，使散文诗的思想含量、情感含量、文化含量、审美含量都达到一定的饱和程度。如长篇散文诗《乌杨》，既是人类生命的一种寄寓，又是乌江地域文化的标志；既是乌江族群民众的一种文化性格，也是诗人综合形象的表征。他写道："乌杨，历史凝练的雕像，冷凝，沧桑，遥远的跋涉，满目的疮痍，彩陶描绘的苦难，是千年考古的墓冢，是万年凝结的诗句。山菊花闪亮，我走进祖先的血脉，点亮火把，苦涩的水草，鱼儿走失。一只惊慌的狼，闯破猎人的陷阱。/ 在黄昏，爱情之花凋零，我们踏着霜痕相拥走过凄凉的季节。乌杨，我感恩中的篝火，再现记忆深处家园焚毁的景象。/ 乌杨啊！乌杨，当幸福时刻来临，我们不堪承受的是历史的泪水。"[25] 这里，乌杨是灵魂的寄托，它可以疗救受伤的心灵，它能给弱者以力量，同时又是乌江两岸土家族居民的图腾和保护神。散文诗的厚度与张力在于内容的博大与情感的综合辐射力，而不单纯在于对某一物象的描绘。《乌杨》融合人生、命运、历史、地域、文化的多层次内涵，并揭示人与自然微妙而细致的关系，展现出历经磨难的人类文明和民族精神，因而透射出强大的诗性力量。

另一个土家族散文诗作家赵凯，在其散文诗集《灵魂的舞蹈》中，书写心灵与大地的对话。他大量运用地域性的自然、社会、民族、历史、文化等元素作为散文诗创作的基本材料，使其散文诗表现出了鲜明的地域性和个性化身份特征。他对乌江、故土、乡情的书写，表现出三重明显的情感变化和审美境界的创造：第一重是对童年记忆的描述，充满欢乐、温馨和感恩；第二重是在回忆、思念中，加上悲悯和倾诉、忏悔和反思，充满对命运的担忧及现代工业化和商业化对传统文明挤压掠夺的焦虑；第三重是由对物质现象的关注转为向精神现象的升华，河流情结和故土意象更加凝练、空灵，而作者的宇宙观与生命观似乎显得更加宽容、淡定。《灵魂的舞蹈》以此为框架，一方面揭示了土家民族对自然、对图腾、对祖先的崇拜，另一方面也承载着乌江两岸世居民族的独特审美理想。地域散文诗的一个突出特点是根性写作，而这种原型意象的捕捉和运用，这种情感经验的调动与激发，这种诗歌现场的审美体验和诗性摄取，是实现根性写作的基本途径。

在乌江流域，从事散文诗写作的大有人在。乌江中游的开阳县是"中国散文诗之乡"，而贵州是全国散文诗创作大省，散文诗在贵州具有文学品牌意味，并且代有传人。在乌江下游的沿河土家族自治县，近年也涌现出一大批从事散文诗写作的后起之秀，除了前面提到的冉茂福、赵凯以外，还有罗钧贤、罗福成、陈顺、田淼、何海滨、陈述义、鲁东等，他们的作品在全国各地的刊物上发表。这与乌江地域文化有很大的关系。乌江既是一条自然的河流，又是一条历史的河流、文化的河流，是一条大部分土家人世代赖以生存、繁衍、生活的充满民族气息和旺盛生命力的河流。千里乌江天然具有散文诗的气质。这种气质，既表现在大山、深峡、绝壁、峭岩、洞穴、礁石、洪流的粗犷与雄迈上，又表现在沙滩、浪花、波纹、山花、溪瀑、鸟鸣、倒影的秀丽与柔情中。当然，也由于地理、历史因素，乌江地域往往以石多土少、旱涝交替及贫瘠、闭塞、穷白、落后示人，而高山断崖、江隔峡阻恰又保留了这块地域的原始、古朴、纯真和传统。因此，在这种特定地域环境的濡染浸润下，乌江人形成了既豪迈、彪悍、隐忍、坚强又温婉、细腻、深情、悲悯的地域民族性格。而这些气质和性格，正是产生散文诗人及优秀散文诗的天然条件。所以，乌江流域出现大规模的散文诗作家群，就不足为奇了。

四　乌江流域当代土家族作家群的创作走向及启示

浙江师范大学王嘉良教授说："地域文学作为整体文学的一部分，应具有立足地域又超越地域的意义。"[26]也就是说，地域是相对的地域，尽管乌江地域空间不变，居于两岸的民族不变、人文传统不变，但是时代在变，民族交融、文化碰撞没有停息。因此，我们重视地域，但不能"死守"地域；强调传统文化积淀，但不能拒斥文化创新。我们既要强调地域民族文学的个性魅力，肯定它的继承性和独立性，同时又要反思自己的劣根性和脆弱性，积极参与跨文化或多重语境的交流和对话。或许只有这样，才能真正证明或实现"地域的甚至边缘的，却很可能是世界的"[27]这个推论。那么，乌江流域当代土家族作家群的创作走向与启示，就有以下几个方面。

（一）地域特色与时代精神的融合

关于"地域"，前面讲了很多，这里关键是"时代"的问题，是怎样与时代融合的问题。时代是一个作家群所处的时间环境。当然，这个时间环境，不是纯粹的时间概念，还包括这个时间所承载的一切事物，比如政治、经济、社会、文化、民族、自然，以及生存方式和创造方式等。任何人都是不能脱离这种时间环境而独立存在的。那么，对这个时间环境的把握和体现，就是时代精神的一个重要命题。所谓"与时代融合"，既是一个理念、姿态问题，也是一个行为和态度问题。也就是说，地域民族作家不要单纯强调"独立"而抵抗"共融"，而要有对时代精神的深刻认识，要有主动融合的态度和行为。不然，在大文化环境中就没有话语权，即使在小圈子里也会格格不入，会被时代抛弃。被抛弃的作家及作品，就成了历史的尘埃。因此，耿占春说："如果一个诗人把自己生活的地域作为自足的经验世界，或者被地方性的趣味所满足，显然他就会对时代更加抽象化因而也就对更广阔范围内的事态缺乏回应。"[28]如果出现这种状况，显然是很危险的，也是我们所不愿看到的。好在乌江流域当代土家族作家群基本能做到地域特色与时代精神的融合，其创作走向是前卫性的，关注的面也很宽，大部分作家都具有一定的探索精神和"先锋"气质，都具备一双独特的眼睛，看清传统、时代和自己行走的大道。

（二）民族气质与世界眼光的融合

"民族气质"是一个地域民族作家必备的一种气度和品质。这种气质不应是狭隘的，应是保持宽阔的胸襟和高远的视界，既能清醒地识别地域人文传统的精深和奥妙之处，又能将地域民族文化资源作为思维的材料使其闪耀独特的文化光辉。所谓民族气质与世界眼光的融合，正是要达到这样的效果。所谓"世界眼光"，就是要有大文化层面的思考，要善于接纳和融入"先锋"意识、多元文化，要能站在全人类的高度对本民族进行全新审视。其实，一个地域民族作家，总是要背着地域和民族的行囊，行进在现代性和世界性的大道上。写《百年孤独》的马尔克斯、写《吉檀迦利》的泰戈尔、写《野草》的鲁迅，虽然他们的作品都有很强的地域民族性，但由于在一定程度上能达到认识人类、表现人类的高度，因而他们的作品都成为世界文学的榜样。就乌江流域土家族作家群来说，他们的创作也有这个趋向，他们的"实验""先锋"，就是寻找地域与世界融合的途径。但是做得还不够，具有大气、风骨和独创性的作品为数不多。好在已经有人起步，好在他们已经认识到世界文学经典的重要意义，认识到善于将中西文化融会贯通是成为一个优秀作家的必备条件。

（三）文化功能与美学理想的融合

文化功能与美学理想完美融合，是乌江流域当代土家族作家群的一个创作方向。但是，值得注意的是，文学切忌图解民俗、图解仪式、图解宗教活动。文学一旦成为民族学、人类学、历史学、宗教学、文献学或考古学的直接载体，那么这种文学就不是文学了，而成了某种文化专著。文学的本质是审美。因此，文学不能被文化替代，文化也不能被当成文学。有人批评过这种现象："地域文学史上纷集蚁聚着太多庸碌的末流作家，有些甚或只是未入流的文献文字型'作者'"，他们"因循冗滥制作，缺乏审美活力和生命热情"，给文学带来"大堆累赘沉重的'包袱'"。[29]这样的批评不是没有道理的，而且这样的提醒也是十分必要的。我们只有把文化功能与美学理想完美地融合起来，以地域民族文化作为文学创作的背景和基调，以语言艺术手段进行文学创作，地域文学才能产生具有影响力的作品。在这个问题上，乌江流域土家族作家群还是有自觉性的。当然有的作家、诗人要做得干净利落些，有的仍然脱离不了那些"文化"的硬包装，以致把文化当文学，败坏了读者的胃口而不自知。

总之，乌江是一条神秘、奇幻而圣洁的江，乌江流域的土家族人具有豪迈与悲悯、坚韧与深情的民族性格。这一片自然环境独特、人文传统深厚的地域，成为诞生少数民族作家群的摇篮。乌江流域当代土家族作家群，既集中弘扬丰富独特的地域文化，同时又创造多元化的、具有时代性的新文学，这对于"文学乌江"的构建具有重要的意义。

参考文献：

[1] 梁启超 . 饮冰室文集之十 [M]. 北京：中华书局，1989：84-87.

[2] 转引自孟修祥 . 荆楚文学的"水"性特征 [N]. 光明日报，2004-05-12.

[3][5] 严家炎 . 20 世纪中国文学与区域文化丛书·总序 [M]. 载逄增玉 . 黑土地文化与东北作家群 . 长沙：湖南教育出版社，1995：3.

[4] 丹纳 . 艺术哲学 [M]. 傅雷，译 . 桂林：广西师范大学出版社，2000：64.

[6] 陈继会 . 20 世纪中国乡土小说史 [M]. 郑州：中原农民出版社，1999：36.

[7][10] 喻子涵 . 民族精神的崇敬与地域文化的书写——从《在春天出门》看莫独的地域散文诗创作 [J]. 边疆文学·文艺评论，2010(05).

[8] 田永国，罗中玺 . 乌江盐殇 [M]. 贵阳：贵州教育出版社，2008：29.

[9] 曾超 . 试论巴人对乌江流域的开发 [J]. 涪陵师范学院学报，2004（01）：43-48.

[11] 胡用琼，汪雄 . 论冉冉诗歌的民族特性 [J]. 长沙大学学报，2007（01）：95-96.

[12] 赵黎明 . 持续的"还乡"——论冉仲景诗歌的精神结构 [J]. 红岩，2009（4）.

[13] 冉仲景 . 众神的情妇 [M]. 北京：作家出版社，2008：10.

[14] 王代生 . 谯达摩论 [M]. 载冉茂福 . 新世纪乌江作家群研究 . 北京：中国文联出版社，2019：115.

[15] 谯达摩 . 第一波罗蜜 [M]. 载谯达摩，温皓然 . 第三条道路：第 3 卷 . 北京：九州出版社，2006：47~48.

[16] 徐必常. 风吹草低 [M]. 成都：四川民族出版社，2019：209.

[17] 徐必常. 贵州组歌 [M]. 北京：团结出版社，2020：103.

[18] 肖太云. 乌江风情的书写与土家精神的现代诠释——田永红小说创作研究 [J]. 民族文学研究，2010（02）：74-78.

[19] 林照文. 我是那样地热爱这条河流 [N]. 铜仁日报，2009-05-09.

[20][21] 隐石. 我们如何拯救自己——晏子非小说印象 [J]. 贵州作家，2010（15）.

[22] 海德格尔. 海德格尔选集 [M]. 孙周兴，译. 上海：生活·读书·新知上海三联书店，1996：358.

[23] 刘照进. 陶或易碎的片段 [M]. 贵阳：贵州人民出版社，2006：164.

[24] 兰岚. 为贵州文学助力——首届乌江文学奖侧记 [N]. 贵州都市报，2006-07-24.

[25] 冉茂福. 守望乡村 [M]. 哈尔滨：北方文艺出版社，2010：122.

[26] 王嘉良. 地域人文传统与浙江新文学作家群的建构 [J]. 中国社会科学，2009（4）.

[27] 李建平，黄伟林，等. 文学桂军论 [M]. 北京：中国社会科学出版社，2007：206.

[28] 耿占春. 诗人的地理学 [J]. 读书，2007（05）：87-94.

[29] 乔力. 地域文学史学原论 [N]. 光明日报，2007-03-02.

基于"五感体验"的贵阳城市文化
形象建构研究

令狐克睿　惠仕维 *

摘　要：城市文化是推动地方经济发展的主要力量，建构良好的城市文化形象对城市的发展就显得尤为重要。近年来，贵州一直探索城市建设的发展方向，在"山地公园省，多彩贵州风"的品牌定位下，城市文化建设呈现后发赶超势头。"五感体验"强调立体的感官体验，通过"视听嗅味触"多感官立体化传递城市文化形象。基于对贵阳城市文化资源的分析，从"五感体验"视角建构贵阳城市文化形象，有助于实现城市与文化融合，实现城市文化情感的升华，加深人们对贵阳城市文化的认知。

关键词：城市文化　五感体验　形象建构　贵阳

引　言

文化是城市软实力的体现，良好城市文化形象的构建对城市发展的重要性不言而喻。城市文化形象，简单来说就是一座城市要打造的特色"名片"，而这张名片是这个城市独有的、最具市场竞争力

---

* 令狐克睿，贵州民族大学商学院副教授，研究方向为品牌管理；惠仕维，贵州民族大学传媒学院硕士研究生，研究方向为品牌传播。

的。城市文化形象的表现直接关系到整个城市的发展和竞争力。精准的城市形象定位、独特的文化语言符号和高效的对外传播策略，是城市形象在受众心目中认知强化的必要条件。建构城市或地区品牌形象，文化是核心，城市文化建设不仅要能展现出地区的人文和物质精神的独特魅力，还要能全面反映出区域核心形象和灵魂。系统化的感官设计，有助于多层次、立体化地建构城市文化形象，从而全面突显城市独特魅力，为城市和地区长远发展注入强大的力量。

一　城市文化、形象建构与"五感体验"

（一）城市文化

城市文化是什么？广义的城市文化，是指城市主人在城市发展过程中所创造的物质财富和精神财富的总和。狭义的城市文化，是指城市主人在城市长期的发展中培育形成的独具特色的共同思想、价值观念、基本信念、城市精神、行为规范等精神财富的总和。我们通常所说的是一狭义的城市文化。城市文化是一座城市精神面貌的最直观体现，能反映出城市居民的生产生活、风俗习惯、风土人情等。可以说，城市文化是集城市生产、生活、自然、人文于一体的综合体。

国内已经有众多典型的城市文化品牌形象，例如：敦煌的敦煌文化、黄山的徽州文化、曲阜的孔子文化、晋中的晋商文化、重庆的火锅文化和西安的古都文化等。每一种典型的城市文化形象都有丰富的内涵，代表着独具特色的精神财富，不仅能够提升城市的对外形象，而且有助于推动城市经济社会发展。

（二）城市形象与形象建构

美国城市学家芒福德说过："城市形象是人们通过大众传媒、个人经历、人际传播、记忆以及环境等因素的共同作用而形成的，是人们对城市的主观印象。"[1] 城市形象由经济、文化、建筑、风俗习惯等多方面组成，城市形象会让游客形成一个固有认知，这种认知会使人们与这座城市有所牵连，进而产生特殊情感。城市形象包含外在形象和内在精神两部分。外在形象是眼睛就可以直观看到的城市形象，如城市的绿化、交通、建筑等；内在精神则是指城市的文化、风俗等，是城市的特色，需要用心去感受和体验。

城市形象的建构要符合城市自身的地方特色和文化特征，主要包括城市的规划、建设、市容管理等，这是城市生命力和实力的象征，体现城市的精神风貌。[2] 城市形象的建构有两方面意义：一方面，好的城市形象一定会促进经济的发展，不仅有利于本土企业的发展，还能振兴城市的旅游业、服务业等第三产业，提升城市的竞争力，这是物质层面的意义；另一方面，好的城市形象在展现城市地域、民族、文化特色的同时，还能增强民众的参与感、自豪感和满足感，这是精神层面的意义。城市形象的建构是一个长期性的、动态性的过程，不是一蹴而就的，需要慢慢积累。

（三）"五感体验"

五感就是外界环境或事物对人的眼睛、耳朵、鼻子、嘴巴、身体等五个器官产生刺激，通过神经传达产生的视觉（形）、听觉（声）、嗅觉（闻）、味觉（味）、触觉（触）五种感觉。

1. 视觉体验

视觉体验排在五感体验中的第一位，人总是习惯于用眼睛第一时间去观察新事物，以此作为判断对一件事物是否要继续了解的初步标准。所以要想在众多城市文化视觉体验中别具一格，首要一点还是要打造良好的自身形象，成为大众的关注对象。视觉体验是大众对一座城市的第一印象，大众一般会通过视觉感受初步、直观地认识该城市，然后才进行更深入的了解，所以视觉体验对城市形象建构的影响是直接的，影响也是十分巨大的。

2.听觉体验

人耳是极其敏感的，耳朵是听觉的接收端，有声音的存在才会有听觉感知，听觉会在大脑中形成对美的感知、享受和判断，进而帮助人们对一座城市的形象进行更深入的了解。听觉体验是一种神奇的感官感受，好的听觉体验不仅能净化心灵，更能给人带来身体上的愉悦，让人的身心都得到放松。听觉体验是贵阳城市形象建构中不可缺少的重要一环。要建立听觉形象系统，提高大众的关注度；建立反馈系统，了解大众对品牌形象的接受程度。在听觉上进行有效刺激，也有利于传达地区的理念、品牌形象。

3.嗅觉体验

嗅觉体验是隐秘而细微的，每个人对气味的敏感程度不同。嗅觉体验最能让人产生实时生理反应，且这种印象是深刻而持续的，短时间很难消除。嗅觉体验是特殊的，由于除嗅觉之外的四感信息需传输到大脑新皮质进行处理，嗅觉信息则直接送往大脑边缘体，所以嗅觉感知的途径既短又单纯，记忆也较为持久[3]，一座城市独有的嗅觉体验其实是让消费者最难忘的。"酒香不怕巷子深"说明了优质的东西就是有其独特价值，同样，好的嗅觉体验设计，能给人营造一种良好的氛围，给予观者惊喜、诱发观者联想，增强城市与游客之间的黏性。嗅觉体验能增强游客的记忆。打造良好的空气环境是能人拥有最佳嗅觉体验的第一步，空气无色无味，但是新鲜空气能给各种"有味道"的东西加分。例如，置身于森林、刚修剪过的草坪、樱花园、玫瑰园，新鲜空气都会给原本的美好环境加分，让人拥有更佳的嗅觉体验。

4.味觉体验

味觉体验是人们在日常生活中慢慢积累起来的或自身形成的一

种感官体验，其主观性较强，对于同样的东西每个人的味觉体验可能是完全不一样的。提到味觉体验，必不可少的当然是美食，美食总是最能抓住人心的，最能让人流连忘返的。怎样更好地抓住大众的味蕾也是城市形象建构的重要一步。食物的颜色、形状都是味觉体验的重要影响因素，所以味觉暗示也是一种重要的体验方式。在味觉上挖掘特色食物，将味觉体验融合到形象建构与传播当中，可以更充分地展现贵阳的城市文化，从而创造出独特的个性文化品牌。

5. 触觉体验

触觉是人的五感中第二重要的感知，"人们通过身体的触碰，将感知到的物象传输到头脑里形成视觉形象"[4]。触觉是人最立体的感知，一般表现为软硬、冷暖、干湿、凹凸等直观感受。此外，触觉体现还可以与视觉体现结合，使人产生强烈的视触觉双重感受，形成喜悦、兴奋、憎恶、不快等丰富的情感。因此，可以在客观物体的材质、纹理上做一些设计改造，刺激视觉，将更加立体的品牌感受展现给大众，提升品牌对大众的吸引力。比如市场上水果味的饮料，商家直接把饮料瓶设计成对应水果的样子，在瓶身上增加水果的纹理设计，在增强视觉感受的同时，也可提升消费者的触觉体验。

6. "五感体验"文献梳理

重视"五感体验"的目的在于，设计师可以基于各个感官对事物的感受来指导具体的产品设计，从而更好地反映产品的本质以及设计出更加人性化的作品。[5]经过对有关"五感体验"文献的梳理，发现"五感体验"主要还是用于艺术设计、包装设计、公共空间设计以及旅游新型设计。例如，丁熊以"南海旅游专列"为例，具体陈述了五感设计的思路和方法，包括视觉识别系统及 App 设计、粤语语音服务系统设计、南海特色美食服务设计、南海非遗互动体验设计等，打造了基于五感的沉浸式南海旅游和文化体验主题产品。[6]谢翠玲等以"棋磐寨采桑园"为例，建议棋磐寨采桑园应在现有的桑果、葚酒、桑葚膏、桑叶茶、桑叶菜肴等产品的基础上，再从视觉、味觉、听觉、嗅觉、触觉的五感视角进行创意开发，形成特色的创意主题餐饮，以及融入文化创意并且满足眼睛、鼻子、耳朵、内心渴望的创意旅游产品。[7]刘晓彬等提出沉浸式品味唤醒感知、互动式参与触发情感、体验式感受引发联想等基于五感设计理念的文创产品设计策略，通过在文创产品中采用五感设计理念，提升用户在视觉、听觉、嗅觉、触觉和味觉方面的体验，能够优化用户体验感以及增强文创产品的创新力。[8]钱靓等以五感的基本内涵为理论依据，深入分析了五感设计理念在广告设计、景观设计、书籍装帧设计、包装设计等领域的应用，强调将"五感体验"融于现代艺术设计中，能够使艺术设计产生强大的冲击力直达人的内心。[9]吴联凡等应用五感系统分析学前玩具的使用情景、用户需求及"五感体验"现状，引入"五感体验"的概念，特别是通过听觉、嗅觉与味觉方面的体验来优化学前玩具的用户体验与教育功能。[10]此外，梁伟从视觉思维与表现（色彩传达、材质选择）、听觉创意与表现（营造翻页的情节、应用视听装置）、嗅觉审美与联想（科技审美的结合、物化的嗅觉味道）、味觉感知与视觉联想（视觉联想的味道、材料的味觉体验）等方面提出书籍设计五感创意体验的构建策略，为书籍设计者构建"五感"创意体验提供启示。[11]徐秋晨等则对诚品书店的复合式定位和品牌形象应用的"五感"设计进行分析，发现书店通过视觉（传统字体与暖色灯光）、听觉（悠远古典音乐）、嗅觉（恬淡的环境气味）、触觉（标牌的细节纹理与立体的海报设计）、味觉（精选餐厅和美食）等五感设计，刺激读者多感官信息的感知，多层次地将品牌精神内涵传递给消费者，使消费者对诚品书店品牌的情感得以深化，满足了现代都市消费者的情感需要。[12]王祖远分析了博物馆激发体验者视、听、触、味、嗅之"五感"的设计策略。博物馆采用艺术化的手法，综合运用空间布局、光影、声音、触感、气味、材料等手段，充分激发人的感知力，使参与者在博物馆游览过程中获得独特的体验。该设计思路对于中国当代博物馆展陈设计具有启示意义。[13]

视觉、听觉、触觉、味觉、嗅觉是人体优秀的"传感器"，"感觉"是个体特有的认知世界的方式。人类的感官系统是整体和部分的关系，多感官联合工作有利于加深记忆。所以，将"五感体验"应用到城市文化形象建构中，有助于人们形成全方位、立体化的感官体验，能够多层次传递城市文化精神内涵和立体呈现城市文化形象。因此，本文将基于"五感体验"这一角度对贵阳城市文化进行分析，以期能为贵阳城市文化形象建构提供参考与借鉴。

二 贵阳城市文化资源分析

深挖贵阳城市文化资源，打造贵阳城市文化品牌，有助于将贵阳特色文化推向更广阔舞台，让贵阳有更多的发展机遇和更大的发展空间。贵阳的城市文化资源是丰富且特有的，下文将从生态文化、民族文化、美食文化、阳明文化和红色革命文化五个方面对贵阳城市文化资源进行分析。

（一）生态文化

贵阳冬无严寒、夏无酷暑，适宜人居，享有"上有天堂，下有苏杭，气候宜人数贵阳"的美誉，是一个"山中有城，城中有山，城在林中，林在城里"的旅游名城。贵阳地处北纬26度，平均海拔1100米，这是人类居住的最佳纬度范围和心脏休养的最佳海拔高度；贵阳也是中国乃至全球紫外线辐射最弱的地区之一；这里年平均气温15℃，夏季平均气温22.3℃，最有益于人体机能的正常调节；这里气候温和，雨水充沛，森林覆盖率达52%，环境空气质量优良率达97.8%，负氧离子浓度为每立方厘米1万多个，是世界上喀斯特地区植被最好的中心城市之一[14]；这里植物生长茂盛，城市被森林簇拥着，处处萌发着浓浓的绿意，两条蜿蜒的林带犹如碧玉天成的项链环绕整座城市，驱散了暑热和尘嚣。贵阳有良好的自然生态文化，生态环境优美，自然资源丰富，气候宜人，享有"森林之城""中国避暑之都""温泉之城"等美誉，良好的生态文化使贵阳在全球享有很高的知名度，将生态文化作为建构贵阳城市文化形象的名片必将潜力无限。

（二）民族文化

贵州是一个少数民族众多的省份，贵阳作为贵州的省会城市，也聚居着很多少数民族，因而具有丰富的民族文化资源。贵阳主要有苗族、布依族、侗族、彝族、仡佬族等数十个聚居的民族。贵阳至今还保留着许多传统风俗、民族歌舞、服饰、工艺、建筑等，这成为贵阳自身发展和对外宣传的亮丽名片。贵阳民族文化的一大特色是民族特色村寨，如乌当区王岗村、马头村、偏坡村，花溪区青岩镇龙井村，开阳县南江布依族苗族乡龙广村、南江乡苗寨村等。这些民族村寨都有各自的特色，极大地丰富了贵阳民族文化。此外，极具民族特色的少数民族传统节日也为贵阳文化添彩，例如，苗族的"四月八"、布依族的"六月六"、彝族的"火把节"、水族的"端节"、瑶族的"盘古节"等。且这些不同的少数民族节日，也对应着不同的活动和风俗，"四月八"的主要活动有吹芦笙、唱山歌、玩龙灯、耍狮子等；"六月六"歌节时，布依族群众集中在花溪河畔，乘游船、吹木叶、唱山歌；"火把节"时，彝族同胞们围着篝火狂欢，还有赛马、斗牛、摔跤等活动；"端节"是水族的新年，是辞旧迎新、庆贺丰收、走亲访友的盛大节日；"盘古节"是一个宗教祭祀性节日，要杀猪、做糯米饭、跳舞、唱歌等。贵阳的民风民俗丰富多彩、民族风情浓郁醇厚、民族文化绚丽多姿，这些宝贵的民族文化资源可为打造"多彩贵阳"锦上添花。

（三）美食文化

贵阳作为贵州的省会，汇聚了贵州的饮食文化精髓。贵阳美食最具特色的当数"酸""辣"两种口味，再加上不同店铺的特色加工，贵阳的传统美食文化日益精美。说到"酸"文化，贵阳有句俗语——三天不吃酸，走路打蹿蹿。在酸这一味觉上，贵阳人有绝对的发言权，类似武汉人爱吃热干面，贵阳人的一天则是从一碗酸粉开始。此外，酸菜豆米、酸菜蹄膀、酸汤牛肉、酸汤鱼、红酸汤丝娃娃、凉拌酸菜折耳根、酸菜肉末……有荤有素的酸味菜深受贵阳人喜爱。在这些酸"菜"中，酸菜豆米是最常见的家常菜；酸汤鱼是苗族独有食品，其中凯里苗家酸汤鱼是最为出名且能登上大雅之堂的，口味丰富且独特，酸的味道鲜美但又不失辣劲，总是令人胃口大开；红酸汤丝娃娃则是最受贵阳市民追捧的，一张面皮包裹着土豆丝、黄瓜丝、凉面、豆芽、折耳根等配料，再加上特制的红酸汤，一口下去清脆鲜嫩、解腻爽口。贵阳的"辣"文化很丰富，阳朗辣子鸡、肥肠锅、辣鸡火锅、各类干锅、小龙虾、烤鱼、炒蟹等都有不同辣度的选择，也是体验贵阳美食的最佳选择。此外，贵阳的各种特色小吃，如豆腐圆子、恋爱豆腐、卤猪脚、糕粑稀饭等都是极具特色的传统美食。传统美食文化对一座城市而言就是最好的"活招牌"。

（四）阳明文化

在贵阳城市文化资源中阳明文化极具代表性。阳明文化源于明代大思想家王阳明先生在贵阳修文悟道讲学创立的阳明学说，是贵州优秀传统文化的一张名片，对中国乃至世界都有着深远的影响。修文是阳明文化的发源地，被誉为"王学圣地"，已经修建了中国阳明文化园和以"阳明洞"遗迹为核心的文化旅游园区。贵阳以阳明文化为核心打造贵州文化高地，坚持内外兼修、知行合一，形成了孔学堂、阳明洞、阳明祠"三足鼎筑"的贵阳精神。运用今天的智慧讲好"阳明故事"，开展"走进阳明祠良知行""清明茶祭阳明"系列活动，系统开发阳明文化产品，将云岩打造成为阳明文化的核心展示区。

"走进阳明祠良知行"系列活动分"问道篇"、"传习篇"、"知行篇"和"演绎篇"四大篇章，用近半年的时间来开展。"问道篇"通过开展阳明文化讲堂、"阳明论道——名人论阳明"、阳明精神书画摄影作品展等活动，邀请国内外知名学者、阳明文化研究者、文化产业企业代表、作家、摄影家、书法家，以及诗词、音乐、影视等协会，优秀社会公益组织和传媒机构等走进阳明祠，研讨论道，探求阳明文化精髓。"传习篇"结合中秋、端午、重阳及各节气等重要传统节日与节气习俗，通过开展各类活动，展示阳明文化及中国传统文化魅力，让市民通过各类传授活动学习传统文化知识、礼仪，以进一步弘扬传统文化和社会正能量，提升市民文化涵养。"知行篇"倡导知行合一精神，提倡践行精神，在感悟阳明文化的同时，通过各种文化传播媒介，以微电影、征文、文化推广等各种方式，倡导市民在了解阳明文化精神的基础上，做文化传播的实践者，弘扬阳明文化，传播社会正能量。"演绎篇"在王阳明先生诞生549周年之际，通过组织异彩纷呈的各类演绎活动，纪念王阳明先生，充分展示阳明文化内涵、意蕴，展现中国传统文化艺术的不朽和隽永。

（五）红色革命文化

红色革命文化是贵阳市民的精神寄托，是塑造城市之魂的坚实力量，是城市文化不可或缺的重要部分。贵阳红色革命文化传承于革命时期留下的贵阳息烽集中营和贵阳黔灵公园麒麟洞。息烽集中营位于贵阳市息烽县，是抗战期间国民党设立的关押共产党人和爱国进步人士的最大秘密监狱，与重庆白公馆、渣滓洞集中营、江西上饶集中营同为抗战期间国民党设立的集中营，抗日将领杨虎城就被关押在此。在这里，共产党人和爱国人士受尽种种酷刑折磨，数百名革命者献出了宝贵生命。1997年，息烽集中营革命历史纪念馆正式对外开放。这是一个包含英烈事迹陈列展、营区、烈士陵园和玄天洞等"一线四点"参观线路的大型革命传统教育基地，是第二批全国爱国主义教育示范基地之一。[15]麒麟洞则是爱国将领张学良、杨虎城先后被蒋介石关押的地方。了解革命历史、继承革命传统、传承红色基因，是民众应该且必须做到的，红色革命文化丰富了贵阳城市文化的内涵。

三　基于"五感体验"的贵阳城市文化形象建构

贵州近年定位的"山地公园省，多彩贵州风"的品牌形象，契合了贵阳丰富的文化资源，也给贵阳建构城市文化形象指明了方向。自然生态凸显着"山地"的贵阳，民族民俗和传统美食呼应着"多彩"的贵阳，而阳明文化和红色革命文化的融入，赋予了"山地""多彩"的贵阳城市文化更丰富的内涵。下文将结合贵阳的生态文化、民族文化、美食文化、阳明文化和红色革命文化等资源，从"五感体验"的视角建构贵阳城市文化形象。

（一）视觉体验：城市景观 + 媒体传播

从视觉而言，城市景观和媒体传播将为贵阳城市形象建构创造绝佳的视觉体验。贵阳已经成为空气清新、气候凉爽、山清水秀、文化多彩的旅游胜地。城市形象是传递城市文化最好的视觉体验，塑造良好的视觉体验景观和媒体形象，能够更加直观地向人们呈现贵阳的城市文化形象。

一方面，城市景观是城市文化的重要部分，也是体现城市文化的重要载体。例如，重庆洪崖洞、上海外滩、兰州白塔山景观等都呈现了不错的城市形象。首先，贵阳可依托历史古迹，打造良好的城市人文景观。甲秀楼作为贵阳的"城徽"和标志，是追忆贵阳文人雅士吟诗作赋之去处，更是游子思乡愁绪之载体。而贵州四大名镇之一的青岩古镇，是探究历史人文景观、地质遗迹的绝佳景观。但是，目前贵阳甲秀楼周围的景观还没有形成体系，青岩古镇的人文、自然景观等也不够系统，都存在很大的打造空间。其次，围绕"山地公园省，多彩贵州风"形象定位打造贵阳城市品牌景观。受贵州独特的喀斯特地貌影响，贵阳最具特色的核心旅游资源是山，贵阳通过"山地"路径找到了属于自己的位置，找到属于自己的山地文化。贵阳市山山有美景、处处是公园，近几年已经建设了众多山地公园和温泉浴场，但这些景观打造都还可以继续加强，以便更加系统地呈现"山地贵阳"景观。此外，贵阳市城郊各类苗族、侗族特色建筑物的打造，则是"多彩贵阳"景观的呈现。再次，基于贵阳的市树市花打造城市自然景观。贵阳也称"筑城"，市树是竹子和樟树，市花是兰花和紫薇，因此，贵阳的城市建设可对树木和花的种植进行规划与布局，从而打造优美的贵阳城市自然景观。例如，以"竹"为主题，打造竹海、竹林、竹屋等竹景观；以兰花为主题，打造独特的城市街道和公园景观。自然景观打造要注意景观的设计风格、植物的类型、栽种的方位等，以求达到最佳的视觉体验。就如看牡丹去洛阳一样，形成看兰花去贵阳的格局。最后，基于昼夜交替呈现贵阳优美的人文、品牌和自然景观。贵阳的人文景观在白天和夜晚可以呈现不一样的景象，打造"白天看花，晚上观景"的景观。充分利用贵阳的市树、市花，白天看自然光下的花、树、景，晚上则可以在这些花、树、景上加以适当的灯光衬托和装饰，使同样景观展现不同景象，给人不同的视觉体验。此外，还可以在甲秀楼、青岩古镇等这些地方不定期地借助灯光、烟火等打造具有贵阳特色的夜间景观，使贵阳景观展现方式更加多元化。整体而言，各种自然景观白天和夜晚的立体呈现，有助于更好地展现贵阳秀美的自然生态和多彩的民族文化。

另一方面，媒体传播是增强贵阳城市文化视觉体验和提升城市文化知名度的重要途径。首先，可通过与贵州官方媒体合作的方式进行对外传播。现有的多彩贵州形象宣传片、贵州文化主题影视作品、少数民族音乐文化，以及围绕贵州"山地公园省，多彩贵州风"拍摄的影视剧等，可借助贵州电视台等媒体通过现代传播技术和手段提升传播速度、扩大传播范围、增强传播效果。其次，可借助各类视频平台对贵阳城市文化进行传播。官方或个人都可结合贵阳自然生态和民族文化创作短视频、影视剧、宣传片等，然后借助抖音、快手、B 站等短视频平台进行传播，还可与知名博主、UP 主合作进行更有影响、更大范围的推广传播。再次，可借助平面媒体进行传播。在省内外甚至国外优势平面媒体投放自己的宣传海报，根据新的定位与贵阳地区拥有的资源，可选择旅游、健康、美食、文化、娱乐等类型的平面媒体，如《环球人文地理》《中国国家地理》《南方周末》等，进行投放宣传。贵阳也可尝试并逐步打造自己的具有优势的地方性宣传媒体，在省内甚至是国内形成影响力。最后，还应对贵阳门户网站进行升级，优化界面，打造高端时尚的视觉形象，可参照一些国际品牌的界面。总体来说，通过各种媒体、平台进行传播，可以更多元、更全面地展现贵阳的自然生态资源与文化资源，展现贵阳的独特魅力，提升贵阳的知名度和关注度。

（二）听觉体验：音乐＋宣传语＋自然之声

在听觉上，"音乐＋宣传语＋自然之声"将为贵阳的城市形象建构创造绝佳的听觉体验。一方面，契合贵阳城市文化的优美旋律和歌词可提供最好的听觉体验。孙楠演唱的歌曲《爽爽的贵阳》于贵阳而言，不仅仅是一首简单的城市宣传曲，曲中的歌词其实就是对贵阳形象最真实最动人的描写。歌词"绿绿的贵阳""爽爽的贵阳""和和的贵阳""黔灵山风""甲秀楼上数点欢跳的星星""花溪河里捧起欢乐的月亮"和优美的旋律一起，使人们在美妙的听觉体验中感受到贵阳的城市文化魅力。同样，韩红的《山水贵客》，歌词"贵山贵水，留天下贵客"道出了贵州人的热情好客，贵州的"贵山贵水"，喜迎且喜留天下的贵客。当然，这些歌曲只有贵州人熟知是远远不够的，贵阳还可以着力打造具有地区特色且能代表地方文化的歌曲。听觉系统的建构是听觉体验建设的重要一环，包括音乐 LOGO、主题音乐、方言歌曲等。

另一方面，打造属于贵阳的自然之声，传播贵阳城市文化。自然界的声音也属于听觉系统的内容。贵阳自然生态环境优越，气候宜人，山多林多，如风声、雨声、鸟唱蝉鸣等自然之声极其丰富，这些自然之声可为人们带来舒适的听觉体验。此外，自然界的声音是创作者的源泉，如谭盾在贵阳香纸沟采风而创作的《水乐》[16]，在这部水与乐队的交响协奏曲中，"水"是重要乐器。演出通过透明水盆、水锣、水音琴等多种装有水的器皿装置，以及控制水流速度等多种手段，让水发出各种不同又特别的声音，让乐迷跟着乐声陶醉于大自然之中。所以，贵阳要注意自然生态的保护，让更多的自然之声和更多基于自然之声所创造的音乐带来更多传递贵阳城市文化的奇妙听觉体验。

（三）嗅觉体验：空气清＋植物香＋食香飘

在嗅觉上，"空气清＋植物香＋食香飘"将为贵阳的城市文化形象建构创造绝佳的嗅觉体验。（1）"空气清"的贵阳。"上有天堂，下有苏杭，气候宜人数贵阳"是对"爽爽的贵阳"的最好佐证。2021年春节前夕，习近平总书记在贵州考察调研时强调，优良生态环境是贵州最大发展优势和竞争优势。贵阳降水充沛，水润万物，雨水的浸润使贵阳的空气湿度适中。贵阳空气质量优良，空气清新，令人心旷神怡。其最大的特点可概括为"一高两低"，"一高"是负氧离子含量高，"两低"是 $PM_{2.5}$ 浓度低和紫外线辐射强度低。要打造良好的空气环境，保持贵阳"空气清"的嗅觉体验。（2）"植物香"的贵阳。苏州留园的闻木樨香轩是植物香的典范，"木樨"即桂花。建筑四周遍植桂花，每至中秋，丹桂盛放，暗香浮动，闻木樨香轩由此得名。树和花不仅带来视觉体验，还能通过幽香的气味，带来舒适的嗅觉体验。贵阳的市树樟树和竹子、市花兰花和紫薇，不仅可用来打造景观增强视觉体验，其散发出的自然幽香，也能给人们带来美好的嗅觉体验。可以将植物香与商品开发相结合，在研发资源与条件具备的前提下，可与大品牌商合作，开发出一款具有贵阳植物香的香水产品，让贵阳的"香气"产品化、市场化、大众化，让贵阳的"香气"蔓延，最容易识别的嗅觉体验。（3）"食香飘"的贵阳。贵阳作为贵州的省会，汇聚了贵州饮食文化的精髓。贵阳美食种类多、味道齐、体验佳，各种"酸""辣""甜"口味的美食在不同店铺、不同师傅的独特做法下，在烹、煮、蒸、卤、炒等不同方式的制作下，散发出的扑鼻而来的香味让人回味无穷。大街小巷里的美食比比皆是，辣辣的、酸酸的、甜甜的美食香味四溢，让人流连忘返。每座城市的"食文化"都大有讲究，贵阳应充分发挥当地的美食优势，发展的同时还要建立起品牌形象的研究部门，洞察市场变化发展与竞争趋势，打造出属于自己的知名品牌，形成品牌效应，增强消费者黏度。

（四）味觉体验：酸、辣、甜美食盛宴

在味觉上，打造具有地区代表性的特色美食，将为贵阳城市文化形象建构创造绝佳的味觉体验。贵阳许多极具特色的风味美食，必将是打造良好味觉体验的重要一环。所以，在贵阳城市文化形象建构过程中，可基于贵阳现有的风味美食，从"酸""辣""甜"三个方面打造具有特色的美食盛宴。

"酸"——贵阳的酸可谓酸得五花八门，但又酸得各具特色。酸味美食对贵阳人来说是一种特别的存在，同样是酸，吃法不一样，带来的味觉体验自然也是不同的。贵阳的酸味代表性美食很多，除了酸汤鱼之外最具代表性的就是红酸汤丝娃娃——丝恋，其拥有多家连锁店，全国闻名，是酸味体验必去之处。丝娃娃给素食美食赋予了一种新定义——素食也可以成为美味。贵阳可以继续挖掘类似的能体现城市美食文化的特色酸味美食，但也切忌胡子眉毛一把抓，要有针对性、有重点地挖掘并推出能代表贵阳的酸味美食，打造城市品牌，逐渐向外推广进而形成影响力。

"辣"——重庆不仅有火锅，北京不只有烤鸭，但一个品牌却代表了整个地方。黔川渝，都可谓"无辣不欢"的代名词。虽然相较于名震四方的川渝来说，贵州的辣味美食要低调得多，但是贵阳作为省会城市，辣味美食极具代表性。麻辣是贵阳美食的特点之一，贵阳美食集麻和辣于一身，辣中带香，令人胃口大开、酣畅淋漓。所以，在贵阳的味觉体验设计上，不能盲目跟风川渝，要找出有自己特色的辣味美食，不断赋予贵阳辣味美食更丰富、更诱人的文化内涵，打造贵阳城市美食品牌，一步步提高贵阳美食知名度。

"甜"——甜食能让人放松，使人心情变好。贵阳的甜食分门

别类、形形色色，如玫瑰冰粉、玫瑰糖、糕粑稀饭、水果冰浆、水果豆花、桃花糕、丝丝糖、猫屎条、泡饼、八宝饭、碗耳糕、马拉糕、发糕、米糕等都是极具贵阳特色的传统甜味美食。贵阳的诸多传统甜味美食，可以通过规划、包装、宣传，打造成强势甜品品牌，再加上"爽爽的贵阳"这一活招牌的加持，后续加大投入以形成特色、扩大影响。

（五）触觉体验：民族风情街和文化物质载体打造

就触觉而言，要让人们能够实实在在地触摸到贵阳的城市文化，可以从民族风情街打造、文化基础设施建设等方面入手，为贵阳的城市文化形象建构创造绝佳的触觉体验。

文化是可以被触摸到的，一座城市的文化底蕴，体现在这座城市的每一个角落。一方面，打造城市民族风情街提升文化触觉体验。对地方而言，在保护、继承和发扬文化的同时，打造具有地方文化特色的风情街就会给人以很好的触觉体验。走进文化风情街，形形色色的地方店铺、各式各样的特色招牌、大街小巷的叫卖声……都是可以被感知和触摸到的文化。走进一个小巷，买上一份路边摊小吃，可以真真切切地、直观地感受地方文化、民风民俗与心灵的碰撞。此外，象征图案、吉祥物、具有地方民族特色的纪念品，例如以民族文化为基础设计的侗族布偶、傩戏玩偶等，都是具体实物，它们能够给游客带来真切的触觉体验。由此，在城市文化形象建构中，可以把民族风情街打造和特色文化产品设计列为重点。

另一方面，通过文化组织载体打造增强文化触觉体验。文化精神内涵需要通过物质载体来呈现，文化设施和会展服务等都是较好的载体，有助于增强人们的文化触觉体验。文化基础服务是居民基本文化生活中必不可少的，同时也是城市特色文化氛围的重要载体。城市完善的文化设施除了给本地居民带来益处外，还可以为外来游客提供更好的旅游服务，让他们拥有更好的旅游触觉体验，给他们留下关于贵阳的最佳印象。此外，利用好贵阳少数民族文化的这张名片，举办关于贵阳民族文化的展览和演出，有助于呈现直观的文化内涵。城市文化内涵以物质载体为基础，文化设施和展会成为城市文化传播的有力支撑，通过物质载体，呈现永恒的文化内涵，有助于为人们带来良好的城市文化触觉体验。

四　贵阳城市文化形象建构的对策

（一）充分利用贵阳城市文化资源，提升城市影响力

近年来，贵阳凭借"中国避暑之都""森林之城""温泉之城"的美誉，吸引了大量的外来游客，但是与重庆、云南这样的旅游大省市相比，还有很大的差距。贵阳在城市文化形象建构过程中，需要最大限度地利用自身丰富的城市文化资源并发挥其最佳优势，加强营销力度，打造贵阳城市文化品牌项目，以此来提升贵阳城市文化的影响力。

想要提升城市文化影响力，就一定要充分利用城市文化资源，树立城市特色文化形象。贵阳可以围绕贵州省"山地公园省，多彩贵州风"的形象定位，充分利用贵阳的城市文化资源，提升城市影响力。例如，以红枫湖、南江大峡谷、天河潭、百花湖等为重点，建设生态文化；以息烽集中营、麒麟洞等为重点，继承发扬红色革命文化，打造红色文化品牌；以青岩古镇、甲秀楼、文昌阁、阳明祠等为重点，找寻历史足迹，挖掘历史文化精髓，打造历史文化品牌。通过系统规划，使贵阳生态、革命、历史、民俗文化等融为一体，形成一个完备的文化体系，让游客形成"看了很想来、来了不想走、走了还想回"的感受，从而提升贵阳的城市影响力。

（二）打造特色视听项目，增强游客对城市文化的记忆力

最能牵动人心、勾起游客记忆的就是吃喝玩乐中的"乐"，这个"乐"除了欢乐还有音乐。首先，贵阳应充分发挥多个少数民族聚居这一优势，举办大型少数民族歌舞文艺表演，在展现地方优秀传统文化的同时吸引游客，还可开展少数民族衣物服饰穿戴体验项目，让游客在身临其境体验少数民族文化的同时还能娱乐放松；其次，少数民族音乐、乐器等也是贵阳城市文化的重要体现，除了让游客体验草莓音乐节等音乐节的流行音乐之外，还应通过举办少数民族音乐会、篝火晚会等形式加强不同文化之间的交流，强化游客对贵阳的记忆；最后，可请有关专家或团队助力，打造大型的、有特色的娱乐场所，让游客体验当地文化、"打卡"当地娱乐项目。视听没有界限，若贵阳的一首音乐、一支舞让你共情，那这段旅程便是有意义、有收获的。所以，少数民族的文化是城市文化的重要一部分，各有关部门应加大力度进行保护和宣传推广，将贵阳的视听文化推向中国、推向世界。

（三）升华自然生态魅力，增强城市竞争力

在全球变暖，气温日益升高的今天，良好的自然生态环境和宜居的城市环境已经成为稀缺资源。而贵阳得益于其得天独厚的生态环境和地理位置，气候宜人、环境优美，是中国乃至全球紫外线辐射最弱的地区之一，年平均气温15℃，夏季平均气温22.3℃，所以有"爽爽的贵阳"一称。

在城市文化形象建构过程中，贵阳应重点凸显其优良的自然生态环境这一优势，打造城市品牌，在炎热夏天打造"避暑季"，在寒冷冬天打造"温泉季"，吸引游客，提高贵阳的知名度。除了自身的生态环境外，还可从城市的植被栽种入手，加大兰花、竹子、樟树

等花草植被的种植力度，鲜花环绕、绿树成荫的优美环境可以让游客有良好的嗅觉体验，心灵得到净化。良好的生态环境也是打造城市竞争力的重要一环，应努力发挥贵阳的生态优势，为贵阳赢得更多的发展机会和更大的发展空间。

（四）关注特色美食营销，增强城市吸引力

餐饮是除文化之外的能增强城市吸引力的另一重要部分。美食是城市的活招牌和流动广告，美食带来的绝佳的味觉体验总能牵动人心，让人流连忘返，如重庆火锅、北京烤鸭、柳州螺蛳粉就是城市最好的宣传和广告。美食除了能吸引游客之外，还能招商引资，促进城市的发展。不同城市的美食都有其不同的特色和魅力，贵阳可以通过举办地方特色美食节、举行地方传统美食比赛等方式，找到最具代表性的美食，进行包装打造进而向省外、国外推广。但在宣传和对外推广之后，决不能就此撒手不管，后续要请专家进行评估分析，在实时掌握宣传推广取得的效果之外，还应及时分析其不足，进而改进和优化宣传推广方案。另外，应规范与加强餐饮业的管理，提升管理服务水平，打造一条从服务、菜品、卫生、质量、环境等方面都让顾客满意的精品美食体验路线，以游客美食体验满意为目标，满足游客的不同需求。多渠道投放城市美食广告，打造城市美食品牌，更好更有效地展现和增强城市吸引力。

（五）深度挖掘城市文化，形成文化感染力

城市文化是城市内涵的最好体现，也是城市形象的最具代表性的象征。

以阳明文化和红色革命文化为主。作为贵阳代表性文化之一的阳明文化对中国乃至世界的影响都是巨大的，但除了专家学者，贵阳人对阳明文化可以说是知之甚少，甚至是不以为意的。红色革命

文化是贵阳市民的精神寄托，是塑造城市之魂的坚实力量，是城市文化中不可或缺的重要部分。息烽集中营和黔灵山公园麒麟洞都是革命时期留下来的重要纪念场所，优秀的革命文化是我们的精神食粮，可以督促我们在先辈辛苦走出来的路上继续砥砺奋进。但是多数情况下，我们只有在进行红色革命主题学习时，在现场解说员的解说下才会受到触动。关于贵阳的红色革命文化，除了宣传之外更多的是要进行有效传导，让市民耳濡目染，提升市民的文化认同感和自豪感。所以，为做好贵阳城市文化的宣传和传播，可适当安排和开展一些实地情境教学活动，让市民和游客都可以实实在在地"触摸"到历史和文化，他们内心的触动会让这些优秀文化传播得更远。此外，政府也可以请专家、学者进行深入研究，提炼文化、打造品牌。总之，在城市文化品牌建设过程中，贵阳应立足于自身的文化资源，加强文化基础设施建设，挖掘并发扬优秀特色传统文化，在为地方文化品牌建设献力的同时，也能为国家的文化传承"添砖加瓦"。

五 结语

贵阳在高质量发展道路上探索前进的同时，也一定要重视可持续发展。城市文化形象建构是一个动态发展过程，必须要有长远的可持续发展的思想和理念。在城市经济发展中，文化是一座城市、一个小镇的精神表现，是人们在日常旅游生活中能够获取的精神价值。从"五感体验"的角度对城市文化形象进行建构，对现代城市文化建设提出了全面要求。在贵州省明确"山地公园省，多彩贵州风"的形象定位前提下，贵阳在通过"五感体验"建构城市文化形象，从多感官视角传递贵阳城市文化，多角度立体地刺激人们的感知。这不仅使人们对贵阳城市文化的感受和认知更加深刻，也实现了人们情感与贵阳城市文化的共鸣。

参考文献：

[1]〔美〕刘易斯·芒福德.城市发展史：起源、演变和前景 [M].宋俊岭，倪文彦，译.北京：中国建筑工业出版社，2005.

[2]刘晓丽.试谈城市形象构建与城市印象海报 [J].四川戏剧，2017（02）：104-108.

[3]徐秋晨，覃会优.论苏州诚品书店品牌形象"五感"设计 [J].美与时代（上），2019（10）：68-70.

[4]梁伟.书籍设计："五感"创意与体验 [J].中国出版，2017（23）：32-35.

[5]陆彪，李毅，房华.沉浸于五感中的设计 [J].美术教育研究，2020（04）：88-89.

[6]丁熊.基于五感体验的南海旅游专列服务系统设计 [J].包装工程，2017（10）：24-30.

[7]谢翠玲，陈秋华，苏玉卿，肖婷婷.五感视角下的乡村创意旅游产品开发研究——以棋磐寨采桑园为例 [J].林业经济问题，2015（01）：63-67，74.

[8]刘晓彬，朱庆祥.基于五感体验的文创产品设计策略研究 [J].包装工程：2022（06）：239-335.

[9]钱靓，叶聪.基于"五感"体验的现代艺术设计研究 [J].包装工程，2016（20）：220-223.

[10]吴联凡，吴耀，卓芊吟，曹义竞.学前玩具中五感体验的建构策略与实践研究 [J].包装工程，2021（04）：159-165.

[11]梁伟.书籍设计："五感"创意与体验 [J].中国出版，2017（23）：32-35.

[12]徐秋晨，覃会优.论苏州诚品书店品牌形象"五感"设计 [J].美与时

代（上），2019（10）：68-70.

[13] 王祖远."五感"激发为中心的展陈设计策略——以日本感觉博物馆为例 [J]. 中国博物馆，2020（01）：65-71.

[14] "避暑之都"牵手"天府之都"，共创避暑旅游新佳话 [EB/OL].http：//whhly.guizhou.gov.cn/xwzx/szdt/201908/t20190812_6785618.html.

[15] 贵阳综合保税区开展"不忘初心、牢记使命"主题教育——革命传统教育实地学习活动 [EB/OL].http://www.guiyang.gov.cn/zwgk/zwgkxwdt/zwgkxwdtbmdt/201910/t20191013_9594064.html.

[16] 谭盾.贵阳奏响"自然之声"展现人与自然的融合 [EB/OL].http：//www.gz.chinanews.com/zxgz/2020-08-22/doc-ifzzihex5036182.shtml.

敬畏与坚守：贵州电影中的生态影像建构

陈明鑫[*]

摘　要： 生态电影理论作为电影分析的视角，对相关电影中影像建构的分析，能够让我们从另一个侧面去理解电影的建构。本文以《滚拉拉的枪》《鸟巢》为研究对象，运用文本分析法，并借用相关的生态电影理论和文化研究视角对《滚拉拉的枪》中生态影像的意义生产与表达和地域文化呈现进行解读，探析影片的文本意义价值以及生态影像的相关特点，以及对影片中所彰显的生态内涵进行追本溯源，进而通达现实，为建设一个拥有健康生态系统的成熟社会提供有益的启示。

关键词： 贵州电影　《滚拉拉的枪》　《鸟巢》　地域文化　生态美学

谈及贵州，人们所联想到的似乎是王阳明笔下"连峰际天兮，飞鸟不通"的荒凉之地的形象，但近年来贵州采取"大生态＋大数据"的区域创新发展战略，社会经济发展有了质的进步。文化建设也紧随其后，最为显著的就是2018年以来多部讲述贵州地域生活、表达贵州地域文化的电影走上大银幕，如展现平塘天文奇观的《我

＊　陈明鑫，云南师范大学传媒学院硕士研究生，研究方向为戏剧与影视学。

和我的家乡》（2020 年）、展现都匀绚丽之桥的《无名之辈》（2018 年）等，一改人们心中落后的黔地印象，一时之间，飞鸟不通的山峰不再是闭塞的表征，而成为原生态网红旅游胜地。2021 年 2 月 3~5 日，习近平总书记在贵州视察时指出，优良的生态环境是贵州最大的发展优势和竞争优势，要坚持守好发展和生态两条底线。可见，生态被前所未有地提到了贵州发展战略的高度。而电影作为一种最直观的视听艺术，能够有效地参与生态现象及问题的展现、传播和再理解，从而形成特定的生态思考，生态电影正是在此种视野的观照下发展出自己的独特品格。生态电影最早衍生于生态文学和生态文学批评，正式提出是在美国电影学者斯科特·麦克唐纳发表的《走向生态电影》一文中。学者龚浩敏和鲁晓鹏在中国生态电影的研究上占有极其重要的地位，其在借鉴西方生态话语的同时立足于国内生态的具体现实，将生态电影界定为"一种具有生态意识的电影，探讨的是人与周围物质环境的关系"[1]。他与米佳燕合编的论文集《环境危机时代的中国生态电影》，将生态电影所关注的议题细分为六大类，其中就包含了对远离城市文明的乡村社群式生活模式的投射和描写。在此议题下，本文借助相关生态电影理论来探析宁敬武的《滚拉拉的枪》《鸟巢》，重点关注贵州生态电影的生态意义及美学内涵。

一　地域性呈现：作为地域抒写的岜沙苗族

21 世纪以来，多部展现贵州形象的电影如《开水要烫，姑娘要壮》（2006 年）、《阿娜依》（2006 年）、《滚拉拉的枪》（2008 年）、《鸟巢》（2008 年）、《云上太阳》（2012 年）等都不约而同地选取苗族作为其拍摄对象，我们不禁要问：为什么会是苗族？在《文化地理学》中，迈克·克朗认为区域是通过地理学中典型的物质特性所构成的生活方式来界定的，这种特性包含整个动态变化的地区及其生活的一种独特社会体系。因而语言学家索绪尔强调找出与特定区域文化相适应的典型地理景观。史料记载，魏晋南北朝时期，战事频繁引发了民族大迁徙活动，多个少数民族如苗族、瑶族、土家族等先后进入贵州。一方面，各个民族丰富而独特的文化在塑造着黔地的地理景观；另一方面，少数民族也成为贵州最为显著的区域特征。而贵州是苗族的主要聚居地之一，苗文化深厚。尤其是岜沙苗族，聚居在黔东南苗族侗族自治州的月亮山麓茫茫林海中，由具有同宗血缘关系的人家组成老寨、宰戈新寨、王家寨、大榕坡新寨和宰庄寨五个寨子，发展至今仍保留着古朴浓郁的民族习俗，是中国唯一允许持枪的部落，也入选"地球上最神秘的 21 个原生态部落"。由此就可以解释诸多电影人为何选择苗族来展现贵州风情，那么在影像中作为地域抒写的苗族又是如何效力的呢？

2005 年，宁敬武作为《阿娜依》的艺术总监首次接触到岜沙苗族，之后以其"内在的灵魂触动"[2]创作了《滚拉拉的枪》《鸟巢》两部岜沙苗族题材电影。作为一名汉族导演，他成功避免了"他者"视角的审视，较为深刻而准确地传达出苗族这个独特的社会体系。首先，地域空间特征与地域语言的呈现。两部影片都用非职业演员的当地居民、当地的地理空间以及原汁原味的苗语来将苗族的原始生活搬演到银幕上，展现原生态的诗意岜沙，渲染出独特的地域风情。方言原本就是一个民族较为明显的特点。《滚拉拉的枪》中伴随着青山绿水而唱响的飞歌、指路歌构建出高辨识度的声音景观，滚拉拉回应着少女的飞歌，心中的愁苦之事也随风飘散，在这之中不仅是滚拉拉，属于该地域的人们也找到了自身的归属感及文化认同感。除此之外影片还构建出相对应的"听众景观"[3]，塑造着人们的区域意识与民族想象。其次，由地域风景而升华的地域文化的诠释。导演善用客观的长镜头叙事，在降低电影剪辑速度的同时用一种静态的拍摄方式让观者进入岜沙苗族人的世界。两部影片都展现了全景式的独特的喀斯特地貌，这种地貌形成了贵州一道独特的风景线，在此基础上苗族人与环境、土地、山林相互作用，演化成了独特的农耕文化、打猎文化与生态文化。从这个意义上来说，苗族已然成为地域文本供创作者及观者解构，如《滚拉拉的枪》中就讲述了主人公滚拉拉在成人礼上需要猎枪而寻父的故事，滚拉拉对猎枪的执念传达出苗族积淀着的打猎文化，使我们得以从中看见一个鲜活而真实的苗族。再如《鸟巢》中的贾响马在乘车时不愿意卸下腰刀，是因腰刀在苗族文化中象征着男子的英雄气概，显然此处塑造了岜沙苗族粗犷的人物形象，传达出其尚武的精神品格。在此，岜沙苗族的地域、民族景观不再是追求观赏性而被猎奇式地陈列出来，而是成为贵州特色的现实材料，被解构出其独特的地理环境与地域的多重面孔。最后，地域民俗的展示。民俗是一个民族在长期的劳动实践中创造出来的极具"个体特色"的规约。岜沙苗族发展至今许多民俗、祖先遗训并没有完全被历史冲刷掉，遗留下来的民俗作用到了其生活方式、生活实践、处事原则之中，被称为苗族文化的"活化石"，岜沙的男人则被称为"活着的兵马俑"。最为典型的岜沙男人形象通常是手持手枪，头留"户棍"。手枪是男子成人的象征；在苗族文化中，"户棍"意味着树，是个体连接祖先灵魂的命脉，没有"户棍"就意味着男子个人对祖先的不忠不孝。《滚拉拉的枪》中，贾古旺因不愿意剪掉"户棍"而错失工作机会，当第二次找到快餐公司的工作时，却害怕因"户棍"而丢工作，转而跳车去捡帽子，发生了意外。诚然，"户棍"正如他作为苗族成员的一张身份证，身份证掉了，仅有的归属感也就随之掉了。

安德森就曾打破把"民族"视作某种"神话"的谬误，阐明民族是人类社会在一定阶段浮现的想象的共同体。贵州肥沃的文化土壤孕育了极为丰富的少数民族文化，两部影片以岜沙苗族为中心去认识一个有疆界的地域，方言、民俗、自然风景都作用到了岜沙苗族集体的同一性及岜沙苗族人民的同一性上，增强族人内部有效联系的同时，更是以浓郁的地域风采与地域文化潜移默化地拼凑出不同地域的人对于贵州的整体性认知。

二　记录与再现：贵州电影中的生态空间建构

文化地理学的研究认为，空间作为一种分析文本被赋予极为重要的意义，如雷尔夫就尝试依据人身体所处的位置、人的意图、文化结构和观念、空间关系的构筑将空间依次划分为使用空间、观察空间、存在空间与认知空间来探讨其意义生产。而在哲学社会科学领域，法国理论家列斐伏尔则提出了著名的"空间生产"理论，主张辩证地看待日常的生活空间，并将其定义为层级式的空间，即自然性、精神性、社会性。事实上，空间在各领域中都有其独特的价值，在电影中尤甚，电影是时间的艺术，同时也时常浮现出空间的艺术。"电影最吸引人的地方，就在于它通过声、光、色、影呈现出一个逼真的、接近现实但却不等同于现实本身的虚拟空间"[4]，它包含了"真实"的物理空间以及导演在此基础上再创造的独特的美学空间。因而"电影是多元决定的，也是多元多维度的，艺术尤其是作品本体是可以而且也应该进行层次分析的"[5]，将"空间生产"理论应用到电影上可多维度地剖析文本价值，纵深地探讨电影的生产方式及其特性。在这一方面，宁敬武导演就巧妙地完成了影像空间的再生产，《滚拉拉的枪》《鸟巢》在展现少数民族生存基地及其民俗风情的基础上建构出一个民族化的精神空间。

（一）自然空间

在列斐伏尔关于空间三重性辩证法的论述中，自然空间与人类为了基本生存条件而进行的空间开辟与利用等生存活动息息相关。且在人类产生之前，自然空间已然存在于世界，因而自然空间首先是指自然存在的物质形态，同时自然存在之物又成为人类生存的物质基础。岜沙的森林是苗族最为明显的自然空间，是获取生命资源的场域，表征着苗族较为原始的衣食住行等生存样态。而人与动物的关系同样成为自然空间的意义填充，如《鸟巢》中贾响马与幼鸟的投喂关系，幼鸟展现了本真生命状态，而人类则是这一状态的守护者。这种纯粹的情感是建立在大自然基础之上的个体对生命共通感的体认，此时人与自然关系的想象也得到了强调与重申。

两部影片均采用朴素的镜头语言，运用大量纯天然的因素架构出生态影像叙事空间，森林是导演极为浓墨重彩的一笔，依山而建的木瓦吊脚楼林立在森林之中，宛如一幅静谧的山水画。郁郁葱葱的山林、层层蜿蜒的梯田形成了苗族赖以生存和发展的独特的地域性自然空间。在宁敬武的镜头下，森林是苗族特有的成人、丧葬等仪式举行场所，更是赚取买枪费用、路费的天然财富；是苗族人日常生产、生活和消费的要素，更是独特的生态依附与权力持衡的场域。在色彩表现上，高饱和度的绿色彰显出孕育生命的胚胎——森林所附着的生命的原始张力，而浓雾弥漫着的森林则凸显出蕴藏在此空间中的神秘感。除去民俗仪式及森林神秘的面纱，不难发现，影片中的森林是自然的化身，也是人类与大自然相互制约、相互依存的空间隐喻。

（二）社会空间

人类产生之后，劳动创造了与人类集体相适应的空间形态，在历史的长河中逐渐将自然空间社会化。在福柯那里，我们看见自身正处在一个具有同时性与并置性的时代中，而这种同时性使得不同的点与点之间联系起来并置成为某种世界经验，空间向度因此在后现代语境中受到重视。美国地理学家爱德华·苏贾的批判社会理论就借用了福柯关于空间的洞见，以空间是解密藏匿于当代语境中的各种结果的秘诀为前提，认为"空间在其本身也许是原始赐予的，但空间的组织和意义却是社会变化、社会转型和社会经验的产物"[6]，以此来强调组织空间的内在社会特性以及横向分析现代生活的重要性。而在这一点上，皮埃尔·布尔迪厄的空间研究则强调建构主义的特性，更为具象地将"社会空间比拟为区域在其中分划的地理空间"[7]。可见，对于空间的探讨不能剥离社会这一场域。《滚拉拉的枪》《鸟巢》经由各种复杂关系编织社会空间在很大程度上重构了岜沙苗族人日常生活的叙事，而空间的意义就藏匿于社会与空间的互动关系之中。

无论是在《滚拉拉的枪》中还是在《鸟巢》中，典型的少数民族生存环境的物质性被反复铺陈，作为真实空间出现的"村寨"是对苗族这一整体的描写。村寨中，村民们劳作、相互交谈及规训，在日常世俗空间中引出人们的生活图景与伦理关系，并借由这些共识勾勒出苗族人实体的世界。从更深层次来说，苗族这一生存空间还涌动着层级式权力张力，影像赋权给长者，使其作为自然"主宰"的人，无论是《滚拉拉的枪》中老叔公对滚拉拉砍树要适可而止的规训，还是《鸟巢》中全村人利用用竹子制作的酒杯来获取利益，都展现出族人与族人、人与自然之间层层相嵌的权力关系与井井有条的社会秩序。而村寨中的住宅则是另一层更为微观的社会空间。住宅首先是负载着居住价值的空间，是作为主体的人的庇护之处，具有某种疗愈的功能。滚拉拉与贾响马的故事都在庇护中开始，他们也在庇护中成长。与此同时，住宅"既是身体也是灵魂，是人类最早的世界"[8]，其间融合着潜在的欲望与寓于深处的情感力量。微暗的房间内部是大量"社会实体"的影像再现，如《滚拉拉的枪》中正在进行蜡染的手动式机器、门框内奶奶手中正在纳的鞋垫、极具民族特色的褴褛等组成一个回忆与想象的价值序列，搭建出属于滚拉拉与奶奶的生活世界，欲说无言的质朴情感由递给奶奶的钱和对身世的回忆渗透开来；再如《鸟巢》中的房屋，是母亲对其丈夫的期盼，更是苗族人追求淡然和美的空间存在。

事实上，芭沙苗族并非生活在一个均质的空间中，在苗族人的生存空间之外，是与之相对立的城镇空间。影片通过长镜头与蒙太奇的手法嫁接出村寨—城镇这一异质空间，在传统性与现代性的关系上进行了空间思考，这种"异位"在《鸟巢》中尤甚。在城市这一陌生的社会空间中，充斥着复杂的社会元素，同时对于感知主体贾响马来说，这一外部空间由新的社会秩序与权力主导。不同于《滚拉拉的枪》将社会空间重点投射在村寨上，《鸟巢》把个体物质性的空间实践位移至村寨与现代都市中，伴随主人公贾响马寻找答案之路而搭建起一个横向延伸的空间，为影像之外的主体提供了某种崭新的意义以及可能性的想象。

（三）精神空间

"精神"这个词在语意层面就显示了其与日常物质生活的距离，但又与人不可分割，它弥漫于人所存在的自然与社会的时空之中，"理解自然与社会秩序的时空结构，即是透视精神世界的基本范畴"[9]。贵州属独特的喀斯特地貌，村寨多建立在高原山地地区，森林资源丰富，靠山吃山的物质生产方式形成了苗族人民独特的心理品格。影片中主体与自然空间、社会空间相互作用，产生了主体的动态体验与认同。无论这些体验好与否，无论认同是否成功，都隐含着苗族"不可见"的社会观念的总和。

《滚拉拉的枪》中多处细描了芭沙苗族的风俗仪式，在建立起他者民族想象的同时，此种仪式作为完整的"文化表演"[10]早已跃升为一种民族精神的虚构物，而展开这些仪式的场所也成为一种象征性的空间。影片以族人们在深山中所进行的祭拜仪式为开篇，仰拍的苍天大树慢慢移到树下正在念俗语的族人，以及绕圆歌舞的场面，营造出套嵌在自然空间中的精神空间。树木、歌舞、民族俗语成为民族的文化符号，建立起族人之间、人与自然之间普遍、持续长久的强关系，形成苗族这一社会体系所存在的普遍秩序，由此其民族精神变得可视。《鸟巢》则通过自然空间与城市空间的并置，将村寨中淳朴、互帮互助的乡情与现代化都市中"异化"的人际关系及社会乱象做对比，浮现出自然界与城市在精神上与距离上的疏离，探讨在闭塞部落与外界、传统与现代的二元对立中，个体如何生存与发展、现代与传统交融何以可能等议题。

由此可见，《滚拉拉的枪》及《鸟巢》借助导演富有魅力的诗性电影语言，营造出极具民族风格的文化空间和写意空间，来避免"我们在精神拆迁的当下化为没有文化记忆的孤儿"[11]。通过对苗族人民的生态依附、精神信仰与生存基地的空间营造，勾勒出少数民族的生存境遇，在一定程度上避免了影片为展现少数民族题材奇观化而空洞无核的问题，进而将影片内涵延伸至更为宏阔的文化领域。

三 表征与意义：贵州电影中的生态内涵

岜沙苗族所体现出来的"万物有灵"、顺应自然等生态精神不是其特有的传统，早在中国古代的生态伦理思想中就有着深厚的根基。在儒家那里，"天地之大德曰生"（《周易·系辞传》），认为天、地、人是一个有机的整体，并在思考人与自然界的地位以及人与自然的关系时，提出"民，吾同胞；物，吾与也"的"人格平等"观念；又以"天只是以生为道，继此生理者，即是善也"来倡导人与天地的关系应是和谐融洽的，由此建立起一套系统的生活智慧与处世哲学。道家在此种精神观念的倡导层面更上了一层楼，庄子的

"以道观之，物无贵贱"就流露出道家将平等观念扩及万物，主张万物平等自由的思想洞见。值得注意的是，此处的"道"不仅仅代表"人道"，也囊括着更为广阔的"天道"，即整个生态体系，在此基础上，庄子认为"道无终始，物有死生，不恃其成"，人的死亡不过是回归自然，是加入自然的一种生态循环[12]，而无所谓始终。在列子看来，天地万物与人是共生的，且类无贵贱。此外在他的思想中还涉及"公正"的概念，在《列子·杨朱》中他说道："公天下之身，公天下之物，其唯至人矣！"从中不难理解，列子的"公正"已经由社会的公正上升到整个自然界的公正。也正是如此，国内的部分学者将中国生态批判的原点归结于道家美学的平衡思想。无论如何，这些丰富的智慧资源指导着人们的生产实践活动并成为民族的某种传统流存下来。无独有偶，西方的较为有影响力的生态中心伦理学同样是从整个生态的角度来看待问题。该理论从整体论的哲学基础出发，赋予整个环境（包括非生命元素）以内在价值，并试图让世界上的所有存在物都沐浴在道德关怀的阳光之中，提出生态自我、生态平等、生态共生等生态哲学理念。尽管生态中心主义在现代受到了一些挑战，但其所主张的理念仍有一定的价值。显然，无论是东方还是西方，都表现出相似的价值取向，此种价值取向不仅存于哲学著作中，也普遍存在于影视作品当中，存在于每个民族独特的自然感知与文化经验中。

《滚拉拉的枪》和《鸟巢》皆表现出强烈的生态精神和生态哲学。首先，这体现在万物有灵的思想资源中，《滚拉拉的枪》及《鸟巢》所表达的万物有灵的生态观彰显出苗族人对世界的基本认识。在苗族人看来，世界万物都是有生命的，正如树木掌握着神秘的力量一样，通过祭祀或是许愿，来达到与其交流的目的。而交流的目的就在于表达自身的敬畏与尊重，以求获得某种庇佑。此外，树木还承载着苗族人生之希望，伴随孩子的出生而种下的树就象征着生命，生命树的成长意味着生命的延续。其次，影片还将顺应自然、简单和美的生态美学融入有机的叙事中予以呈现。在苗族人看来，人应该持有一种简单、归顺、不走极端的态度，如滚拉拉寻父路中吴巴拉所说的一个人出走就有他出走的理由，族人规劝贾响马不能着急，"是你的就是你的"；再如滚拉拉最终回到奶奶身边及贾响马母亲"一个家没有了男人，就像吃菜没有盐"的家庭完整价值观表达。再次，影片也完成了对个体生命、自然生命意识的表达。如族人对生命树的守护，在贾古旺死后族人将其肉身送归自然，而将其灵魂招引到先祖之处，独特的指路歌与丧葬仪式赋予生命以循环之路，对于生命的深层体验也形成了苗族人的生命哲学，这种生命哲学在庄子的"自然循环"中就可找到其一脉相承的根源。

从实践的角度来看，《鸟巢》是对《滚拉拉的枪》更进一步的延伸思考。与《滚拉拉的枪》致力于展现民族深层信念不同，《鸟巢》通过原始生态与现代社会生态构成的双重维度来架构一种富有多重寓意的生态文本，在传统与现代、"原始人"与"现代人"对冲关系中投射出少数民族生态寓言的现实意义。正如美国著名生物学家马古利斯所认为的，是共生推动了进化。于滚拉拉而言，其成长伴随父亲缺失所带来的阵痛与无猎枪的焦虑，而当成人仪式完成之时，他与自我和解，也与所生存的生态环境实现了共生。于《鸟巢》而言，"鸟巢"本身就承载着导演对于现代文明的思考与隐隐的担忧。片中导演赋予鸟巢双重意义，第一层是指传统意义上的鸟窝，是开篇主人公及其小伙伴在大树上细心守护着的鸟窝；第二层意义则是指为北京奥运会而建造的体育馆。从双重的意义设置中，我们可窥见其真正的文本内核。正如影片片尾处所呈现的"虚幻空间"，贾响马在奔跑过程中，由象征着现代性的建筑过渡到原始村落景观，实现了现代文明与原始文明的交织对话。从媒介生态功能上来说，此时的影像对观者形成了某种心理暗示，绵延至传统与文明共生何以可能的意义反思。

总之，岜沙苗族通过自己的日常生活实践认识到生存资源来自自然的馈赠，也深刻体会到人与自然的共通性，从而规范自身的行为以顺应自然、适应自然发展规律，来谋求自身的生存。"离开个体生命存在于其中的生态'子宫'，就不会有个体的幸福。"[13]生态电影中的生态影像建构出生态的整体意识，进而在现实世界中生发出道德共同体的意蕴，唤起社会广大观者的生态热情。"环境其实是围绕着我们的整个栖息地，是物理世界与文化世界的交融，是各种关系的生态，我们在其中谈判以获取意义，实现生存。"[14]宁敬武用影像也为我们营造了一个拟态环境，其间人们得以思考与生态系统中的同伴之间的血脉关系并获得某种具有现实意义的启示，从这个意义上来说不失为一种推动人类文明进程的价值观照。

四　结语

分析贵州电影中的生态影像建构，可以清晰地看到导演对岜沙苗族这一贵州区域特征的偏爱。绿意盎然的自然景观、古朴神秘的民俗风情以及简单质朴的岜沙苗族交融在一起形成贵州这朵斑斓的地域之花。而电影《滚拉拉的枪》《鸟巢》中的诗性影像的语境结构，使文本从生态这一层面的解读成为可能。通过对苗族人民秉持的对自然的崇拜与敬畏、回归与守护的解读，不仅揭开了少数民族的神秘面纱，而且上升为生态价值观的再审视，也从另一全新的视角理解与思考人类文明的进步。当然，过度强调敬畏、崇拜自然的生态观也会使人类沦为毫无能动意识的机械崇拜的生命体，虽然《滚拉拉的枪》与《鸟巢》很好地透过苗族生态深入个体的心理，但在生态问题的揭示与现实意义的强调上还有待进一步探索。但总体而言，在两部影片中都能看到宁敬武导演欲揭开"冰山一角"而对个体、民族、生态、世界进行深入思考所做出的努力，也期待中国生态电影能够在艺术市场上承担更深层的文化使命。

反观贵州电影中的生态影像建构，表面上是诗意化的"乌托邦"叙事，实则暗含的是岜沙苗族适度使用自然资源而与自然界恒常保持一种和谐共生关系的理念。他们所秉持的这种生态观念在当下显得更重要，在提倡"绿水青山就是金山银山"的今天，再回过头看这些影像中的生态观念，其价值在物质层面与影像层面都透着理性的光，散发着现实的魅力。随着现代化进程不断向前发展，全球生态问题层出不穷，生态保护的命题再一次被提上日程，也给生态电影所蕴含着的批评观念带来助力。重新解读此类生态电影的美学价值，在一定程度上重塑了观者的生态意识，也为我们更好地反思现代生态问题提供了有意义的参照。正如学者龚浩敏和鲁晓鹏所说，生态电影所达到的目的和效果是促使人们介入社会，促使人们思考社会、伦理问题。[15]而重新思考这些问题，有利于避免陷入将人类视作所有价值的尺度、视作自然的主宰的人类中心主义的沼泽。从这个意义上来说，生态电影建立起人对大自然负有某种义务和责任的公共文化空间，为我们反思现代社会生态危机提供了理性的价值观，同时对中国式的生态批评话语的实践具有一定的现实意义。

参考文献：

[1] 龚浩敏，鲁晓鹏.中国生态电影论集 [M].武汉：武汉大学出版社，2017.

[2] 安燕."贵州电影"的三副地域面孔 [J].当代电影，2019（06）：11-17.

[3] 迈克·克朗.文化地理学（修订版）[M].杨淑华，宋慧敏，译.南京：南京大学出版社，2005.

[4] 李淼.云南少数民族题材电影研究：边疆想象、民族认同与文化建构 [M].昆明：云南大学出版社，2016：92.

[5] 陈旭光.中国电影的"空间生产"：理论、格局与现状——以贵州电影的空间生产为个案 [J].当代电影，2019（06）：4-10.

[6] 爱德华·苏贾.后现代地理学：重申批判社会理论中的空间 [M].王文斌，译.北京：商务印书馆，2004：121.

[7] 皮埃尔·布尔迪厄.社会空间与象征权利 [A].陈志梧，译 // 包亚明.后现代与地理学的政治 [C].上海：上海教育出版社，2001：296.

[8] 加斯东·巴什拉.空间的诗学 [M].张逸婧，译.上海：上海译文出版社，2009：5.

[9] 陈少明."精神世界"的逻辑 [J].哲学动态，2020（12）：5-19，122.

[10] 克利福德·格尔茨.文化的解释 [M].韩莉，译.南京：译林出版社，2014.

[11] 史蒂芬·吕斯特，萨尔玛·莫娜尼，侯娇婴.分隔渐隐——对生态电影研究的定义和定位 [J].江苏大学学报（社会科学版），2013，15（05）：42-49.

[12] 何怀宏.生态伦理——精神资源与哲学基础 [M].保定：河北大学出版社，2002：45.

[13] 罗德里克·弗雷泽·纳什.大自然的权利 [M].杨通进，译.青岛：青岛出版社，1999：194.

[14] 史蒂芬·吕斯特，萨尔玛·莫娜尼，侯娇婴.分隔渐隐——对生态电影研究的定义和定位 [J].江苏大学学报（社会科学版），2013，15（05）：42-49.

[15] 鲁晓鹏，龚浩敏.中国生态电影论集 [M].武汉：武汉大学出版社，2017.

黔菜资源产业化开发中的问题及对策[*]

刘　宸　何开敏　唐德昌^{**}

摘　要： 黔菜是贵州饮食文化的重要承载形式，在贵州省社会经济加速赶超的过程中，黔菜资源的产业化开发是重要的产业支撑。目前，与黔菜资源开发相关的产业还存在着发展速度不均衡、行业赢利模式有待转变等方面的问题。基于此，应当立足贵州省的具体情况。加强旅游业、金融业、文化创意产业、影视文化行业、生态农业对黔菜资源开发的支持，全面促进黔菜资源的产业化开发。

关键词： 黔菜　产业化　资源开发

一　黔菜资源产业化开发的现状及问题

黔菜是贵州省重要的饮食文化资源，也是西南地区特色饮食文化的重要构成部分。特别是在贵州省实施"黔货出山"战略的大背景下，黔菜作为经济附加值较大的贵州特色资源具有极大的开发潜

---

* 本文为四川省教育厅人文社会科学重点研究基地——川菜发展研究中心课题"贵州黔菜文化 IP 建构研究"（项目编号：CC19G18）研究成果；多彩贵州文化省部共建协同创新中心 2019 年后期资助项目（项目编号：DCGZXTCX2019-21）研究成果。

** 刘宸，贵州民族大学讲师，研究方向为民族文化与文化资源开发；何开敏，贵州民族大学人文科技学院文化产业管理专业本科学生，研究方向为民族文化产业；唐德昌，贵州民族大学人文科技学院文化产业管理专业本科学生，研究方向为文化资源保护与利用。

力。在近几十年的发展中，以黔菜为主的餐饮和食品加工企业获得了巨大的发展。但在黔菜文化特色形象、黔菜企业主体发展和行业赢利模式等方面还存在一些有待改进的问题。

（一）黔菜文化特色形象发展有待加强

辣味是西南地区饮食习惯中的重要味觉要素，这一鲜明的特征成为西南饮食在中华饮食文化中的突出特点。西南地区的饮食习惯是特殊自然环境对人类社会文化施加影响的结果，也是西南地区经济文化发展史在饮食生活中留下的印记。辣味曾经是西南人民驱寒避冷的重要味觉要素，喜食辣味食物是西南人民在特定生产力条件下形成的集体生活习俗。在历史的发展进程中，人民生活水平不断提高，作为"保暖味觉"的辣味逐渐变成西南人民的一种味觉喜好。可以说，以辣味为代表的饮食习惯是西南文化在生活维度的体现。西南各地对于辣味的解读各有特色，四川和重庆的麻辣、湖南的香辣、云南的甜辣、贵州的酸辣等共同构成了西南辣味饮食五彩斑斓的版图。但是，对于外界而言，西南地区丰富的辣味饮食文化是一时间难以深入了解的，因而常常以某种概括性的特征加以总结。同时，西南地区文化旅游产业发展速度的差异带来了整体性特征掩盖局部性差异的现象，即：饮食文化产业发展较快的地区成为西南地区饮食文化的代表，而饮食文化推广速度较慢的地区则存在本地饮食文化被忽视、误读的情况。近几年，由于四川、重庆辣味饮食的快速推广，麻辣特色成为西南地区的饮食代表，而黔菜的辣味特色则常常被市场忽视。例如，在速食品牌方面，湖南的"绝味鸭脖"、湖北的"周黑鸭""小胡鸭"、重庆的速食包装火锅、四川的"棒棒鸡"等辣味食品已经在全国范围内有了较高知名度。贵州的"老干妈""老干爹"等本土食品企业发展速度也十分惊人，特别是"老干妈"早已打开国际市场，行销全世界。但是贵州辣味速食品产业的整体发展还有进一步改善的空间。在国内物流高度发达的条件下，贵州所拥有的区域性特色资源优势已经被极大消解。在新的市场环境中，黔菜文化的外部形象还需要进一步加强建构。

（二）黔菜企业发展速度有待提高

近年来，虽然以黔菜为主要特色的餐饮企业获得了较快发展，但相比于全国餐饮行业的整体发展速度，还有待于进一步提高。改革开放 40 多年来，餐饮行业在我国经济发展中异军突起，相比于改革开放之初，2018 年我国餐饮业市场规模增长了 700 倍；从业人数从 104 万人增加到了 3000 余万人；经营网点从 12 万个增加到了 465 万个。[1]中国餐饮业不仅在规模上发展迅速，在经济结构中的相对比重也迅速增加。1979 年，中国国内生产总值约为 4100 亿美元，餐饮业产值约占 GDP 的 0.5%，2018 年，全国餐饮业营业额约 4 万亿元，约占 GDP 的 4.3%。同年，贵州省餐饮业营业额为 364 亿元 [2]，约占全国总量的 0.9%，贵州人均餐饮业营业额仅为全国人均值的 1/3。与相邻地区相比，差距也同样明显。2018 年，四川省餐饮业营业额为 900 亿元，云南省餐饮业营业额为 940 多亿元，重庆市餐饮业营业额更是高达 1300 多亿元。①2020 年，贵州生态食品产值突破了千亿元大关，但是相比于全国食品工业 12 万亿元的总产值，占比约为 1%，人均食品工业产值低于全国平均水平。②餐饮业在规模上与全国的差距在客观上限制了贵州省本土餐饮企业

---

① 数据使用了《中华工商时报》、中国产业信息网、中国饭店协会等单位公开的数据。上述单位统计的数据存在一定的差异，例如，中国产业信息网和中国饭店协会统计的 2018 年全国餐饮业总收入分别为 4.2 万亿元和 3.9 万亿元；《中华工商时报》和中国饭店协会统计的 2018 年贵州省餐饮业收入分别 364 亿元和 403 亿元。但上述数据之间的差异不大，不影响本文研究的结论，故综合采纳上述单位公布的数据。参见 https://www.chyxx.com/industry/201805/642215.html；https://max.book118.com/html/2019/0806/8005021010002041.shtm。

② 数据依据凤凰网、贵州网络广播电视台公布数据整理得出，参见 https://www.gzstv.com/a/6cf3ce36ab7945f9ab71c10b00fed50d；http://cq.ifeng.com/a/20170624/5769366_0.shtml。

的发展。以火锅为例，火锅是黔菜文化中的重要构成部分，凯里酸汤鱼、息烽豆豉火锅、乌江鱼火锅、黔东南牛羊瘪火锅等极具地方特色、民族特色的火锅类饮食在贵州大地经久不衰。但是，在全国范围的市场竞争中，这些黔菜品牌的影响力不足，有待于进一步增强。在2018年中国火锅类企业餐饮集团20强中，成都和重庆的企业共有10家，占据了榜单的半壁江山；其次是北京和上海的企业，共5家，占据了榜单1/4的席位；而拥有众多火锅资源的贵州没有一家企业上榜。客观来看，四川和重庆的火锅企业获得的成功可以部分归因于川菜在全国餐饮市场中既有的口碑优势；北京和上海的火锅企业则凭借两地成熟而强大的市场主体和发达的资本市场体系在火锅餐饮市场占有一席之地。但是，贵州作为拥有丰富火锅资源的省份缺席这一榜单这是值得警惕的。因为，并不以火锅烹饪闻名的河南和台湾也各有一家企业入围，而经济发展速度居中、经济体量不大的内蒙古也有一家企业入围。可见，黔菜企业的品牌影响力还相对较小。更为重要的是，随着餐饮经济的不断升级，餐饮市场结构也在快速调整。该榜单中20强企业的总营业额达到440亿元，超过了同年贵州全省餐饮业的总营业额。同时，2018年中国餐饮集团前100强总营业额超过2000亿元，占全国餐饮业总营业额的5.04%。[3] 这说明，餐饮行业正向规模化、集团化发展。黔菜企业如果不能及时赶上这一市场浪潮，将来可能面临极为被动的局面。

（三）黔菜餐饮行业赢利模式有待转型

随着中国市场经济的深度发展，餐饮经济的赢利模式正在快速转型。从餐饮企业的主要产品——菜式来看，菜式供给多元化的趋势日渐明显。过去的餐饮经营以某种菜式为主，如全聚德以北京烤鸭为主，广东点都德以广州茶点为主，成都马旺子以川味小吃为主。但是，当下的餐饮企业在菜式上不断借鉴其他菜式（甚至利用西餐的烹饪方法改进原有菜式，或者将外来食材引入传统菜式）的要素及内容，快速创新菜品。过去因地域区位因素限制形成的地方菜式在交通、信息极大便利的环境下走向融合发展之路。从餐饮企业功能演化的角度来看，当代餐饮市场分成了快餐、正餐、小吃饮品等。在市场多元发展的过程中，正餐、快餐和小吃饮品等经营企业又与速食品、零副食品等零售食品企业密切合作，形成了覆盖全部社会饮食生活的产业体系。例如，重庆火锅本身是起源于重庆码头工人的"草根饮食"。新中国成立后，社会经济不断发展，人民生活水平不断提高。原来的"草根饮食"现在变成了深受全国人民喜爱的特色美食。[①] 在近几年的快速发展中，重庆火锅不仅催生了高端火锅经营主体，还将产业链延伸到了速食品（袋装速食火锅、火锅味速食面等）、食品配料（袋装火锅底料、灌装火锅配料等）。这使现代餐饮赢利的范围不断扩大，产品的利润开发不断加深。从消费维度来看，传统餐饮消费的"味觉体验"正朝向以"味觉体验"为物质载体的"文化体验"发展。传统餐饮经济的核心产品是菜肴带来的"味觉体验"。在传统餐饮经济模式中，消费者所购买的餐饮产品及服务是以"餐食"为主的饮食产品及服务，食材、人工和经营场所成本在餐饮企业经营成本中占据了较大比重。而在市场经济高度发达的今天，餐饮行业所提供的产品及服务早已超越了传统的"饮食体验"，食材在餐饮成本中的比重一般只占到20%左右，在高层次餐饮产品中，食材成本的比重则可低至10%以下。这表明餐饮经济新的增长点在于消费体验的扩展和加深。不仅作为旅游重要支撑的餐饮企业将赢利点放置于产业融合之中，主题餐厅、绿色有机餐厅、康养餐厅和文化美食街区等新兴餐饮经营主体更是将文化消费、健康消费看作餐饮行业的重要利润构成，这进一步丰富了餐饮

---

① 火锅在餐饮中的地位比较特殊，从餐饮类别来看，火锅介于正餐与小吃之间。但在国内的餐饮研究中，一般将"火锅"作为单独的餐饮类别。

行业的利润来源。因此，黔菜企业需要在经营模式上进行主动调整，以适应市场的发展变化。

二　黔菜资源产业化发展中问题产生的原因

餐饮经济深层次发展带来的产业变革要求黔菜在国际国内的市场竞争中不断自我调整，以适应行业发展的要求。目前，黔菜企业存在发展相对滞后、行业赢利模式有待转变等问题，原因如下。

（一）社会一体化的高速发展消解了原有物理空间形成的市场壁垒

各地的特色饮食文化是在特定历史条件下产生的文化成果，具体而言，是在交通、物流、通信相对不发达的条件下形成的饮食风俗，包括食材构成、烹饪技艺、口味偏好、饮食审美、传统叙事等文化内容。例如，过去由于交通不发达，贵州山区所产的岩盐不能满足当地的用盐需要，"以酸代盐"就成为贵州人的一种饮食选择，贵州苗族有"三天不吃酸，走路打蹿蹿"的说法。这也使黔菜形成了酸味突出的饮食特点，故黔菜的"辣"是酸辣结合。而四川自贡自古以来就是产盐地区，菜品在川菜中属于小河帮菜系（也被称为盐帮菜），由于物产丰富，小河帮川菜具有精致、味重的特点。然而，在国内交通基础设施高度完善，物流网全面铺开的条件下，过去分布于全国各地的"饮食孤岛"被逐步整合到中华饮食的整体格局之中。特别是改革开放之后，在全国性的人才流动过程中，中西部地区的饮食习惯被带到东部地区，东部发达地区的餐饮文化也随现代传媒的传播活动进入中西部地区。原先在特定物理空间环境中生成的饮食文化都获得了走向全国的机会，并在这场饮食文化的大流动、大融合中相互竞争、相互推动，形成了一种"所有美食"向

"所有人"开放的局面。全国各地的食材名录、烹饪技艺、味觉偏好等餐饮文化要素在市场规律的作用下，发展出竞争与融合的双重关系。从竞争的角度来看，正餐、速食、小吃饮品等，在每一个饮食门类中都存在全国性餐饮竞争。重庆火锅在全国范围内占据着火锅类饮食的统治地位；粤菜对海鲜类食材的解读长期影响着国内高端正餐的菜单内容；"老干妈"的辣味罐装速食成为国内辣味速食品市场的代表性产品。在总量规模相对固定的餐饮市场中，每一种地方饮食都是争夺餐桌上菜品位置的种子选手。而从融合角度来看，各地饮食文化的流动并不以菜系为单位，而是化整为零地以饮食元素为单位：个别食材、整套或部分烹饪技巧、菜品背后的文化叙事等。基于此，原先在物理空间上形成的饮食文化边界已经被全面打破，黔菜作为一种地方饮食文化所面对的是全国性的竞争。如何在全国经济、文化一体化发展的格局中占据餐饮市场的一席之地并坚守住黔菜文化的精神内核，成为黔菜传承、发展所面临的一个挑战，这是黔菜资源产业化发展产生问题的根本原因之一。

（二）黔菜餐饮相关行业发展速度不均衡带来的产业协调问题

由于历史原因，黔菜所在的西南地区长期处于经济发展滞后的状态，尤其是现代工业基础比较薄弱。在新时期，以贵州为代表的西南省份加速发展，社会经济建设取得了较大成就。由于全国整体经济分工格局已经初步形成，贵州省在加速赶超的过程中出现部分产业发展速度较快、部分产业发展速度有待进一步提升的情况。在"大生态、大数据、大旅游、大健康"战略的指导下，贵州省大数据产业、旅游产业发展速度较快，已经成为贵州省产业经济中的重要构成部分。但是，还有部分产业需要提速发展，与餐饮行业密切相关的文化创意产业的发展还有待进一步加快。例如，2017 年，贵州省的旅游业收入超过了 7000 亿元，服务业增加值也达到了 6080 亿元。旅游业和服务业的快速发展有利于贵州餐饮行业的发展。但是，贵州省当年的文化产业增加值仅为 456 亿元，约占同期贵州省地区生产总值的 3.3%。相比之下，当年全国文化产业的增加值为 34722 亿元，约占 GDP 的 4.2%；同年，上海市的文化产业增加值高达 2081 亿元，约占上海市生产总值的 6.8%。贵州省文化产业的整体规模不仅低于东部沿海发达地区和全国平均水平，也落后于邻近的四川和重庆。2017 年，四川和重庆的文化产业增加值分别是 1700 亿元和 662 亿元，分别约占各自地区生产总值的 4.5% 和 3.48%。从客观上看，文化创意产业的滞后会限制贵州餐饮在文化消费领域延长价值链的空间。从长远发展战略来看，贵州不走"先污染，后治理"的老路，而是通过发展数字经济、生态经济和文化经济实现社会经济发展的弯道超车。因而，黔菜文化资源的开发必须融入贵州省的文化创意、文化旅游、大众传媒行业构成的大产业体系，借助产业之间形成的合力实现资源价值的全面开发。目前，上述相关产业发展速度和水平存在差距，尚不能为黔菜文化资源产业化开发提供坚实、全面的产业支撑。

（三）行业生态融合发展带来的行业整合挑战

旅游业、文化创意产业、新媒体等相关领域的高度融合重构了餐饮行业的竞争模式，区域性传统饮食面临传媒时代的新竞争模式。抖音、快手、西瓜等短视频平台，以及各种移动端智能推送应用软件等新媒体正逐渐成为实体文化消费行业的重要黏合剂，住宿、旅游、文娱等与饮食行业相关行业的消费传播都被整合到新媒体行业之中。在这一背景下，网络流量极大影响着实体行业的客流量和资金流量，而上述相关行业则借助网络信息平台高度协作，形成了集饮食、文娱、差旅于一体的产业链。在这一背景下，传统饮食行业的发展路径被卷入更为复杂的市场体系之中，决定饮食企业发展前途的因素范围就扩大到了信息传媒、物流网络、社区交流等多个方面。具体而言，黔菜特色饮食资源的丰富内容在其产业化发展进程中的重要性被其他非文化性要素所稀释了。例如，贵州"老干妈"在2019年的销售额突破了50亿元人民币。同年，以"辣味"为主要特色的速食品"辣条"产值则超过了600亿元人民币，而"辣条"的主要生产商却在并不喜辣的河南省。再如，在2018年的中国火锅类企业餐饮集团20强中，河南的巴奴毛肚火锅和初创于芜湖的上海傣妹火锅都以西南口味的火锅为主要产品。并不依赖传统饮食市场的"辣条"，以及河南、上海等地创立的"火锅"品牌获得了比传统饮食更大的市场份额，说明饮食文化资源在市场转化过程中受到多方面因素的影响。其中，最为重要的是相关产业的支撑，以及与饮食相关产业的生态状况。由于餐饮经济已经从过去百姓"下馆子"的生活趣味转变成了一种现代生活方式，当代人在餐饮消费中所期望的消费体验已经从"口腹之欲"延伸到了"审美消费""健康消费""符号消费"的层面，因此，局限于食品消费的餐饮企业很难获得快速发展的机会。符合当代市场需求的餐饮企业必须与文化传媒、食品科学、旅游等领域主体积极合作，形成以饮食为核心的生活服务产业链，向消费者提供具有多重消费价值的饮食产品及服务。例如，诞生于河南省的巴奴毛肚火锅在火锅领域激烈的竞争中占有一席之地的一个重要原因就是，该企业通过技术攻关提高了食材的安全性。21世纪初，国内餐饮市场对火锅食材——毛肚的安全性存在巨大疑虑，这一情况极大影响着火锅类餐饮企业的经营发展。巴奴毛肚火锅的经营者通过技术研发攻克了高分子活性生物酶复合嫩化技术，化解了市场对毛肚这一重要火锅食材的信任危机。这个例子说明，当今的餐饮经济是现代生活服务行业的一个有机构成部分，只有推动行业体系的完善才能在根本上促进餐饮行业的快速发展。

三　促进黔菜资源开发的建议

在漫长的历史进程中，贵州人民在生产生活实践中发挥主观能动性，利用地方特有的动植物资源改善饮食条件，形成了丰富的黔菜资源。但是历史形成的黔菜资源并不具备市场化推广的条件，在农业经济基础上产生的饮食文化成果主要是满足家庭生活的需要。因而，黔菜这一特色饮食文化资源的产业化开发就是要对黔菜进行市场化的调整、包装，加强行业整合，构建黔菜资源市场转化的良性业态。

（一）加强旅游业对黔菜资源开发的支持

餐饮业与住宿业、旅游业密切相关，完善的餐饮服务配套是旅游业发展过程中的重要保障。近年来，贵州省的旅游业发展十分迅速，已经成为贵州省社会经济的重要支撑。2010 年，贵州省旅游收入首次超过 1000 亿元。2016~2019 年，全省接待外省入黔游客人次、旅游总收入年均增长 30% 以上。2019 年，贵州省旅游总收入跃居全国第 3 位，旅游产业增加值占全省地区生产总值的比重增至 11.6%。[4] 在贵州省旅游业大发展的背景下，黔菜应当借助旅游业带来的人流、资金流加速发展，大力开发与旅游业密切相关的特色餐饮和快餐服务。餐饮消费通过味觉体验为消费者带来的愉悦感在很大程度上取决于消费者既有的饮食习惯。因此，作为地方菜系，黔菜完全以味觉体验获得国内市场乃至国际市场认可的可行性并不大。但是，如果将黔菜置于贵州特殊的民族文化环境和历史环境之中，借助文化体验的方式取得外地消费者的认可则是十分可行的。因为，当消费者以一种"他者"的心态尝试新鲜事物时，容易表现出更为开放的接纳态度。因此，在向饮食习惯与贵州差异较大的消费者推荐黔菜时，文化旅游中的饮食体验环境是非常重要的。故而，借助文化旅游推广黔菜，而不仅是将黔菜餐饮作为文化旅游的配套设施，是非常有效的路径。

（二）加强金融业对黔菜资源开发的支持

金融业是现代市场经济的重要支撑，完善的金融服务体系能够帮助具有市场潜力的企业加速发展。以证券市场为例，广东省（不含深圳市）在2018年就有上市企业305家，同期贵州省只有30家。[①] 而在目前上市的餐饮企业（含港澳台地区）中只有北京全聚德、西安饮食、谭鱼头、湘鄂情等规模化程度较高的老牌餐饮企业。黔菜企业要实现品牌化、规模化发展需要更为有力的金融支持。贵州省餐饮行业的主要问题在于规划化、集约化程度比较低，具有全国影响力的品牌比较少。一般而言，大型餐饮连锁企业在生产上要求食品品质高度统一，在经营模式上具有高度的适应性，在宣传推广上形成较大的传播效应。这就要求企业必须具备较强的资金筹集能力。此外，黔菜中的很多特色优势（如食材、制作工艺、风味特色等）不具备知识产权客体的法律地位。一旦某些黔菜菜式受到市场欢迎，很快就会产生大量同质化的竞争产品。如果不能产生具有较强经营能力的市场主体，在激烈的同质化市场竞争中产生的不良后果可能损害黔菜的市场声名，不利于黔菜文化品牌的保值、增值。而要形成具有市场影响力的大型黔菜企业，就离不开金融业的大力支持。

（三）加强文化创意产业对黔菜资源开发的支持

餐饮品牌化发展的重要落脚点在于餐饮品牌在市场中树立的公共形象，例如德克士的牛仔主题、麦当劳的以小丑为代表的欢乐儿童、重庆火锅代表的码头文化等。每一个具体的文化形象都代表了餐饮品牌的市场定位和目标消费群体。主题餐厅的快速发展正是这

---

① 数据依据中国证券监督管理委员会公开信息整理，参见 http://www.csrc.gov.cn/pub/newsite/。

一市场趋势的证明。利用贵州省丰富的民族文化资源打造的"凯里酸汤鱼"、借助贵州历史文化开拓的"土司菜""屯堡菜"、立足于地方特色文化的"牛羊瘪"等黔菜品牌都获得了一定的市场认可。但是，目前这些黔菜品牌在文创产业价值延伸领域的发展还比较滞后，存在着"有品无牌"的情况，需要借助文化创意产业为其设计相关的文创产品，帮助其提炼品牌形象，促进品牌的传播。同时，政府要采取措施鼓励黔菜企业走品牌化发展的道路，在面向全国的公益推广活动中加强对黔菜文化的宣传。

（四）加强影视文化行业对黔菜资源开发的支持

餐饮行业的文化消费价值要求餐饮企业能够向消费者提供特定的文化体验。影视行业在创作、传播作品的过程中，能够起到传播文化观念、风俗习惯的作用。例如，20世纪八九十年代香港影视剧在内地的风行就把广东地区的风俗和饮食文化带到了全国各地，在客观上推动了粤菜文化在全国的传播。黔菜文化是贵州民族文化和历史文化在饮食生活中的结晶，在各种关于贵州文化和历史的影视作品中，应适当加入有关黔菜的内容，以宣传黔菜文化。近几年，出现了一些以贵州历史为背景的影视剧作品，如《奢香夫人》《二十四道拐》《无限恩情》等，影视剧涉及了不同历史时期的贵州，在客观上对贵州相关文化风貌起到了一定的传播作用。建议相关部门对涉及贵州的影视剧给予一定的有条件资助，让受资助的影视剧在故事中增加包括餐饮文化在内的贵州文化元素，借助影视剧的传播提高黔菜文化在全国范围内的知名度。

（五）加强生态农业对黔菜资源开发的支持

消费者对健康饮食的需求是现代餐饮行业中有待深入开发的重要领域。绿色餐饮包括采购、加工、处理、运输（冷链）等多个环节。其中最根本的环节就是绿色、有机、无公害的食材供应。目前，国内已经建立了全程可追溯的运送供应体系，因而达到市场相关标准的生态农产品在市场中完全具有可识别性。贵州传统饮食中的食材来源，如山地放养家禽、传统稻田鱼和特色蔬菜水果等，可以被有机整合到黔菜的供应体系之中，打造原生态的健康黔菜品牌。2019年，贵州省特色生态农业产值已经突破千亿元大关。同年，贵州省餐饮业收入也达到400亿元。基于这一条件，应将"生态黔菜""绿色黔菜"作为贵州生态农业供给端的重要构成部分进行打造，实现生态农业和餐饮行业高效衔接，形成产业之间的合力。尤其是在全面实施乡村振兴战略的过程中，黔菜资源的产业化开发与生态农业的接轨将为贵州农村经济的发展提供强大的助力。

参考文献：

[1] 晓雪 . 改革开放 40 年中国餐饮业人均消费增长 500 倍 [J]. 商业文化，2018（16）：9.

[2] 管弦 . 2021 年贵州餐饮营业额或超千亿 [J]. 中华工商时报，2019-04-26（04）.

[3] 2018 年中国餐饮业排行情况分析 [EB/OL].https://www.chyxx.com/industry/201805/642215.html.

[4] 贵州旅游总收入连续四年年均增长　30% 以上 2019 年跃居全国第 3 位 [EB/OL]. https://baijiahao.baidu.com/s?id=1685677890728335590&wfr=spider&for=pc.

III　文化遗产

主持人语

　　"文化遗产"专栏共收录了3篇高水平学术论文，学者们一方面对贵州省黔东南地区非物质文化遗产"施洞型"破线绣和侗戏的传承与活化进行了研究，另一方面借鉴日本能乐的精髓——能面的制作方法对我国的傩面等非物质文化遗产的保护和发展提出了建议。其中郑波副教授的《"施洞型"破线绣技艺及图案解析》对破线绣进行全方位的解析，进而引发对苗族文化内涵的探究，从中追寻苗族传统图案与苗族文化内涵之间的关联性；陈英的《当下侗戏传承发展面临的困境和机遇——以黔东南地区为例》探讨了作为贵州省重要的非物质文化遗产之一的侗戏，面临的困境、机遇及如何传承和发展的问题；李爽老师的《基于能面制作方法的日本能乐文化研究》对日本第一批被联合国教科文组织列为非物质文化遗产的能乐的精髓——能面的制作方法进行探究，并与我国傩面制作手法相比较，找出其差别及联系，为傩面等非物质文化遗产的保护和发展提供了参考与借鉴。

——汪威（贵州民族大学旅游与航空服务学院副教授）

"施洞型"破线绣技艺及图案解析

郑　波 *

摘　要："施洞型"破线绣工艺精湛、技法细腻，图案造型夸张、用色大胆，体现出苗族人民对祖先的怀念与崇敬，表达了苗族人民对真、善、美内心本能的真切追求和骨子里的浪漫主义，这种亘古不变的淳朴敬畏之心和具有艺术思维特征的浪漫主义值得现代文明下的人们深思。作者通过在台江挂职近两年时间深入苗寨的实地调研及相关资料，从四个方面对破线绣进行全方位的解析，进而引发对苗族文化内涵的探究，旨在从中追寻苗族传统图案与苗族文化内涵之间的关联性。

关键词：破线绣　苗族图案　文化内涵

　　破线绣这种传统的刺绣工艺不是贵州苗族的独特刺绣技艺，在贵州的侗族服饰刺绣中也存在，在云南的苗族、彝族，广西的壮族服饰中也有运用，只是不像贵州的苗族，特别是黔东南地区的苗族服饰里那么普及和特色鲜明。在黔东南地区的苗族传统服饰里，破线绣主要分布在清水江中游上段的施秉、台江、剑河、镇远四县毗连的苗族村寨（雷山、丹寨、榕江的苗族传统服饰里也有破线绣的

---

　　* 郑波，贵州理工学院副教授、高级工艺美术师，研究方向为民族文化。

工艺）。其中施洞为苗族破线绣的盛产地。该地破线绣较为精美、知名度高、影响力大，故被称为"施洞型"。

一 破线绣的盛产地概况

施洞是贵州省台江县极具特色的苗族村寨，保存着浓郁而丰富的苗族传统文化。施洞古往今来都是苗族人烟稠密的福地，清水江从这里蜿蜒流过，曾经沿江而建的吊脚木楼鳞次栉比，但如今已经难觅旧貌了。清水江进入湖南后汇入沅江，继而直达八百里洞庭并最终流入长江。实际上，清水江不仅是苗族人寄托浓浓乡愁的母亲河，在陆路交通不便的古代还是商贸往来的通道、文化交融的走廊。

施洞——一个普普通通的苗寨，论民居建筑艺术，它不及雷山县的郎德上寨，论村寨的规模，它不及西江苗寨。但是，每年却有数以万计的中外游客，特别是中外文化学者、艺术家、设计师来这里旅游、观光、考察，很多游客来了两三次还想再来。施洞缘何有这么大的诱惑力使众多游客如此着迷？施洞以一年一度、规模盛大的"姊妹节"而声名远扬，但它同时也是清水江畔著名的刺绣之乡。苗族刺绣有平绣、辫绣、绉绣、堆绣、打籽绣等二十多种技法，其中施洞破线绣格外精巧、细致。而这，正是无数文化学者和艺术家、设计师流连于此的最大原因。

二 破线绣的独特工艺解析

"破线绣"（也称"劈丝绣"），是平绣中极为特殊的一种，工艺精湛、技法细腻，可与我国四大名绣相媲美。破线绣工艺非常讲究，用这种技法刺绣出来的绣品，光滑、细腻、精美、华贵，表现力强，属苗绣中的极品。[1] 独一无二的施洞破线绣极其细腻生动，一针一线都极其清晰，如摄影作品中的高像素照片一样，经得起放大镜的检验，所以被学者们称为"放大镜下的艺术"。由于这种绣法耗时长且对绣工也有较高的要求，因此破线绣绣片都会比其他绣种的绣片昂贵。

破线绣，就是将一根丝线破成几根来进行刺绣，根据需要分破粗线和破细线，一般的破线绣需要将普通丝线手工劈破，均分成6~8根细彩线，更精细的可以破成16根，在光滑如缎的绣布上密密缝制，其难度可想而知。破线绣最难的是多针同时刺绣。一般来说，一根丝线破成多少根，就得使用多少根针同时刺绣（破线绣使用的最短的绣花针长2厘米，针眼小，易回针）。破线绣对色彩搭配、技法都有极高的要求。极细小的针加上极细的线，将分好的线穿上针，线随针穿过包着皂角液的皂角叶子（也有的用塑料纸包一个小包）上浆。丝线用皂角浆过拉直之后，变得亮泽紧密、平滑柔挺，不容易被污染。使用经过皂角上浆的线，以平绣的针法进行刺绣，运针时沿事先贴于布面上的剪纸图案（剪纸图案不仅可以防止图案走样，还可以在丝线细织后形成特有的浅浮雕感）轮廓挨针线将图案细织铺满，使绣出来的图案更加精巧、细腻、生动，并且平整洁净，埋针巧妙，针脚均匀，一针一线都极其清晰。由于平绣在大面积的单色刺绣中的运用会由于距离长而使绣线松散，绣娘们巧妙地在大块画面的破线绣上缩短了走针距离，增加了断面，使绣线能牢固地紧贴在绣布上。在对刺绣图案的边缘轮廓处理上则是以锁绣的方式盖住破线绣的针脚，这样就增加了衣服绣面的耐磨性。"施洞型"破线绣的图案画面富有装饰性、层次感和立体感。破线绣刺绣方法的独特之处不是用针法，而是用线法。这也是民间有传闻苗绣里面最值钱的就是破线绣的原因。

三　破线绣的图案种类介绍

"施洞型"破线绣图案受环境的影响，大多取材于日常生活中的各种动植物形象。至于龙凤图案，则归结为受汉族文化的影响，已融为苗族现今的图案。这些形象甚至可以传达意义、识别族群支系，具有语言的力量。正是因为"施洞型"破线绣图案的独特性、神秘性、丰富性，以及其特有的文化价值和学术价值，所以施洞型苗族服饰一直都被学界称为"穿在身上的史诗"。它凝聚着苗家人的情感、期望、崇拜和信仰，记录着苗家人的历史和文化。

"施洞型"破线绣的图案有人物、蝴蝶、龙、鸟、鱼、豼狙（犀牛）、牛、青蛙、鸡、凤、花卉等50多种常见的图案。最具代表性的就是蝴蝶图案和龙图案。由于蝴蝶妈妈被视为黔东南苗族人的祖先，所以在"施洞型"破线绣图案中蝴蝶妈妈一般会以拟人化手法表现，有的拥有人的脸，有的有人的手和脚。胖胖的脸，圆圆的眼，这便是蝴蝶妈妈的理想形象。龙图案一般是根据龙舟节传说来造型，苗族人心目中的龙是自由驰骋的。"施洞型"破线绣图案中的龙可以任意加上牛头、凤头、鱼身、鸟身等，形成多姿多彩的龙。台江县施洞、老屯，施秉县双井、马号苗族盛装上的主要是四肢粗大、龙头牛身的水牛龙和人头龙，衣袖为蜈蚣龙；服饰的袖和肩上，绣有鸟龙的图案，特别是两龙相交的图形隐含着生殖的意味，而鸟在龙旁，更是形象生动地体现出了鸟与生殖崇拜的关系。"鸟服卉章"（苗族服饰在古籍中称为"鸟服卉章"）也是苗族纹饰在历史上留下的亮丽记载。

"施洞型"破线绣图案主要有以下几大类。

龙图案：飞龙、双身龙、双头龙、水龙、牛角龙、猫头龙、猪头龙、蚕龙、叶龙、花龙、鱼龙、虾龙、泥鳅龙、蜈蚣龙、人首龙、鸟龙等。

蝴蝶图案：卵形蝴蝶妈妈、手提猴蝴蝶妈妈、人首蝴蝶妈妈、人身蝴蝶妈妈、蝶恋花等。

鱼图案：单鱼图、双鱼图、多鱼图、鱼头蝴蝶尾、鱼头牛角、鱼鸟、鱼蝶、鱼人等。

鸟图案：凤、鹡宇鸟、猫头鹰、大雁、鸟鱼、鸟头葫芦身、鸟翅生花、鸟首龙身、龙首鸟身、人首鸟、蝶鸟、双头鸟、多头鸟等。

人物图案：蝴蝶妈妈、蚩尤、姜央、盘古老人、雷公、母祖、男祖、列祖列宗、鼓社头、张秀眉、雾冒席等。

花果植物图案：牡丹、荷花、桃花、石榴、葫芦等。

四 破线绣图案的文化内涵探究

丰富多彩、独特古朴的"施洞型"破线绣图案究竟表现和表达了什么？它的思想特点是什么？它的本质意义和文化内涵又是什么？要弄清楚这些问题，我们首先得去追溯这些图案产生的历史背景和蕴含的文化内涵，除了要有原始社会历史学、心理学、美术学、民族学、民间文学等方面的知识，还必须身临其境去做田野调查，去调研和探究这些图案与苗族文化内涵的关联性，以及创造这些图案的思想特点，这样才能较深切地体会和理解这些图案的文化内涵，才能真正欣赏这些图案的艺术情趣。作者有幸于2016年9月至2018年3月挂职于台江县人民政府，数十次长期深入施洞各苗族村寨，接触绣娘，了解破线绣，了解苗绣图案的传说故事。

人类的思想在每一个特定的历史阶段，都具有特定的内容和表现形式。从人类学的角度来看，人类的行为总是潜移默化地受到人类象征体系及文化符号的影响和引领，而所有象征体系都离不开对其地域文化内涵的艺术性表达。它的内容与形式是有历史继承性的。它继承着过去的思想成果，同时又不断充实、增加着新的内容，使思想具有时代的特征。这种族群地域文化的传承、保护、创新本身就是基于对文化内涵的认同、自信，更是一种执着的信念。"施洞型"破线绣图案透露了苗族什么思想特点？它是如何继承和体现出时代的特征的，又是属于哪个历史阶段呢？

克鲁伯的文化观认为，在任何文化中，个人都从属于文化类型，个人仅仅是文化的代言人。苗族的手工技艺和传统图案其实就是非物质文化的载体，同时也是最具苗族文化代表性的象征体系，"施洞型"破线绣图案则体现了这种特性文化，所以我们在看这些破线绣图案时如果只惊叹于各种造型奇异的动植物图案和人兽交融的原始图案，以为"施洞型"破线绣图案仅仅反映了苗族人民的丰富想象力和苗族自然美，那就大错特错了。"施洞型"破线绣图案在服饰的肩、袖甚至围腰的重要部位上，都表现了不同的主题，如衣袖图案大都离不开以人为主题的内容，而这些刺绣图案的主题几乎都是来源于传唱千年的苗族古歌里的神话传说。每一个族群的神话系统，都与人的心理结构有密切的关联性，每一个个体（每个人）都是在这种关联性的文化结构中成长的。"施洞型"破线绣中丰富多彩的图案恰恰有力地证实了这一点。可以说，"施洞型"破线绣图案当数最丰富、最原始、最精彩、最神秘，也最富苗族文化内涵的，它形象生动地反映了苗族人的世界观、价值观、审美观，是苗族人历史宗教观念、文化艺术、民族情感的有形载体，是苗族文化内涵的基因。

从"施洞型"破线绣图案造型的思想特点去探究苗族文化内涵不失为一条可行的路径。沿着这条路径去追溯，首先就要弄清楚苗族这个古老民族的族源问题。它是贵州的本土民族，还是迁徙而来的民族？通过查阅有关苗族的古今著作，认为苗族的起源在中国东方沿海一带。文献资料中上古传说记载，黄帝联合炎帝于涿鹿之战大败蚩尤，蚩尤被擒杀，其残部有的投降并融合于后来的汉族，有的则逐渐南迁，与古三苗有密切关系。三苗崩溃，他们才长途跋涉，不断迁徙到贵州山区来的。所以，现在很多苗族村寨都还保留着这样的习俗：苗族老人去世后，在下葬入土时，头一定要朝东方埋。在葬礼上苗族巫师所吟唱的《焚巾曲》中有要亡灵回东方海滨老家的内容，有些地区的苗族民间传说中有人死后灵魂要回到古扬州的说法。根据黔东南地区很多苗族村寨父子连名制所能记得起的族谱进行推算，秦汉时期苗族就已经来到贵州境内。从苗族人的民俗节庆、服饰技艺、古歌传唱来追溯，苗族与上古中华文化有着密切关系。本文从以下四个方面来阐述"施洞型"破线绣图案与苗族文化内涵的关系。

（一）"施洞型"破线绣图案对考证族源的价值

在人类发展的历史进程中，每一种反映和表述文化的形态最终都会被生产和再生产成人们身体可感受到的物体或符号，无论是有形的，还是无形的。在"施洞型"破线绣老图案中，值得注意的是雁鹅和猫头鹰的形象。在古代南方，西汉时的古楚故地长沙国，雁鹅和猫头鹰都被当作天上的神鸟看待。这是由南方鸟氏族的一种图腾演变而来的艺术形象。"施洞型"破线绣把猫头鹰形象放在图案的重要部位，其形象很像马王堆汉墓帛画中的怪鸟。汉代形成的雷公脸就和猫头鹰很像。作者在施洞走访时也曾听老年苗族妇女说，在神龛的架子上蹲着的猫头鹰是雷公。看来施洞这一支系的苗族，是上古时代多氏族融合而成的。从雁鹅图案来看，苗族南迁后，很难说没有融合南方本土氏族的文化。

《列子·黄帝》中记载："庖牺氏（伏羲）、女娲氏……蛇身人面，牛首虎鼻，此有非人之状。"《春秋纬合诚图》记载："伏羲龙身牛首。"所以，蝴蝶下站一妇人，两旁的"龙身牛首"的二龙就可能是伏羲、女娲的形象。在苗族"吃牯脏"（也称"吃牯藏"）祭祀大典中，迎人祖姜央时，有一段"投火把"节目，就象征着蛇衔火到鸟巢中温暖卵生的姜央。所以，苗族的龙体多为蛇身。[2]

由造型解读证明，苗族服饰图案直接传承自新石器时代，是罕见的上古文明活化石。[3]"施洞型"破线绣的某些图案与华夏文明起源时期的原始符号完全吻合，是对远古文明信息的活态保存，具有很高的人类学价值。比如破线绣中出现的"八角星"图案就能从良渚文化时期的黑陶罐上找到相似的图形；破线绣的"盘龙"图案正是太极图的雏形；破线绣中经常出现的牛首鱼身、肚下长脚的龙与山东出土的汉画像石上龟肚下长脚的图形很相像，这可能是上古传说中的人龟——鲧。虽然苗族没有文字，但"施洞型"破线绣图案中的传世上古图腾形象，却有力地证明了他们的族源与三苗密切相关，这也是探究苗族图案文化内涵的有力佐证。这些破线绣图案均起到了史书的作用。

（二）"施洞型"破线绣图案具有自然崇拜观念

与世界其他古老民族一样，苗族的先民也是源于对大自然的敬畏和感激而产生的自然崇拜。苗族人认为万物有灵，事物相互影响、转化、渗透。苗族在祭祖大典时唱的苗族古歌反映了苗族的宇宙观。它追溯万物的起源。原始的雾气混混沌沌，而后枫木心中生出苗族的母祖大神"妹榜妹留"（蝴蝶妈妈）。枫树梢化作鹡宇鸟，蝴蝶妈妈与水泡谈恋爱，怀孕生下十二个蛋。这十二个蛋，又由蝴蝶妈妈的胞族鹡宇鸟代她孵化出龙、雷公、虎、蛇、水牛、蜈蚣……最后一个蛋，才是人祖姜央，就在姜央待破壳而出时，鹡宇鸟因为抱孵它们十几年，饿得够呛，想站起来不再抱孵了。姜央在蛋壳内叫起来："妈妈再抱我一会，我就出来了，不然我要成寡蛋了。"所以，鸟背上的人就是姜央，破壳伸出个脑袋的也是姜央，鸟肚下爬出一个带尾的人也是姜央。这种人兽同母同生、人与自然（雷公等）是兄弟的观念，是原始母系氏族自然崇拜的观念，在施洞苗绣中都——有形象的反映。[4]

神话产生于自然崇拜，母体文化基因的形成与族群最先采取的神话体系相关联，这也是一个族群能够形成的原因。苗族也一样，苗族古歌就是他们的神话体系，而苗族"母体文化结构"中的基因，则正是由苗族古歌的神话体系发展出来的，"施洞型"破线绣图案反映出来的大量神话传说就是最好的证明。

大量"施洞型"破线绣图案表现了人与犀牛、人与怪兽的关系，反映了原始狩猎生活场景。在苗族古歌里，猰狐是劈山开河的巨神，苗族人将它视为善兽，它常出现在苗族服饰上，其寓意就如汉文化中的麒麟，可以带来幸运和光明，辟除不祥。和猰狐一样，蝴蝶、龙、鱼、鸟这些经常在破线绣里出现的图案也都是苗族自然崇拜的具体形象反映。龙与猰狐便是苗族的两种图腾，苗绣中的龙图案我们称为苗龙，其代表着力量、吉祥、富贵，是祈福的图腾，保佑苗族世世代代幸福安康。苗族人将苗龙与猰狐的形象用苗绣记录下来，反映了苗族人对美好生活的向往、对祖先与神灵的崇拜、对自然的敬畏、对民族历史的传承与发扬。千百年来苗绣经过不断的历史传承、演变和创新，包含了更加深厚的文化与内涵。可以说苗绣中的图腾图案是千百年来的精神积淀，有着深刻的文化内涵，体现了古老民族原始宗教观念的物化形式和对超自然力量的崇拜。[5]

（三）"施洞型"破线绣图案具有艺术思维特性

原始人类无法对大自然的一切规律做出科学（近代意义）的解释，他们按照自己的经验，主要是人的生命活动的经验，来想象整个宇宙间的万物，认为万物皆有生命。同时，他们亦无法用近现代科学的原理来解释人类精神与肉体的关系、生与死的关系。于是，他们相信人有永恒的生命力，它就是可以与肉体统一并存，又可以超离肉体而独立存在的"灵魂"。[6]

万物有灵论是苗族人艺术思维的总体基础，也是催生苗族神话的直接原因。"施洞型"破线绣图案正是万物有灵论的最好体现，其形象构思具有艺术思维的特性，这一特性也是苗族文化所具备的特性。作者在众多施洞破线绣的服饰图案里见到它们描绘的动物肚皮上肠子一样的东西，曾以为是刺绣工艺上的需要，直到有一次在施洞看到苗族鬼师祭祀时用鸭祭的石脚鬼、用猪祭的石脚鬼才明白并非如此。鬼师在宰鸭杀猪后取出内脏来敬鬼，特意把生鸭肠和猪大肠从鸭、猪颈后分两侧向尾部挽一圈。这样的场景使作者受到启发，与鬼师的沟通交流，解开了疑团。因为苗族鬼师认为这些内脏原是在动物的肚中，藏着动物的灵气，祭鬼时就特意突出这条肠子。"施洞型"破线绣图案刻意表现动物的肠子，道理正在于此！这种原始思维的直观推理方法，又使作者想起《山海经·大荒西经》所载，"有神十人，名曰女娲之肠，化为神"。女娲之肠能成神，这动物腹中之物自然有灵气。苗绣创作者的思维与现代思维的层次不一样，他们对画面的抽象离不开具体事物。他们认为内脏藏着动物的灵气，于是就具体地把肠子绣出来。这体现了原始思维的特性。

（四）"施洞型"破线绣图案具有多重复合特性

苗族刺绣图案完全不受任何逻辑思维规律支配，不受视角局限，可在同一平面上，把自己在不同时间、不同空间、不同角度观察到的甚至是想象到的各种事物形象同时组合在一起，只要是自己需要的均能表现出来，这就是所谓的散点透视。如蝴蝶妈妈肚子里的小人会清晰呈现出来；石榴内的籽不会被外壳挡住；蚩尤驰骋沙场的旁边照样可出现情人幽会的画面，画面四周用各种花朵、动物烘托主题等。这种情况如用西洋美术在构图上遵循的透视原理是无法解释的。[7] 这也是源于苗族的原始思维方式所形成的思维定式。

苗族女性艺术里渗透的这种浓厚的宇宙苍穹意识，也许可以追溯到苗族传说中的祖先蚩尤那里。当时黄帝部落用"天命"思想统治人民。为了追求人间真理，打破"天""人"间的隔膜，蚩尤提出了家家可以为巫、人人可以通天的宗教思想。这种政教合一的思想主张，无疑在一定程度上开阔了苗族人的审美视野，丰富了苗族女性的审美对象，升华了她们的审美意识。[8]

苗族文化里万物有灵的观念也是"施洞型"破线绣图案具有多重复合性的原因。绣片中天地、水陆浑然一体，鸟可以在下，动物可以在上，人、动物、植物互变互融，造型奇特，看起来似乎很不合理。当您仔细看清图案表现的主要形象时便觉得上下左右都可以围着主要形象旋转。它是创作者以自我为中心来表现的。人可以上天下海，人神可以自由交往，真可谓人神交融，天人合一。这充分体现出施洞苗族绣娘艺术思维的多样性根植于其母体文化的自由意象表达。苗族人的天更加原始，并没有天帝在那里统治。图案也表现了这种自由，正是苗族绣娘们相对封闭的生活环境和延续的独特传统文化背景，以及不受其他逻辑思维规律支配的原始艺术思维使得"施洞型"破线绣图案造型具有多重复合性的浪漫主义美学特征。

结　语

为什么"施洞型"破线绣图案能够保留着如此独特的原始思维和艺术语言，并且成为解读苗族文化内涵的样本呢？这与苗族的社会形态有着密切的关系。这些充满着原始思维方式的图案显然是社会性的，是族群社会的集体表象。直至新中国成立初期，苗族社会还保留着不少原始公社的遗风遗俗，在施洞地区母舅制至今尚有影响。在历史上，由于苗族一直是受压迫很深的民族，民族心理的内向性很强，民族文化也就有较大的封闭性。直到清雍正年间，台江这片苗族较大的聚居地还被认为是荒芜地，这里的苗族还被称为"生苗"。正因为历史受其他民族影响较小，施洞才"封存"了这许多珍贵难得的上古遗迹。

了解了苗族的历史，我们也才真正明白"施洞型"破线绣工艺及图案背后的文化内涵，并可以从"施洞型"破线绣的精湛工艺及图案中窥见上古中华民族融合、文化交流的盛况，真正明白"施洞型"破线绣图案内涵的博大精深。

参考文献：

[1] 吴平，杨竑.贵州苗族刺绣文化内涵及技艺初探 [J].贵州民族学院学报(哲学社会科学版)，2006（03）：118-124.

[2] 张永发.中国苗族服饰研究 [M].北京：民族出版社，2004：122.

[3] 阿城.洛书河图——文明的造型探源（修订本）[M].北京：中华书局，2015：1.

[4] 张永发.中国苗族服饰研究 [M].北京：民族出版社，2004：123.

[5] 齐海红，宋晶，李甜.苗绣图案文化意义研究 [J].艺术科技，2016（04）：43.

[6] 杨学芹，安琪.民间美术概论 [M].北京：北京工艺美术出版社，1990：9.

[7] 吴平，杨竑.贵州苗族刺绣文化内涵及技艺初探 [J].贵州民族学院学报(哲学社会科学版)，2006（03）：118-124.

[8] 杨鹍国.服饰·风格·特征——再论苗族女性艺术文化 [J].贵州民族学院学报(社会科学版)，1992(01):66-72.

当下侗戏传承发展面临的困境和机遇

——以黔东南地区为例

陈　英[*]

摘　要： 在当前社会背景下，国家大力提倡繁荣发展文化事业和文化产业，提高国家文化软实力，传承传统文化。侗戏作为贵州省最重要的非物质文化遗产之一，其发展面临着巨大的困境，同时也面临着巨大的机遇，传承和发展成了人们最大的诉求。目前国家对非物质文化遗产的发展非常重视，出台了相关政策对此加以扶持，侗戏作为重要的精神文化财富，是活态的文化艺术，承载着侗族人民的历史文化传统，展现着侗族人民淳朴自然的生活状态。侗戏的传承由于言语不通、侗戏演员缺乏专业素养、传承人老龄化严重等诸多问题而陷入了困境。因此，如何让侗族文化传统的载体——侗戏，在众多的困难中坚持下去，焕发出新的生机和活力，值得我们深入探讨。

关键词： 侗戏　传承困境　发展机遇

一　概述

2020 年 10 月 26 日至 29 日中国共产党第十九届中央委员会第

* 陈英，贵州师范大学文学院在读硕士研究生，研究方向为文艺学。

五次全体会议在北京召开，会议高度评价了"十三五"时期以来我国在各个方面取得的重要成果和重大突破，并且对即将到来的"十四五"时期的相关规划提出了众多建议，其中提到："繁荣发展文化事业和文化产业，提高国家文化软实力。坚持马克思主义在意识形态领域的指导地位，坚定文化自信，坚持以社会主义核心价值观引领文化建设，加强社会主义精神文明建设，围绕举旗帜、聚民心、育新人、兴文化、展形象的使命任务，促进满足人民文化需求和增强人民精神力量相统一，推进社会主义文化强国建设。要提高社会文明程度，提升公共文化服务水平，健全现代文化产业体系。"侗戏作为我国重要的非物质文化遗产，是中国特色社会主义文化的重要组成部分，因此，探索如何让侗族传统文化的载体即侗戏在众多困难中坚持下去，焕发出新的生机与活力，值得我们深入探讨。

侗戏于清嘉庆至道光年间由黎平县茅贡乡腊洞村吴文彩首创，距今已有约170年的历史。而对于侗戏传承和发展所面临的困境和机遇，以及其丰沛的文化内涵，早已有诸多的学者进行了论述。我国学者陈祖燕认为："保护侗戏原始剧目是一项长期而艰难的工作，需要深入黔东南各县、各主要侗族村寨挖掘侗戏的古踪古迹，寻访侗戏传承人、戏班及侗戏歌师。"[1]而在其漫长的历史发展进程中，侗戏不断步入新的境界，陈诚的研究便指出："随社会经济、文化等多方面的发展，侗戏进入新的繁荣阶段，侗戏剧目的繁荣创新尤为突出，有众多由戏师根据传统剧目改编而来的剧目。"[2]同时，向娟在侗戏传承的现实层面上进行了反思，她认为："侗戏在艺术方面的发展是十分缓慢的，至今仍然处于戏曲发展的初级阶段，与先进剧种比还有很大的差距。"[3]现今经济全球化与文化全球化的迅速发展对文化生态平衡造成了一定的影响，同时对传统文化的传承与发展也造成了一定阻碍。因此，促进侗戏的传承与发展迫在眉睫，我们需要进行扎实的调查，探索目前侗戏的发展现状。

在 2018 年 10 月 14 日至 12 月 13 日的两个月时间里，作者有幸参与由文化和旅游部、教育部、人力资源和社会保障部联合主办，由贵州师范大学国际旅游文化学院和音乐学院共同承办的中国非遗传承人群侗戏研修研习培训班，因此有机会直接接触黔东南地区大部分侗戏传承人，同时也有幸能够聆听各高校老师关于侗戏保护和发展的课程。在两个月内，作者通过对两期培训班的传承人进行采访、访谈，听取他们的口述，以及进行实地调研等方式，同时通过查询收集关于侗戏的各方资料，对侗戏在新时代背景下所面临的困境和机遇加以深思，略有心得，特撰写此文以抛砖引玉。

二 黔东南地区侗戏文化

在人类学领域中有一个概念叫作文化多样性，"文化多样性是人类社会的基本特征，也是人类文明进步的重要动力"[4]，也即费孝通先生所言之"各美其美，美人之美"。我们应当尊重文化多样性，在侗戏的传承中，此概念依然适用。哪怕仅仅是在黔东南地区的不同乡镇，侗戏亦有差别。贵州是一个"十里不同天"的省份，同时也被誉为"文化千岛"，文化的产生与地理环境密切相关，因此，便不难理解侗戏在相邻的地域内亦有其文化差异。

黔东南侗族生活地区以锦屏县清水江为界，大致分为南部方言区和北部方言区，即"南侗"和"北侗"。"南侗"指黎平、从江、榕江等地，"北侗"指天柱、剑河等地，两地同为侗族聚居地，但二者在文化、语言以及社会层面上都存在明显差异，因此形成了两个区域文化系统。首先，最明显的差异体现在语言上。南部方言区与北部方言区语言不相通，难以进行直接沟通交流；培训时正是最初没有考虑到两个方言区的语言差异，导致在课上产生了矛盾，使得有一部分学员相当不愉快。其次，体现在戏曲上。"南侗"的侗戏纯粹是"原生态"侗语演出，不懂侗语的人完全听不懂；"北侗"的侗戏，其戏词均用汉语，因而对于非侗族人的观众来说更简单易懂，但其"侗"味儿却淡薄得多。再次，体现在演出规模上。"南侗"的侗戏，通常情况下由三五个人同台便可演出，也角色分明；而"北侗"完整的一出戏，则至少需要20个人才能演出。最后，体现在他们的服饰（演出）和所用的器材上。"南侗"演出服饰往往是他们最传统的侗族服饰，顶多也就是身着侗族盛装，头戴部分银饰（侗族的银饰不像苗族那般以大、重、繁为美，而是显得低调内敛得多），与平日生活着装大同小异，而"北侗"地区戏服则更显得华丽张扬，色彩鲜明，似京戏戏服；同时"南侗"使用的乐器常为琵琶、牛腿琴、二胡等，"北侗"则更倾向于使用大鼓、钹等善于营造声势的乐器。

后期作者有幸听贵州大学吴培安教授谈起"北侗"侗戏，他说当地人又称"北侗"侗戏为洋戏、大戏，"洋"便是指外来的、非本地的，像洋铲、洋火、洋芋，都是外来的，他们的侗戏也一样，是被汉化的"侗戏"，其民族文化积淀已然大大消减，实际上已经算不上纯粹的侗戏。当然，侗戏在形成过程中，免不了受到像贵州本地花灯戏、湖南阳戏和花鼓戏以及广西的桂戏等其他地方不同剧种的影响；但纯粹的侗戏，至少演出时唱词为侗语，着装为侗族服装。侗戏培训班结束后作者与天柱县戏团中的戏师陈通敏一直保持联系，他说他们当地政府也意识到了这一点，现在开始请他们的戏师创作新的侗戏剧本，要求全部用侗语而非汉语，力争恢复纯粹天然的侗族戏剧。

比较"南侗"和"北侗"的戏曲，可以看出，"南侗"侗戏保留着原生性和古朴性，同时也保存了民族性；而"北侗"侗戏具有较强的开放性和较强的模仿能力，在原本戏剧基础上获得了新的发展。

三　侗戏的功能分析

（一）侗戏的教育功能

在侗族人民的生活中，他们没有诸多的规矩和束缚，也从来没有刻意地去教育子孙们该怎样做人，他们将祖祖辈辈流传下来的传统美德、礼仪教化全都融合在他们的歌曲和戏曲中，教育子孙后代要团结友爱、和睦相处、尊老爱幼、以德为先。侗族人民将侗歌、侗戏的教化功能发挥到了非常高的程度，在侗族地区还有"饭养身，歌养人"的说法。侗族人家甚至一度存在过"不进学堂进歌堂"的状况，可见侗歌、侗戏对人们的教化作用之强。而众多的侗戏剧本就是侗族人民鲜活的教育素材，侗戏本身其实就是侗族人民的生活。

（二）文化传承功能

侗歌、侗戏自然地承袭了侗族人民自古以来就有的习俗和文化传统。在侗族戏剧中，流传着大量的神话传说，其中包含了侗族人民长久以来积淀的宗教观念、风俗习惯和信仰等。这些传统对于制约侗族人民的行为有着极大的作用，以至于最终影响整个族群的生活，成为一种集体无意识的自律行为。例如，从江县戏师梁学敏所谈到的侗族人民"找歌的故事"，便被当地的戏师编成侗戏融合在戏曲中加以传唱，以便侗族人民牢记"历史"，不忘传统文化之来之不易，从而达到传扬民族文化、发扬民族精神的终极目的。

同时，侗戏表演往往伴随相关文化仪式的延续，部分地区在进行演出时依旧保持着"请师""祭萨"（圣母萨神是侗族人民信奉的至高无上的女神）的习惯。在中国，基于各个行业的自尊以及希求神灵、祖先保护的心理诉求，每个行业都有自己供奉的神灵和祖先，"请师"请的便是最先创作出侗戏的"侗戏戏祖"吴文彩，而

"祭萨"则可分为大祭萨和小祭萨。大祭萨一般在农历正月初三，平时有大型活动也会举行大祭萨，在祭萨时告知萨神你的所想所求，祈愿能得到实现；在侗戏演出"祭萨"时，戏师最先出发，走出寨外撑开伞，戏班中的演员依次从伞下走过，意在得到萨神的庇佑，演出便能顺利进行。笔者在多彩贵州文化创意园曾见过祭萨模型，其中的大树代表着萨玛，其下的小石头便代表着侗族人民，整体代表着侗族人民在萨玛的庇护下幸福安康。我国学者邱绮认为，伞作为文化意象（尤其在婚姻习俗中）通常代表着人们对生育的崇拜，像枣、石榴、青蛙等多子并且具有较强繁衍能力的民俗事象一样，具有生殖崇拜的民俗内涵。[5]而此处虽不表婚俗，但依旧可作如是观。

侗戏的内容也经常反映侗族人民往昔的生活状况，比如侗族以前的"姑表婚"在侗戏里中经常出现，在侗族经典戏剧《金汉列美》《珠郎娘美》中，对此都有体现。侗族"姑表婚"是指姑舅表兄弟姊妹之间有优先婚配的权利，主要表现为舅舅有优先选择姑妈家的女儿作为儿媳的权利。但侗族在允许此种"包办婚姻"的同时，又允许青年男女们自由恋爱，即侗族传统恋爱形式——行歌坐月，《金汉列美》和《珠郎娘美》都反映了侗族青年男女勇于反抗包办婚姻，大胆追求自由恋爱生活的精神，可见侗戏对于民族的文化、习俗都有记叙、传递、继承和保护作用。

（三）团结侗族人民

孟昭毅在其《东方戏剧美学》中说过："戏剧艺术要表现他们（指戏剧家）对自身所归属的民族共同体在心理素质、地域生活、文化结构和语言文字上的认同和理解。"[6]侗戏具有民族性和群众性，在侗族人民的生活中扮演着重要角色。尤其在网络技术并不发达的时期，唱侗歌、演侗戏便成为人们茶余饭后的生活娱乐内容。侗戏是将一个寨子的村民乃至不同寨子的村民团结起来的"工具"，侗族人民在排练演出侗戏的同时闲话家常，增进了邻里情谊。在侗族人民的戏师中还存在"做好事不留名"的现象：一些戏师创作的剧本，以无偿不记名的方式留给后代人传唱演出。戏师们收徒的唯一标准是对侗戏感兴趣，戏师们会花费自己的时间，还提供学习场地（通常是在自己家中）带领徒弟们学习侗戏。世世代代传下来的这些生活习惯决定了侗族人民的生活方式，决定了他们善良的品格。侗戏在促进侗族人民团结友善中起到了极大的作用。

四 侗戏的传承困境

（一）剧本题材不够新颖

侗戏反映生活的题材太多，像爱情故事、婆媳矛盾、兄弟情谊等，这些在剧本中最为常见（爱情是最常见的描写对象，侗族还有牛腿琴情歌，这是其对美好爱情向往的最好体现）。当然，侗戏也有反映忠义当先、英雄气节、爱国主义等气势较为恢宏的剧本，但以生活为题材的仍旧占绝大多数。在当前侗戏创作中，缺少能够创作出真正具有侗族文化内涵的剧本的戏师。总体来说，大多剧本反映侗族人民对真善美的追求。在 20 世纪 40~60 年代出生的老戏师们创作的剧本中，也有反映当时侗族地区具有封建色彩的"姑表婚"习俗的作品，剧本表现出侗族人民对自由恋爱、自由生活的追求和向往。后辈的创作多是根据老辈的作品进行新编，反映的内容大同小异，总的来说，题材新颖度较低。

（二）演员缺乏专业素养

在黎平、从江、榕江乃至天柱、剑河等地，缺少整戏团的专业侗戏演员，演员往往是东拼西凑找来的，而在演出的前一天，他们可能还在"面朝黄土背朝天"地劳作。他们平日也没有接受过任何专业的培训，维持生活所需的必要劳动占据了他们日常生活的大部分时间，因此，他们平日练习唱戏的时间很少，通常是在晚饭之后，到当地资历最老的歌师、戏师（有可能不是歌师、戏师）家中去学。除此之外，对于演出角色的把握，包括一些舞台表演技巧，比如对面部表情和动作的控制、想象力的延伸等，由于未曾受过专业指导，他们难以准确理解；更大的局限在于这些侗戏演员大都文化程度较低，学历大多在初中及以下，因此他们对于戏词的记忆较为困难，对于侗戏剧本内容的理解存在局限性，以致在表演中难以达到较高水平。演员都没有感同身受，遑论观众能从表演中获得真实体验。

（三）传承人群平均年龄高

目前，在黔东南侗族生活地区，会唱侗戏的人平均年龄在四十多岁，而大部分真正能够创作出优质侗戏剧本的戏师处于耄耋之年，传承人群老龄化严重。根据对第一期成员所做的访谈，他们大多觉得侗戏的传承人应该是年轻人（18~40岁）、中小学生，而现在的年轻人大多外出打工，青少年学生群体对侗戏兴趣不大，曾经"不进学堂进歌堂"的局面已被扭转，现处于"不进歌堂进学堂"的境地。鉴于老一辈人"文化程度"普遍较低，传歌传戏的方式较为"老套"，通常是让徒弟手抄自己的以及前辈留下来的歌本、戏本，有的戏和歌甚至只能通过口述，以口耳相传的方式传承，不够系统化。部分侗戏前辈年事已高，甚至存在"人在艺在，人亡艺亡"的境况。所以在侗戏的传承和发展过程中，侗戏传承人群的选择和教育是一个亟待解决的问题。

（四）部分文化仪式被简化

在侗戏和侗歌中，可见许多侗族文化的痕迹，但是随着社会的发展，以及当代快节奏的生活与迅速发展的信息科技对侗族文化的冲击，部分侗戏中蕴含的侗族传统文化已经被简化。2018年11月，作者跟随侗戏研修班到广西三江侗族自治县进行考察学习，大家一走进龙图村恰逢他们演唱气势恢宏的拦路歌。广西三江龙图村侗族村寨的旅游发展颇有规模，但也由于这个原因，其拦路歌不再像以前那般复杂，被简化到只剩下一道程序，拦路的只有一个草把，而根据从江县歌师梁学敏的叙述，他们的拦路歌阵势极大。

从江县戏师梁学敏讲述了他们当地的拦路歌，拦路歌是把所有"家当"一股脑儿地全拿出来拦路，包括簸箕、豆子、丝瓜、红帽子、辣椒、纺纱机、长板凳、水桶、水瓢、北瓜、犁、菜板、钥匙、铁锨、锄头、鸡笼、碗筷、煮饭的顶罐、蒸饭的甑子和锅、箩筐，客人们来的时候必须唱关于所有拦路的东西的歌曲，唱好一样拿下来一样，一直唱到全部拿下来为止。最后若是实在唱不出来，处理方式是买几串鞭炮拿过来放，以表示心悦诚服和对主人家的敬意，之后才可以进屋子。你若是认为进屋就"安全"了不必再唱歌，那就过分天真了，进了屋子还有"封桌子"等着众人，桌子上照旧摆满了各种东西，像火钳、剪刀、筷头、顶罐、青菜、辣椒、二胡、琵琶、芦笙、围腰、银帽、糯米饭、烟筒、梳子、手镯、马灯、捞虾网、算盘、稻草人、锯子、刨子、斧头、戳子、油渣、秤、竹篓、辣椒罐、小扫把（洗锅用的）……这些东西就被一个大簸箕罩在桌子上，你得唱"开桌歌"，这样才能将东西一样样拿下来。

在黔东南地区，有的戏团在外出演出时，也会简化其演出时最重要的一个步骤——"请师"。"请师"表达着侗族人民对侗戏祖师吴文彩与历史上诸多戏师前辈以及演出人员的尊重，然而在旅游文化的冲击下，这些文化仪式减少了，甚至还有濒临消失的危险。而这些文化仪式对于侗族文化的传承和发展，对于侗族人民的内部团结，具有不可替代的重要作用。

（五）观众群体局限性强

侗语说、唱贯穿了侗戏整个表演过程。在参与培训两个月的时间里，传承人表演了很多场侗戏，但由于语言不相通的问题，他们的表演于作者而言无异于听"天书"，只有在汇演时先阅读剧本，加上表演时辅以幻灯片和滚屏，才能对其内容有初步了解；同时，演员的情绪表达不够有感染力，表演力亦不足够，这直接导致观众对于侗戏兴趣不大。当然，导致这样的结果也有部分原因是题材单一，大多侗戏内容均来自生活。在他们表演的节目当中，其形式也较为生活化，原本淳朴自然的生活虽然的确能吸引人的目光，但久了也容易产生审美疲劳。最主要的原因还是语言不相通，当演员和观众面对面时，最直接的交流方式应当是言语沟通而绝非通过某种介质间接交流。

侗戏使用侗族语言进行表演的特点使观众群体的局限性增强，在传承和发展侗戏的过程中，如何将侗戏的本真性和淳朴性表达得清楚、明晰、直接，使其文化艺术内涵能够得到充分表达，与此同时能让除侗族人民之外的其他民族对此充分接收，对侗戏的表演产生共鸣乃至身临其境之感，以扩大其传播范围，为侗戏走出侗乡、走向全国、走向世界奠定坚实的基础，这是一个亟须解决问题。

五　侗戏发展面临的机遇

（一）国家政策支持

侗戏于 2006 年被国务院批准列入第一批国家级非物质文化遗产名录。21 世纪，"非物质文化遗产"（以下简称"非遗"）这一概念才被正式提出，此前，"非遗"多被称为"人类口头及非物质文化遗产""无形文化""无形文化遗产"等，又被称为"民俗文化""民间传统文化"。在新时代背景下，侗戏迎来了最好的发展时期和巨大的机遇。2015 年 7 月 11 日，国务院办公厅印发《关于支持戏曲传承发展若干政策的通知》（国发办〔2015〕52 号），指出要加强戏曲保护与传承，支持戏曲剧本创作，支持戏曲演出，改善戏曲生产条件，支持戏曲艺术表演团体发展，完善戏曲人才培养和保障机制，加大戏曲普及和宣传力度，加强组织领导。习近平总书记指出，传承中华文化，绝不是简单复古，也不是盲目排外，而是古为今用、洋为中用、辩证取舍、推陈出新，摒弃消极因素，继承积极思想，"以古人之规矩，开自己之生面"，实现中华文化的创造性转化和创新性发展。国家对于"非遗"保护工作的重视和支持，使侗戏这项"非遗"的前景更加光明。

（二）侗族人民对侗族文化的重视

费孝通先生认为："文化自觉是指生活在一定文化中的人对其文化有'自知之明'，即明白它的来历、形成过程、所具有的特色和它的发展趋势。"[7]侗族人民的文化自觉与文化自信不断增强，对于侗戏发展的明天也充满信心，这就是发展过程中最大的推动力。这两期侗戏培训班的名额十分有限，两期实际人数都超过了既定人数，并且还有人不断地打电话咨询是否可以来参加培训，由此可见侗族人民对侗戏传承的积极性。同时，在培训过程中，所有培训学员都非常积极主动，把握每一个能够与老师交流、向老师学习的机会，不断系统性地去了解侗戏所蕴含的文化内涵，争取在表演层面上对侗戏有更加深入的理解，让侗戏表演能够更加鲜活生动。如此种种，都体现出侗族人民对侗族文化的重视，强大的群众基础是加强对侗戏保护与传承的内在驱动力。

（三）人民对美好生活需求的增长

根据马斯洛需求层次理论，人们在基本的生理需求、安全需求、社交需求以及尊重需求得到满足之后，随之而来的便是自我实现的需求。当下我国的经济实力、科技实力、综合国力跃上新的台阶，脱贫攻坚成果举世瞩目，粮食年产量稳步高升，生态环境明显改善，高等教育进入了普及化阶段，在这样的情况下，我国人民对于美好生活的需求日益增长。人民的文化自信在不断提升，文化自觉的能力在同步提高。人们愿意为传统文化投入更多的时间和金钱。人们对于美好生活需求的不断增长，是促使人们重视传统文化保护和传承的重要推动力。

（四）网络媒介的迅速发展

当下是一个经济文化全球化的时代，网络媒介的加速发展为世界各国的沟通架起桥梁，网络和科技的迅速发展缩短了时间和空间距离，将世界各地的人们联系在一起。这给侗戏潜在的传承人提供了机遇，他们虽然远离乡土，然而在网络的帮助下仍然能够做到"面对面"交流。同时，通过录制教学视频，可以进行反复教学，文化程度较低的传承人也可以通过网课学习，以提升自己的文学素养，增强对传统文化的全面了解，而并不局限于侗戏，从而可以向其他文化传统学习，在保持侗戏本真性的同时取长补短。当然，政府调控仍然起着主导作用，应兼用外界媒介手段，为侗戏的传承发展助力。

六 对侗戏发展的建议

（一）更新侗戏内容

鉴于侗戏剧本内容新颖度低，在侗戏发展与传承的过程中，必须促进侗戏内容的革新。当下社会日新月异，在创作过程中，戏师们在侗戏中融合侗族传统文化的同时，还必须要根据时代的变化和当下年轻人的需求来进行创作，紧抓青年一代，发掘出传统戏曲的无尽魅力，也引领青年一代意识到非物质文化遗产对于国家和民族的重要性。同时也可以根据国家政策，创作出歌颂党和国家、发扬民族传统文化的作品，在保持侗戏原真性的基础上优化侗戏剧本内容，使其得到创新性发展。

（二）培养专业的侗戏传承人

当前，侗戏传承人老龄化现象严重，培养专业的侗戏传承人最为迫切。在侗戏的发展过程中，应当优化传承人年龄结构，培养中、青年一代的侗戏传承人，并建立传承人保护机制，尊重传承人的主体地位和权利。同时将非遗传承与教育相结合，可以在学校设置专门的学习班，以规范化的形式将侗戏纳入课堂，聘请专业戏师进行教学培训，教授关于侗戏、侗族文化的系统知识和表演技术，为侗戏的可持续发展添砖加瓦。

（三）创新表演形式

要将侗戏推广出去，使其不仅仅是存在于侗乡内部的瑰宝，而是真正成为世界的瑰宝，就必须进行艺术形式和表演形式上的创新。当前的侗戏以唱词为主，表演形式单一，服饰生活化，人物动作和面部表情不够生动，且多以侗语演唱，不符合当前大众审美。在艺术形式上，可以大胆引进侗歌，使高雅舞台戏剧通俗大众化。侗戏实际上也被称为"歌化的戏"，侗戏演出也叫"戏台行歌"，鉴于侗族有大量侗歌，在侗戏的表演中引进侗歌可以丰富其文化内涵、增强其艺术感染力。在表演形式上，侗戏演出大可不必拘泥于"横 8 字（∞）"的舞台行步（横 8 字的走步方式最初是为了方便听取台词，今天侗戏表演时可以依靠科技手段听取台词，比如蓝牙耳机等），而增加其他像音乐剧、话剧等的舞台表演形式，从而丰富表演形式，增强表演感染力。[8]当然，此举当与其他措施并举，多管齐下，以取得最佳效果。

（四）保护好前辈传下来的珍贵资料

由于侗族人民淳朴、自然、善良的天性，很多戏师前辈所创作的剧本是不留名传承的，尤其是诸多年代久远的戏本，由于当时科技落后，人们除了手抄没有更好的方式来记录剧本，因而这些剧本便更显珍贵。但是剧本的散佚比较严重，保护好前辈们传下来的珍贵资料，找到后加以整理出版是侗戏传承的当务之急。可以成立侗族戏曲文化博物馆，对珍贵的历史资料进行系统而完整的保存；同时，建立"非遗"资料存储数据库，将珍贵的影音资料保存起来，这对今人探索和了解侗族人民的传统文化习俗有着重大意义。在影音设备并不普及的年代，人们通过文字记录他们的文化与生活，而今人在很大程度上只能通过这些珍贵的"历史遗留"资料了解民族的历史文化，为后期的学习提供材料。今人要在保持其原真性——但绝不是一成不变、原封不动——的基础上进行创造性转化，为侗戏创作注入更多活力。

（五）加大宣传力度，扩大侗戏受众面

侗戏是我国珍贵的国家级非物质文化遗产。侗戏的发展依靠的不仅仅是戏剧表演人员，更多的是依靠观众的推广，因此，应当加大宣传力度，使其他地区和其他民族的人增加对侗戏的了解。当下侗戏观众群体局限性强，侗戏演出主要针对能听懂侗语的侗族人民，而其他听不懂侗语的观众便难以接收到侗戏所传递的信息。侗戏是植根于侗族地区的戏剧之花，有着浓厚的民族特色，折射着侗

族地区的历史文化。在贵州省内，少数民族文化旅游进行得如火如荼，侗戏可以搭旅游发展的"便车"，增强与游客群体的互动以取得进一步发展；同时鼓励群众参与，扩大受众范围，在演出时利用现代化信息手段，通过电子投屏、语音讲解等方式减弱语言不通给人们带来的陌生感，让群众爱上侗戏，使侗戏得以世代传承。

（六）政府应给予传承人适当的资金帮扶

侗戏的传承人以各村寨村民为主，他们生于民间，传于民间，而他们平日多操劳农务以维持生计，只有在闲暇时间才得以聚在一起排练侗戏。农民的闲暇时间主要是农闲时节，以及每天结束劳动后的晚上，这些时间非常有限，对于侗戏的发展十分不利。要想让侗戏演员们全心全意地投入侗戏排练、学习，政府就必须在经济上给予他们帮助，使他们能够从繁忙的农务中脱身，全身心参与培训。政府重视文化保护工作，不仅要在政策上给予支持，更要在资金上给予支持，真正解决村寨中没有场地和器材的问题。村落是侗戏展演的生态场，没有场地与器材，一切不过空谈而已。所以一切都该真正落到实处，为侗戏的可持续发展提供条件，以达到真正提升侗戏表演者的演艺能力和表演能力的目的。同时，政府还应该加大宣传力度，使人们了解"非遗"传承的重要性，广泛动员，使侗族乡民全员参与到侗戏的传承中来。

七　结语

党的十九大报告指出："文化是一个国家、一个民族的灵魂。文化兴国运兴，文化强民族强。"侗戏作为重要的"非遗"，是活态的文化艺术，链接着不同地区的文化，同时在促进侗族人民团结、弘扬民族文化、促进各地区侗戏交流融合上发挥着非常重要的作用。

在新时代背景下，人民的文化自觉、文化自信不断增强，政府也出台了相关政策支持"非遗"发展。在此背景下，侗戏既面临着各种各样的困境又面临着良好的发展机遇。我们应该坚持传承，克服困难，在秉承传统、不失其本的基础上，既保持侗戏的原真性，又对其进行创造性转化和创新性发展，使侗戏得到更好的发展。

参考文献：

[1] 陈祖燕. 论黔东南侗戏的传承与保护 [J]. 戏剧之家，2015（9）：18-19.

[2] 陈诚. 侗戏的传承与保护之我见 [J]. 戏剧之家，2018（14）.

[3] 向娟. 侗戏传承的现实反思 [J]. 大众文艺，2017（13）.

[4] 孙伟平. 论文化多样性与跨文化交流 [J]. 山东社会科学，2011（11）：5-9.

[5] 邱绮. 婚俗中的伞文化 [J]. 安徽文学，2011（6）.

[6] 黄守斌，周帆. 侗族戏剧审美人类学研究 [J]. 贵州民族研究，2011（2）.

[7] 费孝通. 文化与文化自觉 [M]. 北京：群言出版社，2012：263.

[8] 黄守斌，周帆. 戏台行歌——关于侗族戏剧语言艺术的研究 [J]，遵义师范学院学报.2009(05).

基于能面制作方法的日本能乐文化研究

李　爽*

摘　要： 能乐是日本第一批被联合国教科文组织列为非物质文化遗产的传统艺术，能面作为能乐的精髓，是一种具有特殊文化内涵的表情符号，深受日本人民喜爱。本文基于能面的制作方法来探究能面独特的艺术魅力以及能面成为能乐精髓的原因，并将其与我国傩面制作手法相比较，找出二者制作手法的差别及联系，为全面认识这两种古老艺术提供客观、现实的科学依据，进而为傩面等非物质文化遗产的保护和发展提供一些建议。

关键词： 能乐　能面　艺术性　表情

一　前言

面具作为具有特殊意义的象征符号，是一种存在于世界范围内的有着悠久历史的古老文化。原始巫教和图腾崇拜是面具产生的心理基础，而原始社会的狩猎活动、部落战争是促使面具萌芽的重要现实动因。可以说新石器时期原始人的狩猎活动和部落之间的战争、人类对大自然产生的图腾崇拜以及巫术仪式等共同孕育了丰富多彩

* 李爽，四川大学锦江学院助理讲师，研究方向为日本文学。

的面具文化。外观粗鄙简陋的面具曾被认为难登大雅之堂，而今随着各个相关学科的发展，面具的艺术和学术价值越来越受到学术界及社会的重视。在面具研究日益深入的语境设置下，我们有必要把中国面具与世界各国面具置入比较视阈并进行研究，以期在更广阔的视野和更高的水平上认识和把握中国面具的特质，进而推进我国傩面的研究、保护和发展。

日本作为中国的重要邻国，在工艺美术领域已经达到了一个较高的水平，尤其是对其国粹能面艺术的研究更是走在前列。随着中国傩文化热的兴起，很多学者发现，中国面具与日本面具特别是傩面与能面有着深刻的源流关系。既然作为相邻的国家，在面具文化领域有着密切的联系，且在早期的文化艺术方面存在密切的交流，那么我们极有必要用发展的眼光，在制作方法上对二者进行比较，究其源流，探其发展。

能乐（能与狂言的广义统称）是日本南北朝时代至室町时代由观阿弥、世阿弥父子所创建的艺能，源于中国的傩文化与散乐二者的融合[1]，是集宗教、民俗、艺术等于一体的艺术表演形式，与歌舞伎、文乐并称为日本三大典型传统艺术，其中以能乐最为悠久，于2001年被联合国教科文组织列为世界非物质文化遗产。能乐的表演是由能乐师"附上"假面，低沉迂回地吟唱着谣曲，迈着沉缓的舞步进行表演，带着一股空寂哀婉的气息，将以物哀、风雅及幽玄为主的日本美学体现得淋漓尽致。

在日本假面文化中，有伎乐面、舞乐面、能面等，日本著名民俗学者广田律子在其著作《亚洲的假面具——诸神与人类之间》中，对于假面有这样的表述："神が生身の人間として顕現する時、面は不可欠の手段となる。……神は人間の体がなくては人々の前に出て動くことはできないのだが、人間の方も面がなくては神になれないのだ。"[2]（神在作为肉身的人显现在众人面前时，假面成为其不可缺少的手段……如同神不借助人类的肉身便无法出现在人们的面前一样，人如果不借助假面也无法扮演神。）从中可以看出，假面的作用是让神、鬼、灵等力量现身人间，让人类拥有超自然的能力，也是艺能创作的核心。同样，能面作为假面的一种，也是能乐的核心，如中森晶三在其书《能的进程》中所述，"人間の顔では出せない美しさ、気高さ、強さ、恐ろしさは能面によってあらわす。"[3]（人脸所不能表现出的美丽、高贵、坚强和可怕，都是通过能面来表现的）；日本著名评论家、能与狂言评论家户井田道三，日本著名演剧研究者后藤淑在其著作《能面——内外世界》中，对于能面有以下表述："近江猿楽の犬王道阿弥あたりが、大和猿楽に一歩さきんじて幽玄をむねとする能をつくりえたものは、ことによると愛智うちによる女面のそれにふさわしいものが創造されたからかもしれない。そして大和猿楽が「ものまねを取り立てて、物数を盡して、しかも幽玄の風体ならん」として成功したのも、その仮面によって可能となったのであろう。"[4]（因为爱智家创造了一种与女面相符合的东西，所以近江猿乐的犬王道阿弥等人创作出了一种比大和猿乐更能追求幽玄的能面。而且大和猿乐之所以以"仿照事物，尽物数，且非幽玄之风体"而成功，也是因为假面的缘故。）从上述描述可看出能面在能乐中的重要地位。能乐艺术情趣浓厚，附能面进行表演可以说是能乐最大的特点，"能面"是"能乐"生命力的体现，是能之生命。目前，能乐中所使用的假面有200多种，基本类型的面具有60多种，大致分为翁面、尉面、女面、男面、鬼神面等五大类。能面一般小于人脸，具有独特的魅力（艺术性），在能乐中的面（能面）被称为"面（おもて）"，而不是"面（めん）"。而且，"戴能面"这个动作不使用"戴"，而是"附"。

日本对于传统代表性的艺能文化——能乐的研究很盛行，但是关于能面研究的参考文献却很少。室町初期、中期以前在世阿弥的传书《申乐谈仪》中有部分记载，中期也仅有金春禅凤的《禅凤杂谈》《毛端私珍抄》《反古里之书》中有记载，进入末期后，在《风姿花传》一书中可以查找到关于黑髭、早男、三日月、蛇、若男、瘦男、中将、平太、石王尉、阿瘤尉、猿飞出、大喝食、小喝食、小面、深井、近江女、曲见、增、增发、姥、瘦女、生成的记述。

傩，在我国是一种古老又神秘的文化现象，是以傩礼为核心，以傩舞、傩戏、傩俗、傩艺为主要内容的傩文化，是中国生命力顽强、历史积淀深厚的口头与非物质文化遗产。它源于巫术，根植于自然崇拜、图腾崇拜、祖灵崇拜、神鬼崇拜和巫术崇拜的沃土，发端于上古的夏商，形成于周而规范于"礼"，是集多种宗教、民俗、艺术等于一体的艺术表演形式，经历数千年的风风雨雨，至今仍顽强地残存于许多省、自治区的广大农村。

"在中国古老的面具文化传统中又以傩面具最为丰富，并且至今还在傩的活动中发挥效用，可谓'无面不成傩'。傩面具成为界定傩祭和傩戏艺术的重要特征。没有傩面具的戏，至少在中国南方是很难称之为傩戏的。迄今在黔、湘、赣、皖、桂、陕、川、藏、滇诸省①收集到的明清以来的面具已不下数千具，成为傩文化最庞大的实物家族，在国内外展览中引起广泛的注意，成为傩文化研究和利用中最为引人注目的部分，已经对当代美术、戏剧、电影、舞蹈等产生了重要的影响。"[5]从中可以看出在傩文化史中，面具占有十分重要的地位。傩面有多种分类方式。曲六乙、钱茀在《东方傩文化概论》中表示傩面分类方式至今难以取得一致，按照面部结构可以分为普通面具、半截面具、断颚面具、动睑吊颚面具、两层面具、三层面具；按制作材料可以分为毛皮面具、石面具、陶面具、竹篾面具、笋壳面具、柳条面具、棕皮面具、金属面具、布面具、

---

① 应为省区。

纸（胎）面具、龟甲面具、草编面具、塑料面具；按角色造型可以
分为动物面具、半人半兽面具、神鬼面具、祖灵面具、历史和传说
人物面具、世俗人物面具；按面具功能可以分为狩猎面具、图腾面
具、战争面具、丧葬面具、祭礼面具、驱傩面具、镇宅面具、装饰
面具、舞蹈面具、戏剧面具、游戏面具。[6]

　　本文结合上述古文参考文献及近代相关研究材料，基于能面的
制作方法（风格、造型、色彩、工艺等方面）来探究能面独特的艺
术魅力以及能面是能乐灵魂的原因，并将其与傩面制作手法相比
较，解释其造型蕴含的不同民俗内涵以及不同民族的审美情趣对面
具的影响，并找出二者制作手法的差别及联系。

二　能面特殊的制作方法与精神内涵

　　能乐的最大特点是通过表演来传达心理感受，表演中能乐师如何与
能面进行协调和互动非常重要，而能面的造型和质量决定了演员能否成
功利用能面来展现演技以及向观众展现剧情。能面平均长度为 21 厘米、
宽度为 13 厘米，制作时，追求美感和品位感的特点是非常明显的，
从细腻的制作手法可以得知。本文将其基础制作流程总结如下。[7]

・木取り（江戸時代から、軽く、柔らか過ぎず、かた過ぎずの木曽檜）	（选木）
・荒取り（形を整える）	（雕刻外形轮廓）
・こなし（表情を意識しながら、細部の彫りを行う）	（依据表情开始细节雕刻）
・ニヤ抜き	（五官雕刻）
・裏面の漆塗り	（内部着色）
・下塗り（カキの貝殻を砕いたもの－胡粉）	（基于胡粉开始涂抹正面底色）
・上塗り	（着色）
・彩色	（进一步着色显示立体感）

整个基础制作流程完成后，能面的造型被匠人们雕刻成近似平面，且表情呈现中性特征。无论是慈眉善目的翁面，还是神情忧郁的男面，抑或是面颊饱满的苍白女面，其五官造型多为眉毛疏淡，高悬于额头，两眼细弯微眯，鼻子微塌多肉，嘴唇微开。无论从正面还是侧面看上去，它既不是微笑，也不是恼怒，似乎看不出任何情绪。能乐研究第一人野上丰一郎的《能——研究与发现》中题为《伎乐面·舞乐面及能面》的论文，论述了能面的面部特征，将其表述为"在任何瞬间都适用的中间表现"，也称其为"无表情"或"中间表情"的艺术造型，以区别于伎乐面的"特定瞬间表现"和舞乐面的"图案化、象征化表现"特征，此种特征在世界面具史上也是独一无二的。因为它没有特定的固有表情，能乐师就可以配合适当的光线，使面具呈现多角度变化，去展现人物的快乐、愤怒、忧郁、悲哀、羡慕、嫉妒等心理状态，传达出各式各样的情感，看似无表情的能面却蕴含了无限的表情和可能性。正是这样的造型特点，才完美地表现出能面所要传达的无尽禅意与若隐若现的幽玄之美。

鉴于能面的特征，能面的制作特别注重打造其面部的色调与线条，力求色彩淡雅与线条柔和。为了呈现感情，能面设法在嘴唇、眼睛、鼻、脸颊上下功夫，下文对五官的详细制作方法进行探讨（除特定表情的能面，如盲目面、瞬间能面等）。

关于嘴唇，野上丰一郎这样叙述："唇から見ると、女面などの能面では、ほとんど、はっきり開いた場合と、全く閉じた場合ではないが、その中間を取り、半開の形に彫られている。（唇の内側上部に黒く染められた歯の列んでいるのは唇の連続とみとめてよい。）仮面の傾斜の角度によって、その半開の唇が固く結ばれた唇と見え、また別の傾斜においては晴れやかに開かれた唇とも受け取られる。そして、左右の口角に近く口輪筋の笑筋と接しているあたりに、Ωを横にしたような形の微妙なる刳抜が作られて、そこに和やかな微笑が無尽蔵に蓄積されてあるかと思われるような用意の施されてあることである。"[8]（从嘴唇上看，女面等能面大多数被雕刻成完全张开或半开状态。从假面的不同倾斜角度可以看到其紧闭或张开情景，并在左右嘴角附近与口轮匝肌的笑肌相接的地方，制作一个横向的Ω微妙形状的通孔，可以使嘴唇始终处于微笑状态。）我们可以很自然地与达·芬奇的名作《蒙娜丽莎》中的神秘微笑相联系，让人难忘，这种特别的表情在能剧中的女性面具的造型中得到了很好的体现。现实中，我们人类是靠着改变面部肌肉来牵动五官表达感情的，而能面只是一块木板，能面制作者是把嘴唇雕刻成完全张开或者半开状态，通过倾斜角度的不同，使嘴唇的张合度发生变化，进而呈现不一样的表情，显示了其高超的艺术手法。

关于眼睛，有睁开眼睛和微微睁开眼睛这两种情况。与中国傩面具的"男豹、女凤、善正、邪歪"和伎乐面等其他假面眼睛的制作方法不同，能面不只是在表面上取形，还有意识地制作上眼睑和下眼睑。也就是说，为了让眼球鼓起，上眼睑做得比下眼睑重。对此，三浦裕子有以下表述："下まぶたの彫りいかんで表情豊かさが違ってきます。豊かにふくよかにたっぷりと彫れれば色気も出てくることでしょう。"[9]（根据下眼睑的轮廓不同，表情的丰富性也会有所不同。如果将下眼睑雕刻得丰满，就会更有魅力。）如果闭上眼睛，上眼睑会下垂，将眼球藏在里面，因此会显得忧郁；相反，悲伤的表情就会消失。野上丰一郎针对这一变化，进行了以下分析："口輪筋の全部が明るい平坦な平面を作り、同時に眼瞼溝も皺眉筋も消えてしまうので、憂鬱な表情は一つも見られなくなる。"[10]（由于口轮肌全部形成明亮的平坦平面，同时眼睑沟和皱眉肌也消失了，因此看不到忧郁的表情。）能面通过技巧性手段来表现人物状态，显示了雕刻手法的细腻性。

　　关于脸颊，在中村保雄的《能面中间表情论——以年轻女性为例》中，有这样一段对眼睑以及脸颊的分析说明："瞼のつき出し方は左目より右目の方が一層強調されていて、一見すると右目が幅せまく、左目が幅広く見える。頬の肉付は右頬がやせ左頬が豊かである。従って、口端もそれについて凹み方に差がある。この特色は完成された代表的若い女面についてはすべてに見られる。これは少しの動きに対して表情が動くように感じられる原因である。"[11]（眼睑的突出方式比起左眼，右眼更加突出，乍一看右眼窄，左眼宽。脸颊肉是右脸颊消瘦，左脸颊丰盈。因此，口端也在其凹陷方式上有差异。这个特色在完成的具有代表性的年轻女面上都能看到。这是稍微的动作就能感觉到表情在"动"的原因。）由此可看出，中村保雄指出脸颊肉的不对称性也是能面表情"动"的原因之一。现实生活中，人类本身脸部就是左右不对称的，再完美无瑕的人，脸部也不可能是完全对称的。人们在制作能面的时候也注意到了这一点，所以我们看到的能面左右两边都有细微的差异。也正因为有了这个差异，能面才可以更有效地表现出丰富的表情。

　　关于鼻子，初代堀安右卫门、神田佳明《能面师堀安右卫门之作品和技巧》（上）一书中描述，能面中鼻子大多数是向左摆动，鼻子的向左摆动是为了观众和舞台效果而制作的。并且后藤淑的《续能乐起源》一书记载："福井県池田町月ヶ瀬立石重忠氏所蔵の三番叟面は左右の目がそれぞれ翁型・父尉型で、欠けた歯を見せ、鼻も幾分曲っている。福井県今庄町宇津尾八幡神社の三番叟面も左右不均衡で、鼻が幾分曲っている。岐阜県郡上郎百鳥町長滝白山神社にも鼻の曲った三番叟面がある。こういう変型の三番叟面は全国に点々と残っている。"[12]（福井县池田町月之濑立石重忠氏所藏的三番叟面，左右两眼分别是翁型、父尉型，露出残缺的牙齿，鼻子也有些弯曲。福井县今庄町宇津尾八幡神社的三番叟面也左右

不均衡，鼻子有些弯曲。岐阜县郡上郎百鸟町长龙白山神社也有鼻子弯曲的三番叟面。这种变形的三番叟面遍布全国）从举出的例子来看，确实证明了有鼻子稍微弯曲的能面。作者认为鼻子的向左摆动和鼻子略微弯曲具有相同的含义。将鼻子做成稍微弯曲的形状，并不只是用纹切形来制作相同的表面，而是刻意地通过变化来产生个性，创造出接近人类的感觉，使表情能够浮现出来。

由上可以看出，能乐师的每个肢体动作都会展现能面的不同表情含义，能乐师的每个动作都会被能面所吸收；反过来说，能面不仅可以规制演出，同时也能制约能乐师，更是一种兼具造型美的艺术品。

三　与中国傩面制作的比较

傩戏以最原始的形象，表现人们内心最淳朴真实的情感，这些情感通过面具的表情、面具的工艺、面具的色彩，甚至面具的材质加以表现。

傩面具一般是木质，其制作工艺历史悠久，是传统民间木雕工艺的代表。[13]由于桃木一直被认为具有驱邪的特性，早年的傩面具一般使用桃木雕刻以强化其驱鬼逐疫的功能，现在傩面具的制作则一般以柏杨和酸枣木为原材料，制作工序繁多，有取材、制坯、雕刻、着色上漆等主要流程共20多道工序，均为手工制作。选材时要注意材料的特性，分清木材的干湿，选取木材的时间一般在秋后。制作面具时，首先，根据面具品种的长度、粗细，挑选材料进行制坯。其次，根据面具人物面部特征，用毛笔在修整好的木模上勾出单线轮廓，大体确定五官位置，然后开脸。开脸是制作面具的一道关键工序。各雕刻师都有一本傩面人物面像白描图谱，分正面、侧面，配有尺寸和要点口诀。这是各家师传的绝技，多秘不外传。再次，进行面具雕刻，分粗雕和细雕两道工序。粗雕是先将面具五官各部位的大小、具体形象雕刻出来。细雕是将各部位进行认真刻画，按造型需要用竖、横、前出、内出、斜、顺、逆等运刀手法，采取凿、镂、剔、剜、划、挑、戳、刻、铲、钻、拓、削等刀法，进行面具的浅浮雕、深浮雕和镂空雕。面具雕刻好以后，经打磨、抛光后才能刷上底灰、着色上漆。着色上完漆的面具层次突出，具有立体感。

傩面与能面虽都源于中国文化[14, 15]，在功能上存在一致性，蕴藏着原始崇拜意识，被作为人与神、鬼等神秘力量交流的一种媒介，但其制作手法存在较大差异。

制作工艺：傩面平均长度为28厘米、宽度为18厘米[16]，制作工艺普遍比较粗糙，许多面具具有一种粗犷、野性美，表情夸张，喜、怒、哀、乐等瞬间神态凝固在傩面之中；能面的制作手法细腻，其表情呈现"一面无微动，一面藏万象"。

色彩：傩面所使用色彩比较丰富，多用重彩，不同种类傩面色彩具有不同意义（如表1所示）；能面用色崇尚素雅，色彩比较淡雅，有一种素净之美。

表 1 　傩面色彩的寓意

色彩	寓意
白	奸诈、纯洁、高尚、温和、长寿、年轻
红	忠勇、刚直、热烈、正义、奋进、智勇
黑	威猛、刚烈、邪恶、罪孽、黑暗、凶厉、威严
蓝	妖异、坚毅、勇敢、沉着、理智
绿	生命活力、胜利、功业、成就、德性、怪诞
金	神灵、阳光、大地和种子、高贵
黄	广博、神圣、老成

取材：傩面的制作材料较为繁多，常见的木头、竹子等皆可用来制作傩面，具有实效性，但长期保存易变质；能面大多采用材质软硬适中的桧木而制，涂上胡粉，结实耐用，可长期保存。

制作者：傩面的制作者"雕法师"多由区域农村中的懂一些绘画和雕刻技艺的匠人担任；"能面师"由训练有素的雕刻匠师来担任，这些人具有较高的文化水平和艺术修养。

由上可知，傩面造型夸张、色彩浓烈，具有一种直露的阳刚之美、粗犷之美，给人以质朴原始的美感，多出自民间艺术家之手，在一定区域虽符合广大群众欣赏习惯和审美情趣，但不利于傩面制作手法的提升和推广；能面工艺精致、色彩淡雅，给人以幽玄、平和之美，多出自具有高深艺术修养的能面师之手，符合日本全体国民以及上层人士的欣赏习惯和审美情趣，有利于能面制作手法的提升和继承（如表2所示）。制作手法及制作者地位的不同，导致了二者在国家文化中的影响力及地位也不尽相同。但能面和傩面也有着共通点，在人神相通与人神转换方面，能面和傩面具有相通之处：戴上假面，人神合一；取下假面，人神分离，人仍旧为人，而假面仍具神性。

表2　傩面和能面的艺术特色

面具类型	艺术特色			
傩面	粗犷之美	野性之美	阳刚之美	装饰之美
能面	空缺之美	幽玄之美	平和之美	装饰之美

四　结语

傩面和能面都是有着悠久历史的传统艺术，它们身上都或多或少地带有历史时代的烙印。从文学角度来看，不同特色的傩面和能面丰富了世界面具文化大家族，并无孰优孰劣之分，各具民族性格特征的面具使得人类面具文化丰富多彩。

能乐是日本国粹之一，具有日本文化重要的符号性和传承性，其表演核心就是用"幽玄"的美学意识来向观众表达剧情。能面是能乐的精髓，发挥着日本能乐文化的表征作用。其中，能面的造型和质量的优劣关系到能乐表演的成败，能面制作者常怀着感情通过细腻和高超的技法来制作能面，赋予能面艺术性和生命力，这是能乐在日本经久不衰，长期为日本权贵所喜爱的原因，值得我国傩面保护乃至整个非遗保护工作借鉴。

傩面是中国艺术的瑰宝，继承与发展傩面艺术是我们的历史使命，我们应加大资金支持力度和呼吁更多学者、匠人和民众参与傩面的保护行动，提高傩面的制作工艺水准，加大傩面的宣传力度，使新一代年轻人了解这个艺术门类，增强民众对其认同感和自豪感，只有这样傩面才能保持长久不息的艺术生命力。

参考文献：

[1] 曲六乙. 中国傩戏与日本能乐的比较 [J]. 民族艺术，1996（03）：68-76，100.

[2] 広田律子. アジアの仮面—神々と人間のあいだ [M]. 東京：大修館書店，2000.

[3] 中森晶三. 能のすすめ [M]. 東京：玉川大学出版部，1976.

[4] 戸井田道三、後藤淑. 能面　その世界の内と外 [M]. 東京：実業之日本社，1977.

[5] 陈跃红，徐建新，钱荫榆，等. 中国傩文化 [M]. 北京：中央编译出版社，2008.

[6] 曲六乙，钱茀. 东方傩文化概论 [M]. 太原：山西教育出版社，2006.

[7] 初代堀安右衛門，神田佳明. 能面打ち—堀安右衛門の作品と技 [M]. 東京：淡交社，2002.

[8] 野上豊一郎. 野上豊一郎批評集成—能とは何か上 [M]. 東京：書肆心

水，2009.

[9] 转引自初代堀安右衛門、神田佳明．能面打ち　堀安右衛門の作品と技-「上」[M]．東京：淡交社，2002.

[10] 野上豊一郎．野上豊一郎批評集成—能とは何か上 [M]．東京：書肆心水，2009.

[11] 中村保雄．能面にみる「中間表情」論——若い女面の形成を中心に[J]．芸能史研究，1971.

[12] 後藤淑．続能楽の起源 [M]．日本：木耳社，1981.

[13] 民族文化宫，贵州省民族文化宫，国家大剧院．中国傩戏面具艺术[M]．北京：学苑出版社，2012.

[14] 李雯婷．能乐中的"神戏"与中国傩戏的比较研究 [D]．湖南大学，2013.

[15] 田雷．中国文化对日本能乐的影响 [J]．佳木斯教育学院学报，2011（06）：25.

[16] 李梦影．傩面与能面艺术的审美比较 [D]．扬州大学，2013.

IV 乡村振兴

主持人语

　　"乡村振兴"专栏共收录了4篇学术论文，作者分别围绕乡村振兴、乡村旅游、社会治理等主题展开了深入研究，从总体上展示了乡村振兴相关研究的图景。卫松教授等学者的《贵州乡村振兴研究与实践的知识图谱分析》，刻画出了近年来贵州乡村振兴研究的全景。范莉娜教授等人的《乡村旅游从带动脱贫转为助推振兴的制约因素、关键与要素：一个内生的视角》与何志浪的《旅游开发：贵州民族村寨振兴的案例思考》，从不同的视角探讨了乡村旅游如何助推乡村振兴。党旗等学者的《乡村振兴背景下民族地区乡村治理》全面探讨了民族地区乡村治理的路径优化。

——卫松（贵州民族大学社会学院教授）

贵州乡村振兴研究与实践的知识图谱分析

——基于 CNKI 的可视化计量研究[*]

卫　松　胡廷云[**]

摘　要： 乡村振兴战略是新时期解决"三农"问题的总抓手，是实现城乡融合发展的关键，更是实现中华民族伟大复兴的重要举措。贵州在乡村振兴实践中产生了诸多经验和典型，但是与乡村全面振兴目标仍有差距。本文基于 CNKI 中近年来针对贵州乡村振兴的实践和研究成果，通过 CiteSpace 软件透视贵州乡村振兴，全面刻画贵州乡村振兴研究和实践图景。在全面总结贵州乡村振兴的困境及原因基础上，有针对性地提出了贵州乡村全面振兴的有效路径。

关键词： 贵州　乡村振兴　知识图谱　可视化分析

一　研究背景

乡村，是中华民族发源的根基，中国农耕文明的起点，中国人

---

* 本文为 2020 年国家社会科学基金项目"技术治理视角下西南民族地区乡村治理体系重构"（项目编号：20XMZ048）阶段性研究成果；2021 年贵州省教育厅高校人文社会科学基金重点项目"技术治理视角下贵州乡村治理体系重构：以贵州省余庆县、福泉市、盘州市试点为个案"阶段性研究成果。

** 卫松，贵州民族大学劳动与社会保障系主任、教授，博士，硕士研究生导师，研究方向为民族地区社会政策、社会保障；胡廷云，贵州民族大学民族地区行政管理硕士研究生，研究方向为民族地区公共政策。

生产生活兼具社会、生态、文化、历史等多功能的地域空间综合体。乡村振兴战略的提出顺应了时代和我国农业农村发展要求，具有里程碑式的重要意义。站在这个重大的历史机遇节点上，贵州必须紧紧抓住这一契机，敢于克服自身不足并且结合自身优势，加快贵州农业农村各方面的协调发展，实现贵州农村农业现代化。用贵州实践谱写新时代的贵州篇章，也为中华民族的伟大复兴贡献贵州力量。

（一）我国提出乡村振兴战略的背景

改革开放以来，"三农"问题一直是我国关注和重视的焦点之一，党中央针对各发展时期的阶段性特征制定和实施了一系列的政策和措施，积累了许多经验，为我国实现乡村振兴打下了坚实基础。党中央在 1982 年至 1986 年、2004 年至 2021 年以"三农"为主题发布了中央一号文件，把"三农"问题置于我国社会主义现代化建设时期重中之重的地位。[1]

2005 年为减轻农民农业税费的负担，第十届全国人民代表大会常务委员会第十九次会议废止了 1958 年通过的《中华人民共和国农业税条例》，全面免除农业税费，农业农村发展走上快车道。2007 年党的十七大报告又强调了"三农"工作问题始终是全党工作的重点，关系到能否全面建设小康社会；要加强农业基础地位，建立农业农村发展长效机制；从"农村综合改革""农村基础设施""培养农村新型农民"等方面都做了重要部署和安排。2012 年党的十八大继续强调要重视"三农"问题，要加快农村整体发展，缩小城乡之间差距，建立新型城乡关系，建设农村美丽新家园。[2] 2017 年党的十九大报告明确提出乡村振兴战略，指出"三农"问题是关系社会民生的根本性问题，要高度重视；同年 12 月在农村工作会议中，首次提出走"中国特色社会主义的乡村振兴战略道路"；2018 年乡村振兴战略在《中共中央　国务院关于实施乡村振兴战略的意见》一号文件颁布后正式开始实施，在脱贫攻坚的最后决战阶段同步推动乡村振兴。[3]党的十九大提出实施乡村振兴战略是"三农"工作的重要内容，是全面建成小康社会的必然要求，更是实现中国梦和中华民族伟大复兴的必经之路。乡村振兴战略的目标是产业兴旺、生态宜居、乡风文明、治理有效、生活富裕，最终目的是实现农村农业现代化。我国已进入中国特色社会主义新时代，站在新的历史节点上，主要矛盾发生了重要变化，只有不断推进农业农村更高质量发展，才能真正缩小城乡差距，满足人民对美好幸福生活的需要，增强国民的归属感和幸福感。综上所述，我国乡村振兴战略的提出具有特殊的历史背景和重要理论及现实意义。

（二）贵州推动乡村振兴战略的背景

贵州，地处较为偏远的西南地区，在地理环境方面有其先天的特殊性。辖区内95%以上是喀斯特地貌，土地石漠化严重，人口多、耕地少。贵州农村人口占总人口比重较大，人均耕地少，俗称"八山一水一分田"。在2020年以前，贵州农村贫困面积大、贫困人口多、工业基础薄弱。医疗卫生、社会保障、基础教育等公共服务设施虽然近十年来有了很大的改善，然而和经济发达地区相比还有一定的差距，这些都制约着贵州的经济社会发展。当然，贵州也有自己得天独厚的优势，贵州山清水秀，拥有良好的生态环境、淳朴的民风、多样的文化。非物质文化遗产遍布贵州，仅少数民族特色村寨就有320个，传统文化氛围浓厚，这给贵州发展特色旅游业奠定了重要基础。随着近几年的大力发展，以及国家大数据综合试验区展示中心在贵州落地，贵州大数据产业、数字经济发展得如火如荼。

2018年4月，贵州省委、省政府出台了具有贵州特点的《关于乡村振兴战略的实施意见》（黔党发〔2018〕1号），该文件是将党中央精神结合贵州实际的重要举措，其总要求与我国乡村振兴战略目标一致，提出了以"建设高素质人才队伍""拓宽资金吸纳渠道""推进以'三变'为统揽的改革体系"等作为支撑保障，以"打好精准脱贫攻坚战""推动经济结构调整""推进人居环境治理""发展社会事业""发掘优秀文化""改善基层党组织建设"为六大关键任务等重要意见。[2] 当下，贵州只有牢牢抓住乡村振兴的机会，紧紧围绕乡村振兴战略思想，运用自身优势，因地制宜地推动贵州农村农业现代化建设，推进农村社会治理能力和治理体系现代化，勇于挑战和创新，充分发挥贵州后发优势，才能创造多彩贵州新未来。综上所述，贵州积极推动乡村振兴战略发展具有深刻的现实背景和重要的实践意义。

二　贵州乡村振兴知识图谱分析

CiteSpace，又称知识图谱分析或者引文空间，是在科学计量学、数据可视化的背景下发展起来的一款引文可视化分析软件，一般被广泛地用来分析各研究领域中的潜在科学知识，通过可视化操作来呈现其学科知识的结构、规律和分布情况。分析数据来源于中国知网（CNKI）以"贵州乡村振兴"为关键词的从 2015 年到 2020 年的 245 篇期刊文献，通过运用 CiteSpace 可视化分析功能，对贵州乡村振兴的关键词聚类、作者发文量、引文关键词爆发强度、时序发展态势等呈现的一系列内容进行分析，从而在文献综述分析中掌握贵州乡村振兴研究与实践在近年来的历史沿革和发展趋势的变化情况，有助于更立体、更全面地对贵州乡村振兴相关问题进行深入探析，并且可以更科学、更客观地提出推动贵州乡村振兴发展的对策建议。

（一）关键词聚类分析

首先，在中国知网上搜索以"贵州乡村振兴"为主题的相关期刊文献，发文时间限定为 2015 年至 2020 年，得到的 245 篇文献来自 SCI、EI、CSSCI、CSCD 以及北大核心期刊五种类型。笔者通过 Refworks 格式将该 245 篇文献批量下载保存，然后运用 CiteSpace 软件进行数据转换，在运行过程中建立名为"贵州乡村振兴 2020"的项目，同时对 Time Slicing 的时间进行了精确限定，在 Term Source 和 Node Types 中勾选 Keyword，相关数据都统一限定后就开始可视化操作运行，得出贵州乡村振兴的初次图谱，进一步在其控制面板上对 Burstness 中的 Threshold 关键词准入个数分别设置为 245 和 4 就得到了较为明晰和全面的关键词聚类图。

图谱显示了 169 个节点、284 条连线、7 个聚类。7 个聚类代表了在贵州乡村振兴研究与实践中的研究热点、实践重点和主要关键词。7 个主要关键词分别是乡村振兴战略、乡村振兴、贵州、农发行、产业兴旺、游艺民俗、农村产业革命。软件生成的图谱显示：主要关键词周围的节点越多，连线反映与主要关键词越紧密，也就是此主题关键词在此相关研究中出现的次数越多，研究越深入，也是长期以来学者们关注的焦点。在较为详细的图谱中，在 7 个主要关键词聚类旁紧紧围绕着很多其他相关的次要关键词，节点和线条都非常密集，例如有乡村旅游、民族村寨、供给侧改革、基层党建、山地特色、教育扶贫、贵州民族研究、传统村落、习近平总书记、习近平新时代中国特色社会主义思想、"三变"改革、大数据产业、农村人居环境、内生动力、中药材、全面小康、"三农"工作等。这些都是与主要关键词具有密切关系的关联词。当然也是构成主题关键词的重要内容，是学者们在研究贵州乡村振兴过程中必不可少的和颇为关注的范畴，它们共同丰富和充实了乡村振兴视域下贵州发展研究与实践的内容。

（二）关键词年发文量和作者年发文量分析

结合关键词聚类图谱和操作类型为 Authors 的可视化操作得到

图1的发文量统计图，其中包括与各关键词相对应年份的发文量数据图和与各作者相对应年份的发文量数据图两部分，这两份数据只是从原完整数据表中截取的部分数据，但具有代表性。

如图1所示，数据表格都是以年发文数量从高到低而排列的。左边表格的表头包括 Count（发文数量）、Centrality（中心性）、Year（年份）、Keywords（关键词）等重要部分。其中，中心性指的是该关键词作为中心高频用词来链接各文章而起到的纽带和媒介作用，中心性数值越大说明该关键词在作者发文时应用得越多，当然不同文章也具有相同的中心主题词。左边的表格截取的是发文数量大于等于3篇的数据，每个发文量都有相对应的年份、关键词和中心性。通过这些关键词可以看出关于贵州乡村振兴的研究内容具有多样性和多维性。学者们从不同的角度，以不同的思维积极地参

Visible	Count	Centrality	Year	Keywords	Visible	Count	Centrality	Year	Authors
✔	121	0.54	2017	乡村振兴	✔	6	0.00	2019	李军
✔	42	0.46	2017	乡村振兴战略	✔	5	0.00	2019	张恒
✔	27	0.24	2018	贵州	✔	5	0.00	2019	罗永常
✔	13	0.09	2018	农村产业革命	✔	4	0.00	2019	龚锐
✔	10	0.05	2018	精准扶贫	✔	3	0.00	2018	荀凤丽
✔	7	0.01	2018	攻坚战	✔	3	0.00	2018	吴红梅
✔	6	0.03	2018	精准脱贫	✔	3	0.00	2019	王超
✔	6	0.02	2019	乡村旅游	✔	3	0.00	2019	刘俊霞
✔	6	0.01	2018	贵州省	✔	3	0.00	2019	刘洋
✔	5	0.05	2019	易地扶贫搬迁	✔	2	0.00	2018	蒋太明
✔	5	0.06	2018	"三农"工作	✔	2	0.00	2020	贺海波
✔	5	0.00	2017	田园综合体	✔	2	0.00	2020	罗涛
✔	4	0.00	2019	农村产业发展	✔	2	0.00	2018	郑旭
✔	4	0.10	2018	习近平总书记	✔	2	0.00	2018	宋宝安
✔	4	0.05	2017	产业兴旺	✔	2	0.00	2019	李思瑾
✔	4	0.05	2017	民族村寨	✔	2	0.00	2020	杨文专
✔	4	0.00	2019	惠水县	✔	2	0.00	2018	陈美玉
✔	4	0.05	2019	传统村落	✔	2	0.00	2019	邱胜
✔	4	0.03	2019	农村人居环境	✔	2	0.00	2019	童中平
✔	4	0.03	2018	全面小康	✔	2	0.00	2019	孙志刚
✔	4	0.00	2018	生态宜居	✔	2	0.00	2018	罗伟明
✔	3	0.00	2019	内生动力	✔	2	0.00	2019	李超福
✔	3	0.01	2017	农产品	✔	2	0.00	2018	孙利玲
✔	3	0.00	2018	产销对接	✔	2	0.00	2020	吴婕
✔	3	0.02	2019	高质量发展	✔	2	0.00	2019	袁帆
✔	3	0.00	2018	产业脱贫	✔	2	0.00	2019	王廷勇
✔	3	0.04	2019	座谈会	✔	2	0.00	2019	车佩华
✔	3	0.04	2018	乡村旅游发展	✔	2	0.00	2018	李永波
✔	3	0.05	2018	中药材	✔	2	0.00	2018	沈德林
✔	3	0.01	2017	"三变"改革	✔	2	0.00	2018	付大华
✔	3	0.01	2019	大数据产业					

图1 发文量统计图（截图）

与到贵州乡村振兴的研究中来，产生了很多成果。例如有以贵州省、精准扶贫、易地扶贫搬迁、乡村旅游等为主要切入点的，也有将农产品、高质量发展、田园综合体、产销对接、生态宜居、攻坚战、农村产业发展、乡村振兴战略等作为切入点的。

由图1可见，发文量最高的121篇是2017年以乡村振兴为关键词的文章，乡村振兴是2017年这一研究领域的热点，引起了很多学者的关注，其中心性为0.54，是最高的。发文量居第二位的42篇是2017年以乡村振兴战略为关键词的文章，其中心性为0.46，说明这些文章在很大程度上将乡村振兴战略作为关键词来研究相关内容，这些文章彼此之间的关联性比较强。接着是发文量排第三、第四和第五的27篇、13篇和10篇文章，都是在2018年发表的，分别以贵州、农村产业革命和精准扶贫为关键词，中心性依次递减为0.24、0.09、0.05，表明这些具有同样关键词的文章仍具有一定关联性。在作者年发文量中，截取的数据是作者年发文量大于等于2篇的数据，表头包括发文数量、中心性、年份和作者几个重要部分。作者李军在2019年共发表了6篇文章，居于年发文量首位；同年的张恒和罗永常年发文量均为5篇，并列第二；2019年作者龚锐发文4篇排第四。同时不难看出作者们发表的文章中心性都为0，说明学者们的研究基本是独立完成的，文章之间基本没有关联，作者之间也缺乏一定的合作与交流。其他的都是作者发文量为3篇和2篇的数据。整体来看，作者们的发文成果还是比较丰富的，很多学者都相对独立地关注这一领域，但作者研究时缺乏跨学科、跨领域的沟通与合作。

（三）时序动态分析

同样，通过CiteSpace的运行，将Time Slicing的时间精确限定，同时将Term Source和Node Types中Keyword等限定，进行CiteSpace可

视化操作，得到关于"贵州乡村振兴"的时序动态图谱。通过该图谱能够清楚地观测到每个时间段形成的关键词聚类和所对应的具体的研究内容及其发展变化，有助于更直观地把握关于贵州乡村振兴研究的详细时序动态。

时间的重要起始点分别是 2017 年和 2020 年。在这些作者对贵州乡村振兴研究过程中，2017 年、2018 年、2019 年和 2020 年的时间线起伏较大，作为研究发展的时间分割点，在研究内容上发生了重要的变化。如出现了乡村振兴战略、乡村振兴、贵州、农发行、产业兴旺、游艺民俗、农村产业革命等 7 个主要关键词聚类。其中"乡村振兴战略"关键词聚类在 2017 年左右开始形成，2017 年成为贵州乡村振兴研究的一个时间起点，乡村振兴战略聚类的具体研究内容包含 2017 年之前的农产品到 2018 年新增的乡村景观设计。2018 年的文化传承发展以及 2020 年农旅融合 App 等，在近几年有了不同的变化。"乡村振兴"关键词聚类的形成时间也是 2017 年，因为在乡村振兴战略提出后学者们非常关注这方面的研究，从 2017 年到 2020 年该聚类研究的具体内容包括产业脱贫、精准脱贫、治理、传统工艺、传统村落、乡村社会治理、五大着力点、对策等，在不同的年份贵州乡村振兴具体研究内容都有不同的侧重。以"贵州"为关键词形成的聚类，在 2018 年开始出现，2018 年之前主要以路径、中药材为具体研究内容，而在 2018 年后具体研究内容就发生了重要变化，开始以贵州省、精准扶贫、特色小镇、少数民族、内生动力、传统文化和基层党建为首要研究对象。2017 年以"农发行"为关键词形成的聚类具体研究内容是乡村旅游产品，2018 年到 2020 年研究重点仍然是乡村旅游，而且新增了大数据产业、产业发展、民族地区等内容，作者们在产业现代化和数据化方面给予了高度关注。以此类推，根据图谱数据均可进行详细分析并真实客观地了解贵州乡村振兴的发展与脉络的演变情况。

由此可见，"贵州乡村振兴"研究从开始发展至今其研究内容随着时间的推进和实际事件的发展都在不断地调整和聚焦，在不同时期和阶段形成的关键词聚类不同，其所对应的相关详细研究也在不断创新和完善。该领域的各种相关研究共同形成了"贵州乡村振兴"知识图谱中不断联系和发展的动态时间线，贵州乡村振兴研究和实践在此过程中不断丰富。

（四）引文关键词爆发强度分析

引文关键词爆发强度分析，有助于深入了解该研究领域的历史前沿和发展脉络，掌握其研究程度，同时也能总结出该领域研究和实践的不足和问题，有助于为后续研究者提供思路。

运用 CiteSpace 进行关键词可视化后，在其控制面板上选择 Burstness 进行相关参数设置就可以浏览引文爆发最强的关键词，正常情况下能够得到"贵州乡村振兴"的引文关键词爆发图谱。此次以"贵州乡村振兴"为关键词做的知识图谱分析计量研究未能得到最强关键词的爆发度，于是就观测不到该数据。通过一系列常规的数据设置，在软件运行后，在 Burst items found 一列中数据显示为 0，这也证明"贵州乡村振兴"研究领域还没有出现热度最高和爆发程度最强的关键词。在这一段研究实践中也未能形成足够的爆发点，尚未形成系统的规模研究。这样的结果说明总的相关研究文献有限，此方面的研究还处于开始和发展阶段，集中度不高。该研究领域未快速发展是因为"乡村振兴战略"首次提出是在 2017 年，时间不长。虽然未能得到最强关键词爆发度的数据，不能直观地看到关键词爆发动态，但是从前文的研究分析中可以清楚地认识到，乡村振兴、贵州、乡村振兴战略、乡村旅游、产业兴旺、"三农"工作、全面小康、生态宜居、大数据产业、山地特色、民族特色村寨、农民专业合作社、教育扶贫、民族文化、传统村落、乡风文明等都是

"贵州乡村振兴"研究与实践的重中之重，同样也将成为该研究领域的历史前沿。由此可以总结出在"贵州乡村振兴"研究中乡村振兴和乡村振兴战略是研究主线，贯穿于这一研究领域始终，是研究的中心出发点和主要视角，同时包含了与之相关的其他各方面研究。

当然引文关键词的爆发度在很大程度上是该研究前沿的重要反映，软件操作的结果显示其聚焦程度不高，未来的研究应将研究范围和视角不断扩大和创新，才能更加系统和全面地推进贵州乡村振兴的研究与实践。贵州乡村振兴的研究还处于起步阶段，总体来看，存在研究内容不够充分、研究方法单一、学者间合作程度不足以及缺乏系统的研究体系等问题。

总体来看，贵州乡村振兴实践在国家战略指导下，带有鲜明的贵州特色和痕迹，贵州学者在乡村振兴研究中坚持把论文写在贵州大地上的精神值得称赞。关键词的爆发度体现了贵州乡村振兴研究的特点、问题，系统性地对贵州乡村振兴进行研究和思考具有重要的意义。

三　贵州乡村振兴面临的困境

21世纪以来，特别是党的十八大以来，贵州乡村建设取得重大成绩，2020年如期取得脱贫攻坚战的胜利，农村水、电、路、网、房等基础设施大大改善，教育、医疗等公共服务惠及每个家庭，绝对贫困问题得到根本解决。但是，由于农村基础设施薄弱，农业发展较为滞后，经济水平总体较低，乡村振兴路上仍面临艰巨的任务。

（一）产业发展稳步提升，农业农村现代化程度不足

贵州农业一直以小农经济为主，家庭以自给自足为本。近年来，在国家大力推进农业农村产业革命的基础上，贵州以发展山地高效

特色农业为主,重点选择了茶产业、竹产业、辣椒产业、石斛产业等十二大贵州优质特色产业。农产品增加值持续攀升,农业供给侧结构性改革成效开始显现。2018~2019 年贵州省农业的产值达到2535 亿多元,在农业生产方式和经营模式不断创新融合的基础上,全省的农业增加值增长约 7%。[1] 农产品加工业得到迅速发展,为农民增加了就业机会。农产品的销路也在不断拓宽,通过"互联网 +"大数据平台,近则销往省内,远则销往全国各地甚至海外。贵州农业在生产方面已基本形成规模,销售渠道日渐扩大,品牌附加值开始增加。贵州乡村特色旅游业也颇具优势。因为贵州山好水好,拥有独特的自然和人文环境优势:民族特色村寨、原生态的自然景观最令人向往;在贵州一年四季都可以欣赏到优美的自然风景;醇香的美酒、热情好客的贵州人都会让游客们忘掉城市的喧嚣而流连忘返。2019 年贵州省文化和旅游厅发布的信息显示,贵州旅游业发展平稳,市场供求均衡,各项安全措施落实到位,乡村假日旅游活动丰富,受到游客的喜爱,人气旺盛,市场前景良好,持续向好发展。[4] 虽然贵州的农村产业通过扶贫开发、电子商务等方式取得了稳步发展,但整体来看仍存在诸多短板。一是现代化程度不足,科技支撑较为薄弱。传统低效的农业生产方式仍普遍存在,农业机械化普及率低,农业抗风险能力较弱。二是农产品的附加值仍然偏低,产品品牌效应需要持续提升。三是第一、第二、第三产业融合不够,农业产业链不够丰富,产业规模仍偏小。四是农村产业发展所需的基础设施仍需完善,特别是在产业路径、生产灌溉用水、网络等方面仍需持续改进。

(二)生态环境总体有所改善,但短板问题依然突出

贵州是一个典型的喀斯特地貌省份,土壤薄,对生产生活垃圾和工业废料等有害垃圾的降解力弱。大多山区的生活用水来自自然

的河流和水井，而无法填埋和降解的有害垃圾极易流入地表，对人们的身体健康造成潜在的威胁。[5]贵州在推动乡村振兴以来，就以"四美农家·美丽乡村"为总抓手，努力建设新时代的美丽乡村。人们生产生活产生的各类垃圾、废水得到集中有效处理，用水用电基本不愁，人居环境有所改善。贵州在农村建筑空间布局和规划方面取得了重要成效，人均居住面积基本达到要求，农村居住环境有所改善，很多地方在绿化和装饰上形成了一定的特色，村容村貌发生了巨大的变化，打造出了道路干净、房屋整洁、绿色美丽的农村风貌。在生态文明建设方面，注重河流保护，实行"河长制"，加强湿地保护，强调退耕还林还草，设立耕地红线。在工业发展方面，注重资源节约，减少工业污染。在城镇化建设方面，科学布局，优化产业发展结构，合理调整人口居住的空间。但从贵州的生态文明建设来看，还是存在一定的共性问题：一是农村人居环境整治仍需持续加大力度；二是生态文明建设的各个子项目建设不平衡，耕地修复和保护力度仍需加大，生态经济发展水平较低，生态环境建设发展迟滞；[6]三是生态文明建设法律法规不健全，缺乏系统性、整体性和科学性的监督体制，人们的生态文明建设观念还需加强。

（三）传统文化重新焕发生机，但人才队伍建设不足

农村优秀传统文化的传承、保护和创新是乡村振兴的重要内容，也是丰富乡村文化内涵的主要途径。乡村文化振兴在乡村振兴战略中起着关键和纽带作用，为农村发展提供精神和智慧的支撑，有着不可替代的价值。丰富的民族文化是农耕文明、非物质文化遗产的保存载体。贵州的乡村文化有着独特的地域色彩，具有广泛的群众基础，是当地农民心中的根。贵州越来越重视对乡村优秀传统文化的学习和保护，通过大数据技术记录保存乡村文化记忆、建立贵州

云上乡村数据库、提升乡村文化的传播效果、打造贵州乡村文化新高地等[7]，让贵州少数民族传统文化得以保存和开发，让其发挥出巨大的文化产业潜力，折射出丰富的文化内涵。贵州乡村文化在有关部门不断的重视下传播日益广泛，吸引了无数的学者对其深入研究，贵州乡村文化口耳相传，已深深刻印在贵州人民心中，成为相互交流、团结合作的共同血脉，贵州的发展根植在深厚的传统文化土壤之上，人民的幸福生活里充满了乡村文化气息。但是，在实际工作中存在传统文化开发与保护的失衡，还没有形成较好的文化产业市场，文化资本薄弱，文化资源的利用还有提升空间；没有完善的管理监督机制，导致传统文化在商业化和自我价值保存上的适度性、互促性较差，并且人们对乡村文化的保护意识也有待增强。传统文化的复兴在人，乡村振兴的关键还是在人，乡村人才是乡村振兴的重要主体。贵州通过进行各种农业技能培训，提供各种公益岗位，鼓励创新创业，提供政府补贴和扶持及小额贷款等方式，为农村人才队伍建设提供了保障。但是，从总体上看，贵州农村在人才队伍建设方面的重视程度仍然不足，部分地方只停留在口号上。如何让青年回乡创业，如何引进乡村建设专业人才资本和留住农村精英人才，如何培养本地文化的传承人和实践带头人及基层管理人才等，都是乡村人才振兴面临的现实问题。

（四）基础设施逐步完善，社会治理需要持续创新

贵州在全省共同的努力下基础设施大大改善，其中用电普及率达到99%以上，互联网络和光纤普及率达到100%。大力推动教育、医疗卫生等公共资源下沉农村，农村与城镇的差距逐渐缩小。例如教育、医疗等公共服务明显完善，中小学的基础设施日益齐全，学习环境得到很好改善；医疗保障实现"五个全覆盖"，医疗资源延伸至偏远的农村地区，实现村村都有卫生室，看病不愁、用药

不缺；农村养老保障水平也在提高，村镇上建有敬老院、养老院等养老机构，条件好的农村还建有"医养结合"的综合性便民养老机构，在很大程度上解决了养老难题。尽管如此，和发达城市及地区相比贵州农村公共设施整体质量和效率仍然偏低，在管理和利用上不尽合理。特别是偏远地区公共基础设施建设和管理利用水平还需提高。同时，在社会治理上，村民参与村庄治理的积极性不高。部分乡村治理示范点中，村民参与社会治理的深度也不够。其主要原因可能是基层组织结构松散、制度缺位、能人缺失。

四　推动贵州乡村振兴的路径

乡村振兴是一个系统工程，更是一个需要几代人努力才能实现的重大战略，需要以"四个振兴"为重要抓手，逐步实现乡村全面振兴。

（一）加快农业农村现代化建设，实现产业振兴

乡村产业振兴是实现乡村社会整体振兴的经济基础和重要力量支撑。只有产业发展兴旺，农民的收入大大增加，农民的生活品质才会提高，乡村发展才能有一个稳定的物质基础。贵州要因地制宜地推动乡村振兴。首先，政府要出台各种惠农及推动产业发展的扶持政策。政府是乡村振兴发展的主要推动者，只有根据农民的切身需要完善农业产业相关的政策制度和配套措施，才能激发农民的发展积极性和内生动力。农民对农业产业发展有信心、对政府信任才能营造出乡村产业中干群一家亲的良好建设氛围，乡村产业市场才能拓宽，乡村各种产业资源才会发挥应有的作用。其次，贵州要继续推进乡村产业革命，紧紧抓住十二大产业做大做强做深。加快全省农业生产力布局调整优化，加快构建黔中、黔北、黔东北、黔西北—黔西、黔东南—黔南、黔西南六大特色农业区，大力发展贵州

"现代化山地特色高效农业";积极打造贵州农产品绿色品牌,抓好农产品种植、加工以及经营销售等一系列环节,保证绿色有机"黔货"能高质量出山;要进一步促进第一、第二、第三产业的深度融合发展,根据实际调整产业结构,发挥各产业的最大优势以带来更大收益。再次,要想方设法引进外来人才、技术和社会资本。打造贵州良好的营商环境,用贵州产业的独特优势吸引外来资本的投资,为产业发展注入稳定的资金,最大限度拓宽市场。同时要为贵州产业发展大力引进专业技术人才和先进技术,提升产业的科技创新能力。最后,要发挥贵州数字经济优势,提升产业信息化水平。要运用大数据优势,借助"互联网+"等各种网络信息技术,提高产业全过程的信息化程度。运用信息工程技术、生物技术、新材料技术等提升乡村产业创新力与创造力,为贵州乡村产业发展带来新活力、新动力。

(二)坚守生态与发展两条底线,实现生态振兴

生态生产力也是一种重要的社会生产力,生态生产力是指生态系统储存生态资源、提供生态产品、改善生态环境、提供生态服务的自然物质运化能力,包括生态本身的物种成长力、植被扩张力、生产承载力、环境自净化修复力等。贵州要将得天独厚的生态资本变成社会资本。[8] 一是要将生态文明的意识常态化。通过各种宣传宣讲把"绿水青山就是金山银山"的生态发展理念深深刻印在人们心中,使每个人在生产生活上都能积极践行绿色可持续的生产生活方式,做到健康生活、绿色经营与发展,不断增强绿色生态文明意识,爱护自己赖以生存的家园。二是在生态文明治理方面要将法治和德治相结合。法治天下,德润人心。一方面,政府要制定健全生态文明建设和生态保护的法律法规和规章制度,用法律的准绳强制约束人们的行为,提升违法成本,让人们心生敬畏不敢轻易触碰生

态法律底线，做到有法可依、有法必依、执法必严和违法必究。另一方面，要宣扬传承"天人合一、道法自然"、齐同万物、和谐共处等爱护环境、保护生态的优秀传统文化。三是要对生态文明进行综合防治和治理。贵州要牢牢守住发展和生态两条底线，让贵州的山和水始终保持绿色的底色。对生产生活垃圾、工业废水废气、空气污染、湿地保护、土地使用等都要进行综合生态防治和治理，严要求、高标准，各管理部门要协同合作治理好我们共同的生态系统。蓄积贵州生态文明优势和潜在动力，打造属于贵州的现代生态生产力和生态经济。

（三）注重乡村文化传承和人才培养，实现人才振兴

贵州是多民族聚居地，传统文化丰富多样。自贵州推动乡村振兴以来，传统文化得到有效开发，"西江苗寨""肇兴侗寨""云舍土家族村"等少数民族村寨都成为富含少数民族传统文化的著名旅游地。但是，同时出现的少数民族传统文化开发过度问题也引来热议和关注，开发与保护成为焦点。学者苏卉、党楠认为传统技艺面临断层、传统建筑受到破环和传统村落内部传承面临空心化是贵州少数民族传统文化保护面对的三大困境，他们认为只有通过整体保育传承、活态开发传承以及文化原真传承三种方式才能更有效地保护贵州少数民族传统文化。[9]政府要高度重视少数民族传统文化，建立保护机制，增强当地人的少数民族优秀文化保护意识，加快培养一批能扎根乡村的文化传承人。将人才培养和产业发展有机结合起来，要做到人尽其才，英雄有用武之地。通过学历教育和非学历教育培养乡村发展中的各类人才，包括新型职业农民、技能型人才、经营管理人才、非遗人才，创造各种人才发挥功能的平台和机会，营造干事创业的良好氛围。

（四）夯实基层治理载体，实现组织振兴

组织是人们生产和生活的重要依靠，也是人才发挥能力的主要载体。基础设施完善与否与社会组织完善与否密切相关。贵州各地要结合社会各界力量完善农村的公共基础设施，为社会组织发展和村民生产生活提供便利、优质、安全的公共服务。按照《国家基本公共服务标准（2021 年版）》逐步实现公共服务均等化。此外，乡村组织振兴是乡村振兴的重要内容。从传统上看，贵州各民族在生产生活中积累了丰富的自治经验，传统治理主体成为农村基层治理的重要力量。新时代下，充分利用传统有效的治理手段，要和社会主义核心价值观有机结合起来。要加强农村基层党组织建设，发挥基层党组织的核心领导作用，创新基层党组织与生产生活的结合形式。在产业发展中，农民合作经济组织也应当在社会治理中发挥重要作用。农民合作经济组织、基层党组织、群众性自治组织是组织振兴中最重要的三股力量。[10] 在村集体经济发展中，要把集体经济发展和社会治理有机结合起来，提升村民在乡村中的组织存在感。要通过多元化的社会组织丰富村民社会生活，提高其社会参与度，从而增强村民凝聚力。

总之，已有的贵州乡村振兴研究随着时空的变化不断调整，理论研究和实践成果与国家宏观政策互促互进，贵州乡村振兴研究有其自身特色。在乡村振兴战略实施的起步阶段，有关贵州乡村振兴的研究和实践也呈现出成果比较分散、作者间合作和联动不多的特点。放眼整个贵州的乡村振兴实践，围绕乡村振兴的四个方面，贵州既有特点和优势，也有诸多需要解决的问题。未来，贵州需要紧紧围绕乡村振兴战略，结合贵州实际，以"四个振兴"为重要抓手，久久为功、绵绵用力，全力推进贵州乡村振兴，早日实现人们对幸福美好生活的向往。

参考文献：

[1] 黄勇，王彬，潘一，等.贵州推进乡村振兴战略的路径与重点任务思考 [J].贵州商学院学报，2020（02）：1-9.

[2] 李雪彦.贵州乡村振兴战略实施的人口结构障碍与理性调适 [J].山东农业工程学院学报，2020（05）：91-100.

[3] 卫松.实施乡村振兴战略要多举措融合推进 [N].贵州民族报，2018-04-11（A03）.

[4] 谭云.乡村振兴背景下贵州乡村旅游发展路径研究 [J].环渤海经济瞭望，2020（07）：69-70.

[5] 余明友，周玉娟.贵州偏远山区农村生活垃圾处理的问题与对策 [J].现代化农业，2017（09）：29-31.

[6] 王南.贵州省生态文明建设评价及发展对策研究 [D].天津商业大学，2018.

[7] 顾雪松.关于以大数据发展推动乡村文化传承与振兴的建议 [N].贵州政协报，2019-06-28（A02）.

[8] 陈贤，刘思哲，姜贵和.保护和发展生态生产力的"贵州实践"[J].中国经济报告，2019（05）：93-101.

[9] 苏卉，党楠.乡村振兴下贵州民族传统村落文化传承研究 [J].大众文艺，2019（16）：265-266.

[10] 安治民，任坤.贵州少数民族地区乡村振兴的内生路径 [J].贵州民族研究，2019（12）：46-51.

乡村旅游从带动脱贫转为助推振兴的制约因素、关键与要素：一个内生的视角[*]

范莉娜　敖青青^{**}

摘　要：旅游由于其关联性强、经济效益大已然成为乡村振兴的重要抓手。本文从内生视角出发，基于内生能力发展理论，梳理出乡村旅游从带动脱贫转向助推振兴的关键和制约因素，并以此提出发现地方价值、挖掘地方精神、学会跨文化适应、鼓励村民参与这四大要素，以期实现涉及多维价值的乡村振兴系统工程。

关键词：乡村旅游　乡村振兴　内生能力

引　言

　　随着脱贫攻坚战的全面胜利，2021 年中国以崭新面貌开启全面小康新时代，但需要清楚地认识到，脱贫攻坚目标的实现只是消除了现行标准下农村的绝对贫困，中国尚有许多乡村在历史、地理、生态等综合因素影响下具有贫困多维性、致贫原因复杂性、民族关系敏感性、地方文化多样性、生态环境脆弱性、脱贫难持续性的特

* 本文为国家社科基金资助项目"旅游高质量发展视域下西南民族特色村寨内生能力构建与评价研究"（编号：21BMZ074）阶段性研究成果。

** 范莉娜，贵州民族大学旅游与航空服务学院教授，硕士生导师，研究方向为民族旅游、旅游扶贫；敖青青，贵州民族大学社会学院硕士研究生。

点，生活的稳步改善成为后发地区的重要政治任务。下个 10 年，60 亿人次的旅游需求会在乡村实现，旅游业在后脱贫时代乡村的全面振兴中将大有可为。但对这个"可为"基底的认知必须清醒，从脱贫到振兴不可能一蹴而就，在过渡阶段尚存诸多制约因素。

一　关于内生式发展

（一）缘起

英国工业革命，一方面，带来了巨大的经济效应，空前的发展速度将人类文明史进程向前推进了一大步，加大了城市与农村的差距。另一方面，工业革命的快速发展，造成了环境污染，工业革命最先开始的几个国家的发展模式的典型特点是不考虑国家的经济结构和产业结构，发展建立在引进的巨资、技术以及理论上。[1] 这种发展模式被称为"外生式发展"，由于是引进的资本，资本方在当地发展时，会尽可能利用当地资源，尽快收回投资成本，理性造就短视，继而导致当地环境破坏以及公共危害事件时有发生。这些事件引发的结果就是，投资者利益出现波动，最后退出当地市场，发展权又回到当地人手中。投资者不仅带走了利润，还造成剩余价值的大量转移，产生了"增长而不发展"的现象。因此，人们开始转变发展方式，以当地人为发展主体，希望能在发展的同时可以保护好环境。内生式发展模式就是在工业革命背景下产生的，对环境破坏力大又不能促进当地可持续健康发展的外生式发展模式逐渐被人们摒弃。

（二）理论发展

内生式发展可追溯至 1971 年联合国经济及社会理事会针对不发达地区的项目开发提出的五点共识：（1）成果共享；（2）居民参与；（3）合理运用行政手段；（4）加强基础设施，进行统筹配置；（5）保护环境。[2]

1975 年联合国在其《另一种发展》报告中指出，"如果发展作为个人解放和人类的全面发展来理解，那么事实上这个发展，只能从一个社会的内部来推动"[3]。关于"内生式发展"的理解可以概括为：消除绝对贫困、自立更生、保护生态。内生式发展概念由此在书面报告中出现，并开始逐渐进入人们的研究视野，但此时还没有发展为"内生式发展理论"。而内生式发展理论这一概念最早由鹤见和子提出。她认为，社会发展不是按照欧美国家那种单一的发展模式进行的，而是在尊重当地环境、文化、资源、信仰、价值观等整体资源的基础上进行的。[4]

20 世纪 80 年代，联合国教科文组织、联合国大学组织了一批研究项目深入探讨何为内生式发展。欧洲学者们也不断丰富内生式发展理论，主要的提出者包括 Garofoli、Vander Ploeg[5] 等。这些学者认为内生式发展是建立在合理利用乡村内部物质和非物质资源的基础上的，在进行内生式发展的时候，还需要积极鼓励当地人一起参与发展项目的策划、组织以及实施，让他们意识到个人参与的重要性。

20 世纪 90 年代，学术界尤其是日本学术界就内生式发展进行反思，普遍认为该理论缺乏可操作性，把理论应用于实践时应当考虑地方特殊性，做到具体问题具体分析，不能一概而论。

随后内生式发展被越来越多的学者运用到落后乡村发展问题研究上，但总体来说，该理论体系到目前为止没有形成世界公认的定义，更多的是对理论进行概念内容的拓展和延伸。

（三）理论内涵

20 世纪晚期才被正式提出的内生式发展理论，现在还处于发展阶段，虽然没有统一公认且系统的定义，但可以根据对前人学者提出的概念对它进行较为准确的认识和把握。

根据韦氏词典的解释，"endogenous"是指从内部发起或者生产。作为概念，"endogenous"来自植物分类"内长茎植物"，它意味着从一个尚未出现的机体中起源或者成长，这个比喻将社会看作一个巨大的有机体，创新由内部产生或者看似简单地从内部成长[6]，内生式发展涉及理念以及组织的变化[7][8]。日本在采用外生式发展模式之后，宫本宪一看到了这种模式带来的种种弊端，论述了内生式发展理论，并总结了内生式发展模式的要点，即：发展以本地资源环境为基础，目标是人权、文化、福利的综合；地区产业关联；建立居民参与制度，拥有自治权。[9]联合国发表的《马德里宣言》对内生式发展观点也进行过相关阐述，概括为以下几点："（1）本地的发展不能破坏区域的生态和文化，区域开发的最终目的是培育本地的发展能力；（2）应以当地人为发展主体，使其成为发展的参与者和受益者；（3）建立组织，通过组织制度保障当地人的利益，还可以通过这个组织表达自己对区域发展的意见，并有权决定地区发展政策。"简而言之，就是以内生式发展为目的，把当地人作为发展主体，通过建立有效基层组织，培育内部生长能力，最后达到可持续发展。

从"内生式发展"的首次出现，到后来"内生式发展理论"的提出，理论深度在逐渐增加，内涵也在不断丰富。尽管这些定义都是来自国外学者的研究，产生于国外的土壤环境，但理论的根本内涵没有变，任何一个国家都可以借鉴，为自己所在区域服务。基于以上学者的观点，本文认为，内生式发展理论内涵可以概括为以下几点：第一，村民是参与者，也是受益者；第二，以可持续发展为目标；第三，注重乡村地方价值，尊重当地生态、人文环境；第四，基于当地拥有的资源进行合理开发利用。我国乡村旅游的发展不仅可以完全运用内生式发展理论，而且还可以在实际生活中与我国具体实践相结合，探索出更多有利于乡村旅游发展的机制与方式，为巩固脱贫攻坚成果、助力乡村振兴发挥应有的作用。

二 乡村旅游从带动脱贫转为助推振兴的制约因素

虽然乡村旅游在乡村振兴中发挥着巨大的作用，但在实施过程中依然存在一些问题与制约因素亟待破解。

（一）主体不清的制约

从脱贫到振兴首先需要回答一个问题，即乡村旅游中农民究竟是建设主体还是受支配对象。把乡村农民当作建设主体，就应以提高当地村民生活质量为宗旨，从当地自然与文化特性出发挖掘本土内部潜力，将原有自然要素、知识要素、价值要素重新整合形成新的产业能力。若村民是受支配对象，那就仅仅是一个"文化殖民"的过程，只需把外来"先进知识"全套引进推广，不用去考虑是否水土不服。但事实是村民世代居住于此，与当地的生态环境已经形成了相对和谐的状态，村民也在此地创造了自己的独特文化，因此，在助力乡村振兴的过程中，应该要明确的是村民是建设主体，是乡村振兴的建设者，也是受益者。习近平总书记在2016年就强调，扶贫不仅要扶智，还要扶志。实现可持续的乡村振兴，必须充分发挥村民的积极主动性，让他们通过自己的双手去创造财富，争取财富，只有这样才能实现真正意义上的振兴。明确村民是建设的主体，更有利于培养村民由内而外的自力更生的意识，实现自身发展的同时，还增强了自身独立自强的志气，做到双赢。

（二）"扶贫—返贫"的制约

在扶贫政策的落实过程中，年年扶贫却年年贫的现象在中国乡村并不罕见，不少地方"扶不起"已成为影响可持续脱贫成果的巨大隐患。"一年脱贫，二年返贫"的循环怪圈不仅造成扶贫资源浪费，更无法消灭贫困再生产机制，终结代际贫穷的梦魇。因此，防止返贫，是真正走上脱贫道路的难点，也是重点。防止返贫现象出现的关键是合理运用扶贫资源，确保贫困人员已经走上稳定脱贫的致富道路，彻底摘掉贫困的帽子。

（三）"经济为上"的制约

当前，不少乡村依托旅游产业已助推贫困人口增收，实现了"一达标"的目标，但落脚在"两不愁、三保障"上更多体现的是其间接作用。由于脱贫攻坚时间紧、任务重，不少乡村旅游地在发展中染上"短视化"和"功利性"弊病。部分乡村旅游是带有"经济为上"局限性的乡村旅游，是欠缺经济、文化、社会、精神全方位高质量发展的乡村旅游。

旅游扶贫是中国脱贫的重要模式之一[10]，旅游以其强关联性成为脱贫模式的首选。在实践过程中，乡村旅游带来的经济价值不容小觑，但过于注重其经济价值，导致对其他方面的关注减弱。虽然在后脱贫时代经济价值是脱贫的重要参考指标，但乡村旅游是包含文化、生态、经济等各方面的综合体，不仅要有经济的增长，还要有社会文化的发展以及个人层面的提升。乡村旅游的真正内核是以文化为首的包含人文、社会、生态的综合发展体。"经济为上"的原因主要有以下两点。首先，经济价值比较好量化，而文化、信仰、价值等短期内很难被测量。其次，相比文化层面的提升，经济价值短期内能更快地让人们在物质生活上达到富裕。在注重经济效益的同时，需要综合考量长期的生态、文化效益，不能捡了芝麻丢了西瓜，最后经济效益上去了，其他方面却恶化了，出现增长而无发展的情况。

（四）低估乡村价值的制约

当下的乡村过度重视"颜值"打造而忽略"气质"培养，对乡村价值的评估和挖掘同质且粗放，缺少"灵魂"。环境清新、温馨质朴的乡村，成为人们追寻乡愁、日常休闲度假的好去处，承载了人们对生活的美好向往，这是乡村最本真的价值体现。

中国相当部分的乡村旅游目的地建设只是在造景区，而且还是对"城市化""园林化"的拙劣模仿，而最该体现"村味"和"温度"的老景观、老房子、老手艺、老故事、老规矩等却在造景中被破坏殆尽。随着城镇化的推进，快节奏下的都市人群更加崇尚视觉、感官的刺激，这就促使许多乡村在原本平衡的环境下通过开发大型娱乐设施来吸引眼球，而忽略了乡村文化、房屋建筑、生态环境、民风民俗这些最有特色、最能代表乡村价值的东西，但被忽略的这些正是发展乡村旅游、走向乡村振兴的价值精髓。很多景区在开发的时候，没有结合自己的实际，生搬硬套地将一些不合时宜的旅游项目移植到所属景区中，造成的结果就是跟风盛行，毫无特色可言，让自己迷失在普通的海洋中，最终导致乡村文化的薄弱、建筑的破坏以及民风民俗的严重商业化。尽管乡村旅游遍地开花，但商业化进程中的村落却难保"回归自然"之初心。因此，不仅不能形成绝对优势，还弱化了自身比较优势，忽略了乡村旅游"美好生活"属性。

（五）人力资本缺失的制约

随着城镇化的推进以及城乡的融合发展，农村青壮年人口率先进入城镇，找到工作安定下来之后，家里其他人再跟随过去。[11] 乡村人口向城镇迁移，乡村留下的更多是孤寡老人和儿童。城镇化不仅带来农村劳动力的流失，还带来一系列的社会问题，例如，乡村人口结构失衡、农业产业发展滞后、乡村文化边缘化等，这严重制约着乡村发展以及村落文化的保护和延续。劳动力是乡村发展的动力之源，一切的发展都需要靠人来完成，乡村劳动力减少，内生的人力资本就不足以支撑地区发展；产业无人去参与、文化没有人去传承、经济无人去发展，人力资本不足，严重制约着乡村整体的发展进程。[12]这样内生动力就无从谈起，仅仅依靠小规模的农业甚至是以老年人为主的老人农业是很难使产业兴旺的。[13]

以上每条制约因素都直指乡村内生发展能力，后脱贫时代不是脱贫替代扶贫，而是主动脱贫替代被动脱贫，是从"援助"到"自助"的进程。

三　乡村旅游从带动脱贫转为助推振兴的关键

在后脱贫时代，乡村旅游助推乡村振兴的关键是发展乡村内生发展能力，这是一种可持续脱贫能力。从外生性致贫变量入手在一定程度上可以缓解深度贫困，但要想从根本上解决深度贫困并不容易。而乡村脱贫人口的内生发展能力则是打破"能力匮乏—陷入贫困"这一低水平动态循环的关键。[14]阿马蒂亚·森（Amartya Sen）认为："能力建设以促进内源式发展为根本，将人的因素置于中心地位，强调通过人的主动参与来扩展真实选择的能力和自由，而不只是被动接受精心设计的发展计划。"[15]

乡村振兴的内涵与内生发展能力本质上是相通的。首先，实现乡村振兴需要结合当地特点、利用本地资源、激发内生动力获取收益并将收益留在当地，为民所有、为民所用，这才是真正的创造价值。其次，内生发展理论强调生态保护，习近平总书记也曾多次强调"绿水青山就是金山银山"，只有把生态环境保护好，才有发展的资本，后代才有可持续发展的资源。而乡村振兴注重生态可持续性，二者高度契合。[16] 再次，内生发展能力并不排斥外部力量，而是强调内外融合、灵活应对，需从一个动态的角度来看待内外部力量对乡村内生发展能力的影响[17]，虽然二者缺一不可，但外部推动力如果不结合内生驱动力，则很难保持长期有效的势头和持续不断的增长。尽管脱贫人口都有物质财富增长的需求，但如何有效提升他们运用资源创造财富的能力才是根本，只有后者才能赋予一个民族创造性，培育自身内生发展能力，走上自主发展之路。

四 乡村旅游从带动脱贫转为助推振兴的要素

从脱贫到振兴必须直面过渡中的内部生长问题，依托乡村旅游发展的乡村振兴可从以下四个要素来做文章。

（一）地方资源：发现乡村价值

中国乡村旅游发展的内核是"乡土性"，基于"乡土性"的乡村价值才是解决乡村旅游产品供给中"城市缺什么？乡村有什么？"这一问题的关键。乡土性是指当地人、土地、环境都处在一个相对和谐的状态中。乡村向外展示的价值体系、向内的社会功能是乡村价值的组成部分，不能破坏任何一方，也不能缺少任何一方，乡村价值在它本身的环境中处于一种平衡状态。因此只有在尊重乡村价值体系及其功能基础上实现自我迭代，乡村振兴才能取得事半功倍的效果。地方资源皆生于斯，长于斯，既关乎地脉也牵扯人脉，既包括自然资源也包括人文资源。在地方资源的挖掘中要以整体资源观来加以打包利用，要强调自然、社会两种属性的整合；要充分利用地方社会资本和文化资本，再将两种资本转换成经济资本。尽管民族的就是世界的，但地方的才是旅游的。对地方资源的价值重估可以避免内部重复竞争，并在超地方市场中形成旅游目的的比较优势。

（二）地方精神：认同"领土—文化"

1999 年 Christopher Ray 提出"领土—文化认同"概念。这个概念中的"领土"和"文化"是以地方历史、文化及一系列文化表征为基础且相互关联的两个基本点，领土赋予文化以根基，文化赋予领土以边界。[18]地方居民凭此确定社会身份，也有了对扩大意义上的"家"的认知与归属感。"领土—文化认同"是培育内生发展能力的土壤，也是发现地方资源价值的土壤。其在依托旅游发展的乡村振兴中具有如下作用：第一，唤起居民的地方记忆和归属感；第二，在物理及精神场域帮助脱贫人口构建心理纽带，形成情感共鸣，实现共同目标；第三，激励居民"同心同德"参与旅游产业；第四，为有形地方赋予无形意义，为物理乡村赋予精神之"魂"；第五，吸引人口回流，为乡村振兴提供人口动力。

（三）跨文化适应：学习"美美与共"

当乡村有旅游者到来时，跨文化适应就启动了，这是一个持续动态的过程。通过这个过程，在与外来人口面对面交流时，个体会在某种程度上起到跨文化转换作用。与旅游者相比，东道主才是更被期望做出适当改变的人，只有这样才能在多元文化融合的洪流中共享现代化和全球一体化带来的红利。面对日新月异的世界，以前熟悉的事物都在改变。对很多人来说，不适感和挫败感也是社会文化适应的一种结果，它是遭遇外界环境挑战时村民内生式发展的印证。[19]通过文化适应能力我们可以了解一个人在变化的环境里能否应付自如并心情愉悦，这种适应能力与对外社交能力和全球一体化参与能力直接相关。具备跨文化适应能力会使乡村脱贫人口对跨文化后的新生活感到满意，文化自信自觉、心理自尊自强，这便稳固了热情好客、文化自信的东道主队伍。他们既是旅游发展主体也是旅游产品本身，优质的旅游供给自然会创造更多改善生活的机会。动态把握参与主体的跨文化适应能力，通过旅游把乡土文化与现代文化有机结合，放在当下的时代去调适、发展与重构，还乡土文化本真内涵，增强乡土文化自信。

（四）村民参与：基于资源—认同—适应

基于地方性资源，开发旅游产业，吸引人口回流。在手有资源、身带乡愁、心怀美好的内部观照下村民参与便成为内生发展逻辑与路径的最终落脚点。有了话语权与决策权，村民会更加积极地参与乡村发展，乡村的发展能够给村民生活带来价值，尤其是经济价值。强化村民对本土文化的认识，也是一个以地方需求为导向的自我发展过程。乡村脱贫人口通过产业参与满足自己的利益诉求，同时还能对决策过程产生影响。更重要的是个体在参与中又成为推动乡村内生发展的核心力量，极好地回答了"谁的振兴"这一问题。

五　结语

乡村内生发展能力培育是一个由内而外的过程，不是一蹴而就的。首先，需要改变的是村民内在的思想观念，需要建立自力更生的生产生活方式，改变"经济为上"的短期经济效益追求，考虑长远的整体价值。其次，需要在尊重乡村价值的基础上强化村民的地方和文化认同，在乡村旅游开发中积极学习外来优秀文化，在现代化潮流中做到不失去自我。最后，激发群众参与乡村振兴，彻底告别过去的贫困状态，巩固脱贫攻坚成果，走上乡村振兴道路。乡村内生发展能力的发展是基于地方文化多样性和特殊性的发展。后脱贫时代，内生发展视角为乡村旅游助推乡村振兴提供了如下启示。第一，确立地方居民的主体地位。乡村振兴战略实施的主战场在农村，农村脱贫人口是推动旅游发展的主力军，其核心地位不容动摇。第二，加强对"家园"的认知和依恋，基于地方多维资源，依托本土产品和服务形成扎根内部的发展优势。第三，激发参与主体的跨文化适应能力，借助适应的力量主动改变以实现跨文化环境下的功能健全和心理健康。第四，乡村旅游带动下的内生发展不仅是经济行为，更是涉及多维价值的系统工程。第五，能力建设不是简单满足现代社会生存需要的一个技能培养，而是一种批判精神的发展过程，是一种态度和价值观的建构。

参考文献：

[1] 宫本宪一. 环境经济学 [M]. 朴玉，译，北京：生活·读书·新知三联书店，2004.

[2] 张环宙，黄超超，周永广. 内生式发展模式研究综述 [J]. 浙江大学学报（人文社会科学版），2007（02）：61-68.

[3] Nerfin M.Another Development.Approaches and Strategies [M]. Uppsala : Dag Hammarskj Old Foundation，1977.

[4] 鹤见和子，川田侃. 内生式发展论 [M]. 东京：东京大学出版社，1989.

[5] Vander Ploeg J D，Saccanandi V.On the Impact of Endogenous Development in Agriculture[A].In Vander Ploeg J D，Van Dijk G.（eds.）. Beyond Modernization : The Impact of Engenous Rural Development. The Impact Genous Rural Development[C]. Assen ; Van Gorcum，1995.

[6] 吴文静. "农家乐"内生式发展机制探析 [D]. 浙江大学，2010.

[7] Ray C.Endogenous Development in the Era of Reflexive Modernity[J]. Journal of Rural Studies，1999，15（03）：257-267.

[8] Ray C. Endogenous Socio-Economic Development in the European Union—Issues of Evaluation [J]. Journal of Rural Studies，2000（16）：447-458.

[9] 宫本宪一.环境经济学 [M].朴玉，译.北京：生活·读书·新知三联书店，2004.

[10] 王亚华，舒全峰.中国精准扶贫的政策过程与实践经验 [J].清华大学学报（哲学社会科学版），2021（01）：141-155.

[11] 贺雪峰.关于实施乡村振兴战略的几个问题 [J].南京农业大学学报（社会科学版），2018（03）：19-26.

[12] 孙九霞，黄凯洁，王学基.基于地方实践的旅游发展与乡村振兴：逻辑与案例 [J].旅游学刊，2020（03）：39-45.

[13] 贺雪峰.关于实施乡村振兴战略的几个问题 [J].南京农业大学学报（社会科学版），2018（03）：19-26.

[14] 李小云.冲破"贫困陷阱"：深度贫困地区的脱贫攻坚 [J].人民论坛·学术前沿，2018（14）：6-13.

[15] 阿马蒂亚·森.以自由看待发展 [M].任赜，于真，译.北京：中国人民大学出版社，2002.

[16] 杨永伟，陆汉文.贫困人口内生动力缺乏的类型学考察 [J].中国农业大学学报（社会科学版），2019（06）：128-136.

[17] 宋潇玉，宋子千.对后脱贫时代乡村旅游政策创新的思考 [J].旅游学刊，2021（04）：10-12.

[18] Ray C.Endogenous Development in the Era of Reflexive Modernity [J]. Journal of Rural Studies，1999，15（03）：257-267.

[19] Brody E B. Migration and Adaptation：The Nature of the Problem[J]. American Behavioral Scientist，1969，13（01）：5-13.

乡村振兴背景下民族地区乡村治理[*]

党 旗 王红梅 卫 松^{**}

摘 要：近年来，随着我国新型城镇化的迅速推进，城乡要素流动更加自由，乡村经济社会结构剧烈变迁，乡村治理陷入了更加复杂的局面。其中，民族地区乡村治理问题尤为突出，乡村收入差距加大、内部矛盾凸显、新社会风险增加，基层治理面临考验。要实现民族地区乡村振兴，就必须要实现乡村治理创新。需要从治理主体能力建设、治理资源整合、治理手段创新、乡村福利体系建设等方面提升民族地区乡村治理水平，实现乡村治理体系和治理能力现代化，最终实现国家治理体系和治理能力现代化。

关键词：乡村振兴 民族地区 乡村治理

引 言

实现民族地区乡村振兴是推进国家治理体系和治理能力现代化

---

* 本文为 2020 年国家社会科学基金项目"技术治理视角下西南民族地区乡村治理体系重构"（项目编号：20XMZ048）阶段性研究成果；2021 年贵州省教育厅高校人文社会科学基金重点项目"技术治理视角下贵州乡村治理体系重构：以贵州省余庆县、福家市、盘州市试点为个案"阶段性研究成果。

** 党旗，贵州民族大学民族地区行政管理硕士研究生，研究方向为民族地区公共政策；王红梅，贵州民族大学劳动与社会保障系主任、教授，博士，硕士研究生导师，研究方向为民族地区行政管理；卫松，贵州民族大学教授，硕士研究生导师，研究方向为民族地区社会政策、社会保障。

的重要环节，民族地区乡村治理创新是实现乡村振兴的重要保障。近年来，由于城镇化、工业化带来的影响，乡村区域正在经历巨大的社会变迁，给乡村治理带来了重大挑战。乡村服务体系落后[1]、乡村建设能力不足[2]、乡村管理水平低下[3]等问题逐渐暴露，为实现民族地区乡村振兴带来了困难。因此，要加快推进民族地区乡村治理创新，实现民族地区乡村治理体系和治理能力现代化。

要实现民族地区乡村治理创新，首先要了解民族地区的特殊性。民族地区少数民族众多，不同民族的风俗习惯以及管理方法不同导致其在乡村治理方面有别于其他地区。[4]因此，要针对民族地区治理主体的特殊性，来研究民族地区乡村治理创新。梳理有关的文献可以发现，学者对民族地区乡村治理的研究主要有两个方面：一是乡村治理创新的结构研究[5]；二是乡村治理创新的路径研究[6]。

目前有关民族地区乡村治理创新的研究仍处于摸索阶段，虽然有关民族地区乡村治理创新的研究有很多，但是仍然存在研究片面和缺乏完整的研究框架等问题。在国家提出乡村振兴战略以来，把民族地区乡村治理创新放在乡村振兴大环境下的研究较少。因此，本文结合民族地区乡村社会变迁环境下的乡村治理现状，分析了目前乡村治理中存在的问题，总结出民族地区乡村治理创新的实现路径，以期推进民族地区乡村治理体系和治理能力现代化。

一 乡村振兴背景下民族地区乡村治理的新变化

党的十九大报告指出："中国特色社会主义进入新时代，我国社会主要矛盾已经转化为人民日益增长的美好生活需要和不平衡不充分的发展之间的矛盾。"[7]自改革开放以来，随着经济迅速发展、社会加速转型，我国逐渐形成城乡发展不均衡的局面。要实现治理体系和治理能力现代化，就必须要解决好城乡发展不均衡的问题。

这种不平衡不充分不仅体现在人民精神需要和物质需要之间，还表现在不同地区之间、城乡之间，国家提出乡村振兴战略就是为了解决城乡发展不协调的问题。

21世纪初，我国成为世界第二大经济体。我国能取得如此巨大的成就，主要是因为我国采用优先发展重工业的非均衡战略。自古以来，我国就是农业大国，由农业为重工业提供经济基础，农村支持城市发展。优先发展重工业，虽然让我国实现了经济飞速发展，但也造成了城乡发展不平衡的问题：城乡矛盾日益加剧，城乡差距逐渐加大。城乡发展不平衡问题的暴露会影响我国推进现代化的整体节奏，因此党的十九大报告提出的乡村振兴战略，正是解决城乡发展不协调问题的有效措施。实施乡村振兴战略，让城市带动乡村、让工业带动农业，全面推进乡村现代化发展，包括经济、文化、生态等多领域。[8]要解决这些问题，实现乡村振兴，改变乡村传统形态让农民过上新生活，不仅需要国家给予大力的财政支持，持续推出惠农利农的政策，还需要实现有效的乡村治理。

乡村治理的本质就是解决乡村内的社会问题。村民生活在乡村之中，生活与劳作联系在一起，随着时间推移，各项制度的弊端开始显现，进而可能产生越来越多的社会问题，这就演变成乡村治理的内容。人在社会上生存必然是要与其他人组成共同体，这种共同体有多种体现：民族是基于某种共性文化的共同体；家庭是一种主要基于血缘的共同体；乡村则表现为因地域划分而生产生活在一起的共同体。乡村往往是聚居而成，由一个家族或多个家族以地域划分组成，因此乡村是血缘关系和地缘关系共存的共同体；而对于民族地区乡村来说，其内部成员还具有较为明显的宗族关系，这样的关系对乡村治理产生着重要影响。对于生活在民族地区乡村的人们而言，要满足不同个体的自身需要，还要保证分配的公平性，维护每个人的利益，这就要求必须妥善解决村民之间的利益分配、劳动分配、宗族利益等社会问题，而解决这些问题的过程就是乡村治理的过程。对于民族地区乡村而言，乡村治理实际上就是以基层政府、村委会、村民组成的自治组织为主体，解决乡村社会问题、保证乡村良性运行、发展乡村经济使乡村变得更加美好的过程。

进入新时代，乡村治理的内容已经突破传统发生了变化，新时代的乡村治理可以归结为三个方面。一是保持乡村安定。对乡村生活进行合理管控，解决冲突和矛盾，把争议和冲突缩小在最小范围内，让乡村生活保持安定的状态。对于乡村的内部成员来说，追求安定是乡村生活的第一目标，有了安定的生活才能开展正常的劳作。保持乡村生活安定要解决的突出矛盾就是乡村内部成员的利益分配不公平问题。二是维护乡村和谐。乡村和谐是现代乡村治理追求的第二个方面，和谐是建立在安定有序的生活之上的。对于乡村治理来说，基层政府、村委会等乡村治理主体要保证乡村内的生活和谐，必然要有完善的规章制度以及惠民利民的政策，只有和谐的乡村才有发展的可能和基础。三是实现乡村发展。国家全面实现现代化，乡村发展是前提。要实现乡村发展，必然要进行有效的乡村治理。乡村治理主体要利用正式和非正式的各种制度规范乡村内部成员行为，经济社会发展要保证分配合理、要兼顾公平与效率。[9]综上所述，要实现乡村振兴、发展乡村经济，必然要进行有效的乡村治理。在乡村社会治理过程中，民族地区因为处在特殊场域，其乡村治理结构、治理理念、治理技术都与非民族地区有一定的差异（如图1所示）。

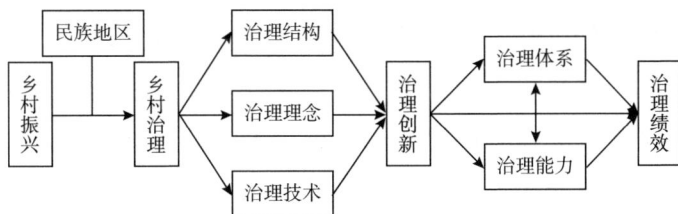

图1 乡村社会治理创新框架

二 我国民族地区乡村社会治理场域变迁及影响

自新中国成立以来，我国一直在进行社会建设的改革与创新，完善的社会建设离不开有效的社会治理。党的十八大提出"五位一体"总体布局以来，我国的社会建设有了质的飞跃，取得了极大的进步，中国特色社会主义建设成绩有目共睹。进入新时代以后，我国在经济发展的同时，人民的生活需要也发生了巨大的改变，人们日益增长的美好生活需要和不平衡不充分的发展之间的矛盾逐渐凸显出来。这一问题在乡村地区体现得尤为明显，因此党的十九大报告提出乡村振兴战略恰逢其时。

（一）收入差距加大引发的社会问题凸显

由于城镇化、工业化的快速发展，城乡差距加大，农村居民人均可支配收入远远低于城镇居民人均可支配收入。数据显示，2019年下半年全国居民人均可支配收入为22882元，城镇居民的人均可支配收入是农村居民人均可支配收入的2.75倍，是贫困地区农村居民人均可支配收入的3.91倍。[10]农村居民收入的地域差距也比较明显，不同地区的农民收入差距较大。2019年，上海农村常住居民人均可支配收入是33195元，甘肃是9628.9元，上海大约是甘肃的3.45倍。甚至在某些地区，同一地区的农民收入差距也较大。农村内部产生的差距导致矛盾不断增多，贫富差距的产生导致社会结构也发生了巨大的变化，同时引发社会分化和社会关系的剧烈变动，由此产生了许多社会问题。第一，留守现象在欠发达地区表现得更明显。在民族地区的农村常住人口中，大部分为老弱妇孺。年轻人走向城市，而老年人与孩子常年留守农村已成为常态，留守儿童、空巢老人、留守妇女成为农村社会治理中的重要风险点。留守儿童和空巢老人在平时的生产生活之中，无法获得满足自己平时生活的需要，就会导致各种问题产生。得不到关爱导致留守儿童心理问题越发明显，数据表明，20%的留守儿童或多或少有心理障碍，这一比例远远高于城市儿童。[11]因此乡村内部产生的矛盾是影响乡村治理的主要因素。第二，乡村内部不公平感一直存在。历史上，乡村内部差距不大，自古以来的不患寡而患不均的思想影响深远，但是，收入差距加大使得村民间距离感增强，交流减少，社会整合难度增加。第三，收入差距加大导致农村居民社会焦虑感增强。在收入差距不大的背景下，农村居民社会焦虑感还不强，当周边的居民收入越来越高、生活状态越来越好时，收入相对较低的农村居民在横向比较中社会焦虑感在逐步增强，整个民族地区农村居民社会心态悄然发生变化。部分居民收入提高的确有利于推动乡村经济社会发展，但是客观上也会带来一系列的社会心态失衡问题。

（二）新社会问题给乡村安全带来了新的挑战

工业化推动了城市经济发展，城镇化也使农村地区人口大量流入城市，导致农村地区现有人口大部分为老弱妇孺，这一现状为黑恶势力带来了可乘之机，乡村霸主、地痞流氓等群体迅速崛起[10]，给农村居民的人身安全和财产安全带来了巨大威胁，并且影响我国现代化的发展。因此，为了实现有效的乡村治理，保证乡村和谐稳定、居民生活幸福，中共中央、国务院发出了《关于开展扫黑除恶专项斗争的通知》，在全国范围内进行扫黑除恶专项斗争，为铲除乡村黑恶势力开展具体行动。国家对有黑恶势力的乡村进行具体的摸点排查，根据不同的黑恶势力的特点，采取不同的解决措施，力求一网打尽、杜绝后患。并且由于乡村教育发展相对滞后以及农民风险意识较低，部分传销、高利贷、诈骗等新型犯罪方式也逐渐传入农村地区，这些问题为乡村安全带来了诸多困难与挑战。另外，经济的发展可能带来资源过度开采以及环境破坏、环境污染等问题。各种自然灾害频发，食品安全、药品安全、交通安全等多种安全事故时有发生，对原本脆弱的农村社会来说更加难以应对。

（三）城乡要素自由流动给乡村社会带来的挑战

我国自古以来就是农业大国，农业是我国的根本，城市的发展必然要建立在乡村发展的基础之上，否则城市的发展极不稳定。近年来，日益加速的工业化以及城镇化，不断改变的农村社会结构，导致年轻人向城市流动，留在乡村的大多是老弱妇孺，农村基层发展的劳动力供给严重不足。乡村治理主体缺失，积极性、主动性不足，乡村基层组织，特别是社会组织建设严重缺乏人力。[12]以血缘关系和地域划分的传统乡村关系开始逐渐分化，由于青壮年劳动力在外打工带来的消费观念转变，攀比心理、快速消费、盲目消费在部分地区盛行。并且极少部分农村留守人口感觉发展无望所滋生的"等、靠、要"心理影响农村社会的公平发展，破坏乡村风气；基层治理体系的薄弱与不健全，导致我国许多惠民利民的政策也无法完全落实到位。

总之，民族地区乡村发展的趋势总体上积极向上，但是在市场化的强烈冲击下，农村社会结构在面临来自内部和外部力量的冲击下急剧变化，社会整合难度加大，乡村社会治理体系亟须重构，治理手段和方式亟须创新。

三 民族地区乡村治理创新的路径选择

社会发展始终伴随时代变迁，历史的车轮总是缓缓向前滚动。随着生产方式的进步，越来越多的国家开始推进现代化进程，现代化在全世界范围内推广开来。新中国成立后，我国也逐渐开始全面现代化的建设，从传统的农业大国向工业大国转变。工业化给我国传统农业带来了冲击，给处在我国边远地带的一些民族地区带来的影响更是巨大，使民族地区乡村社会发生巨大变迁，要适应这种改变，必须对乡村治理进行创新。

（一）提升乡村建设能力，推进乡村治理创新

乡村建设能力，体现在乡村治理主体通过完善规章制度来规范村民的行为，使乡村合理运行，以提升乡村的治理能力与治理水平。在民族地区乡村治理当中，提升乡村建设能力指的是发展新兴产业、保护生态环境、建设乡村文化、提高乡村服务能力等，在乡村环境秩序稳定的基础上，实现乡村振兴。进入新时代，民族地区乡村治理创新的关键是创新民族地区乡村治理的体制，拥有完善的体制，才能实现有效的乡村治理。

第一，乡村治理主体之间要共同协作，也就是要处理好基层政府与群众自治组织之间的关系、处理好城镇与乡村之间的关系。在基层政府和群众自治组织关系中，政府要赋予乡村内部成员自行管理乡村的权力，要简政放权使村民有参与感，积极主动地为乡村治理做出自己的贡献。改变传统乡村治理中以政府为单个核心的治理模式，进行多元化主体治理。在处理城市与乡村之间的关系上要注意不能照搬城市的建设方式来建设乡村，避免将乡村变成第二个城市。尤其民族地区具有特殊性，要针对这些特殊性去选择治理方法与治理手段，不能单纯地将城市治理模式套用在乡村治理上。

第二，乡村治理创新首先要从其内部开始，要建成完善的基层治理体系。治理主体之间的横向沟通和联系是乡村治理的重要内容。村"两委"、民间组织以及乡村中具有话语权的精英人物要互相协作，共同为乡村治理出谋划策，在方法选择与政策实施的过程中要多方通力合作，避免出现"一言堂"的现象。

第三，乡村治理创新要实现法治、德治与自治的融合。民族地

区因具有少数民族背景，在传统治理中有其独特的方式。在乡村发展市场经济的过程中，要充分考虑民族地区当地的民族特色以及风俗习惯，以法治为约束手段、以德治为推手、以自治为辅助，整合民族地区乡村资源，推进乡村治理体系的重构。

（二）建设多元乡村组织，全面服务乡村社会

第一，进行有效的乡村治理的关键突破口是乡村治理主体。传统乡村中，乡村内部的传统社会组织一直担任着乡村治理主体的角色。在民族地区乡村社会中，传统的乡村社会组织更是乡村治理的关键所在。如瑶族的瑶老制与石牌制、基诺族的长老制、景颇族的山官制等，这些传统的治理方式在民族地区乡村治理中有重要的作用。但是这些传统的治理方式，在如今推进我国现代化的进程当中受到了冲击，传统治理方式与现代市场经济发展的不适应，会导致许多问题发生，因此对传统的民族地区社会组织进行创新使其重新发挥在乡村治理中的作用，是首要问题。[14]

第二，引导民族地区乡村建立新型社会组织。基层政府在民族地区乡村治理过程中，会有许多方面无法顾及，如无法深入进行政策推进、无法横向进行部门之间的交流等，而新型社会组织的存在就是为了解决这些问题。[15]新型社会组织可以是由村民自发组织的也可以是各类民营企业的合作体。但是在推进新型社会组织的建设过程中也遇到了许多问题，如合法性缺失、成本过高、村民不认可等。因此民族地区乡村治理创新，要开发更多的新型资源来推进新型社会组织的建设。[16]

第三，民族地区基层政府要鼓励服务型社会组织的建立。乡村由于其常住人口的特殊性，对政府的服务性要求较高。在民族地区发展服务型社会组织要把重点放在公益类、教育类、志愿服务类、医疗类等方面，使这些社会组织能够在民族地区乡村治理中发挥自

己的作用，如文化保护、社会保障、生态保护、养老、儿童教育。在鼓励服务型社会组织建立的同时要辅以资金支持、税收优惠，使更多的服务型社会组织主动加入乡村治理建设。

（三）全面整合乡村资源，提升乡村整体服务能力

第一，民族地区基层政府要整合乡村资源，根据当地的民族特色以及产业发展现状，对资源进行合理有效的分配，把更多的资源引向公共服务，使乡村产业发展和居民民生问题得到更好的解决。同时要合理引导城市人才资源、技术资源向民族地区乡村转移，大力开发民族地区乡村人才资源和传统资源，多措并举促进民族地区乡村社会发展。

第二，民族地区乡村发展要打破传统的生产方式，大力发展新兴产业。发展乡村市场经济，要实现乡村的自给自足。与此同时，基层政府要在政策上引导乡村内部社会组织与村民积极主动地参与乡村建设，改变乡村环境、开发乡村资源、保护乡村生态。

第三，促进民族地区乡村服务能力的发展，不仅要依靠基层政府与村民的努力，还要引导鼓励多方主体的加入，提升服务能力、丰富服务内容。现阶段公共服务的形式主要有市场化、社会化、行政化三种，分别对应企业、村民和政府三个治理主体。三方协同合作是民族地区乡村治理服务模式的理想形态，因此要根据民族地区的特点选择适合的服务模式，并在此基础上推进医疗、教育、生态等多领域的服务能力建设。

（四）完善乡村福利体系，因地制宜实施福利政策

保障乡村内部成员的社会权益，要有完善的社会福利体系。民族地区乡村福利体系的建立一般由政府和社会合作完成，政府统一供给福利，满足群众的一般福利需要；社会则根据群众的不同需要

来进行差异化的福利分配。因此，民族地区乡村福利分配模式要实现标准化与差异化的共存及政府与社会的协同合作。

第一，民族地区乡村福利体系是以政府为主体、社会为补充的。在福利体系运作当中，政府要有完善的规章制度来对社会进行监督，保证福利政策在民族地区乡村的具体实施；同时政府还要对社会组织进行大力的资金支持，推动社会组织在乡村社会中建立福利机构，使乡村内部成员能够直观地感受和体验到福利政策所带来的好处。

第二，在完善的福利政策基础上，基层政府要在民族地区乡村建立福利保障体系，保障乡村内部每家每户都可以享受到福利政策所带来的好处。具体可以体现在教育、医疗、就业、贫困人群和弱势群体的福利待遇等方面。

第三，在大力提高乡村福利的同时要警惕福利对民族地区乡村发展带来的负面影响。过多的福利会导致乡村成员产生依赖性，失去生产动力与工作积极性；同时福利分配不公会导致乡村内部矛盾增多，所以要保证福利分配的公平、公正、公开。

（五）加强国家与社会协同，共同维护乡村内部和谐稳定

乡村内部的和谐稳定是实现有效的民族地区乡村治理的重要前提。在乡村振兴的背景下，进行民族地区乡村治理创新要重新构建乡村内部秩序。乡村内部秩序受国家和乡村两方面影响：国家通过法律法规来对乡村内部秩序进行约束；乡村内部则是自发遵守秩序。因此，重新构建民族地区乡村秩序有国家规范和社会规范两种途径。[17]前者强调国家权威对民族地区乡村社会的规范作用；后者则强调乡村内部资源对乡村治理主体的支持，影响乡村内部成员自发规范自身行为。

国家规范，是要根据民族地区自身的特色来建立适应本民族地

区乡村的公共权威系统。国家的法律法规对民族地区乡村治理来说是规范村民行为的硬性要求，国家要赋予基层政府、村委会执行权的合法性，使基层治理主体可以根据国家颁布的法律法规来治理乡村中的不规范行为。

社会规范，是民族地区乡村社会要根据乡村内部的人员配备、民众组织和文化特点等实际情况来整合资源。乡村内部的传统社会组织和有权威的带头人，可以起到调和的作用，因此，民族地区乡村要积极培养新的社会组织接班人，或者推选有权威的带头人，让其动员内部成员重建民族地区乡村内部秩序，引导乡村内部成员的思想，保证村民的积极性和自主性，以此来推动乡村振兴。与此同时，基层政府还要在民族地区乡村内部建立村规村约，增强村民们的整体意识以及民族认同感，来适应市场经济发展给乡村带来的冲击。

结　语

国家提出乡村振兴战略以来，中共中央一直在根据我国经济发展情况以及现代化实现进程来对乡村振兴战略进行部署。党的十九大报告提出，要优先发展农业、优先发展农村，实现城乡融合发展，加快推进农业农村现代化，乡村振兴的最终目的是实现乡村的全面发展。因此，发展是实现乡村振兴的关键，民族地区乡村要想发展必须要有稳定和谐的社会环境，稳定的乡村内部环境是乡村发展的保障，而实现乡村内部的和谐稳定不仅需要国家政策的支持及乡村经济的发展，最重要的是要对乡村进行有效的治理。然而随着我国推进现代化的脚步加快，传统乡村治理方式逐渐受到挤压，乡村结构正在逐渐转变；与此同时经济发展所带来的城乡差距也越来越大，乡村的青壮年劳动力流向城市，导致发展乡村的有生力量逐渐减少。这些问题正在逐渐改变着乡村社会结构，乡村社会的变化呼吁乡村治理创新，只有解决民族地区乡村治理的问题才能实现乡村振兴。

总而言之，民族地区乡村治理既要考虑民族地区的特殊性又要考虑乡村性。因此，民族地区乡村治理具有一般乡村治理的所有特点，也具有专属于民族地区的独有特点。对民族地区乡村治理进行创新，要从平衡各利益主体之间的关系、建设多元乡村组织、整合乡村资源、完善乡村福利体系、维护乡村内部和谐稳定这些方面着手，提升乡村治理主体的服务能力和建设能力，构建完善的乡村治理体系，实现乡村振兴。

参考文献：

[1] 覃敏良.西南边疆地区乡村治理体系创新探究 [J].广西社会科学，2017（12）：154-156.

[2] 徐健.西部少数民族地区乡村治理问题研究 [J].贵州民族研究，2015（03）：45-48.

[3] 季晨，周裕兴.乡村振兴背景下少数民族农村社会治理面临的新问题及应对机制 [J].贵州民族研究，2019（04）：27-31.

[4] 周晓丽.基于民族地区特殊性下的社会治理理念及路径 [J].南京社会科学，2014（11）：68-73.

[5] 吕蕾莉，刘书明.西北民族地区村庄权力结构下的乡村精英与乡村治理能力研究——对甘青宁三省民族村的考察 [J].政治学研究，2017（03）：104-113，128.

[6] 韩旭.村级党组织建设与新时代乡村治理体制 [J].人民论坛，2018（18）：104-105.

[7] 习近平.决胜全面建成小康社会，夺取新时代中国特色社会主义伟大胜利——在中国共产党第十九次全国代表大会上的报告 [J].黑河学刊，2018

（01）：2，193.

[8] 郭沛，肖亦天.中国农业农村改革四十年：回顾发展与展望未来——第二届农业经济理论前沿论坛综述 [J].经济研究，2018（06）：199-203.

[9] 俞可平.治理与善治 [M].北京：社会科学文献出版社，2000：5.

[10] 李培林，陈光金，王春光.2020年中国社会形势分析与预测 [M].北京：社会科学文献出版社，2020.

[11] 吕新雨."民工潮"的问题意识 [J].读书，2003（10）：52-61.

[12] 秦清芝，杨雪英.挖掘乡村综合价值促进城乡融合发展 [J].人民论坛，2019（34）：76-77.

[13] 张康之，张乾友.共同体的进化 [M].北京：中国社会科学出版社，2012：4.

[14] 彭庆军.乡村治理现代化视域下民族地区少数民族传统社会组织的功能——以黔东南 L 村侗族"寨老"组织为例 [J].西南民族大学学报（人文社科版），2015（06）：55-59.

[15] 徐晓全.新型社会组织参与乡村治理的机制与实践 [J].中国特色社会主义研究，2014（04）：86-89.

[16] 杜承秀.西部民族地区乡村治理中的新型社会组织及其法治化引导 [J].广西民族研究，2018（01）：18-24.

[17] 吴思红.乡村秩序的基本逻辑 [J].中国农村观察，2005（04）：65-73.

旅游开发：贵州民族村寨振兴的案例思考

——以千年布依古寨高荡为例

何志浪 *

摘　要： 民族村寨是少数民族的精神家园，民族村寨旅游开发是推进整个乡村振兴战略过程中的重要一环。镇宁自治县少数民族村寨众多，旅游资源丰富，但开发相对滞后，很多具有旅游价值的民族村寨还未得到开发。本文以乡村振兴为切入点，选择镇宁自治县千年布依古寨高荡为研究对象，采用文献收集、实证研究等方法对千年布依古寨高荡在旅游资源开发过程中存在的问题及问题成因进行分析，并在此框架下对千年布依古寨高荡旅游发展提出建议及思考，希望对民族村寨旅游健康可持续发展有一些参考价值。

关键词： 乡村振兴　民族村寨　旅游开发　高荡

党的十九大报告做出"实施乡村振兴战略"重大决策部署，要求按照产业兴旺、生态宜居、乡风文明、治理有效、生活富裕的总要求，建立健全城乡融合发展的体制机制和政策体系，加快推进农业农村现代化，促进农村第一、第二、第三产业融合发展。[1]乡村振兴战略的提出，在我国"三农"发展进程中具有里程碑意义，表明今后要把乡村放到同城市一样重要的位置来抓，更加注重发挥乡

---

* 何志浪，镇宁县委党校讲师，研究方向为诉讼法学。

村的主动性。从中央顶层设计来看，明确了实施乡村振兴战略的目标和任务，到2020年，乡村振兴取得重要进展，制度框架和政策体系基本形成；到2035年，乡村振兴取得决定性进展；到2050年，乡村全面振兴。[2]同时，中共中央、国务院印发了《乡村振兴战略规划（2018—2022年）》。[3]

为了贯彻落实党中央、国务院战略部署，贵州正在举全省之力推进乡村振兴战略。2018年3月17日，贵州省委、省人民政府联合制定了《关于乡村振兴战略的实施意见》，提出大力推进农村经济结构调整，实现乡村产业兴旺。同时，积极推进"四在农家·美丽乡村"建设。这一文件的出台，为贵州民族村寨旅游发展注入了活力，带来了全新的发展机遇，也为贵州民族村寨旅游开发提供了根本遵循和保障。

民族村寨旅游是乡村旅游的重要组成部分，是以少数民族村寨为旅游目的地，以村寨人文事象和自然风光为旅游吸引物，以体验异质文化、追求淳朴洁净为动机，满足求新、求异和求知需求的一项旅游活动。[4]当前民族村寨旅游研究取得了较为丰富的理论成果，但美中不足的是针对民族村寨布依族土语区文化的研究较少，从旅游开发视角对布依族三个土语区文化进行研究仍属空白，以及对多个民族村寨进行比较研究和进行跨区域研究较少，同时结合乡村振兴对民族村寨旅游开发进行研究的较少，且研究不够深入，研究领域具有地域性和局限性。

民族村寨旅游是乡村振兴战略的重要举措，乡村振兴战略为民族村寨旅游发展指明了方向。结合乡村振兴战略对民族村寨旅游开发进行研究具有重要的理论意义和现实意义。一方面，可以促进民族村寨研究理论的完善，也可以为政府及旅游部门提供决策参考；另一方面，民族村寨是扶贫攻坚的重点，民族村寨旅游为贵州决战脱贫攻坚、决胜同步小康发挥了重要作用。但随着民族村寨旅游开发的进一步深入，其自然环境及传统特色文化在一定程度上受到了影响，不利于民族村寨旅游的可持续发展，需要从理论角度对产生的问题进行深入剖析。为此，笔者选取镇宁自治县千年布依古寨高荡为研究对象，对其存在的相关问题及成因予以分析，以期促进贵州整个民族村寨旅游健康持续发展。

一 镇宁自治县千年布依古寨高荡概述

（一）高荡概况

高荡被人称为"千年布依古寨"，隶属镇宁自治县，距县城12公里，依山傍水，环境优美，布依族村寨保存完好。这里是布依族重要的聚居地且具有鲜明代表性，辖区内布依族分属布依族三个土语区，高荡较好地保存了特色鲜明的布依族第三土语区文化风貌，包括布依族传统民居建筑、饮食、服饰、银饰、语言及农耕文化，而且现在第三土语区多数成员依然讲布依话，着布依服饰，唱布依歌，跳布依舞，保留着极为鲜明的民族风俗习惯。此外，高荡拥有600多年建筑历史，是贵州目前保存最为完好的布依族村寨之一。古桥、古堡，均以石筑建，为我们研究布依族历史文化提供了一个完整的样本，被誉为贵州布依文化"活化石"。同时，高荡被列入中国传统村落名录，先后荣获首批"中国少数民族特色村寨"、"全国文明村寨"、"省级文物重点保护单位"、省级"最美村庄"等荣誉称号，是全省30个最具魅力民族村寨之一，2016年安顺市第六届小城镇发展大会观摩点之一，也是贵州省政协书画院挂牌创作基地。高荡千年布依古寨文化旅游景区自2018年4月试运营以来，游客及收入实现井喷式增长。2018年上半年成功申报为国家3A级旅游景区，2018年12月成功申报为国家4A级旅游景区。

（二）开发现状

千年布依古寨高荡拥有丰富的布依族文化资源和原生态自然风光资源，景区建筑一般以"以木为架，石头为墙，石片为瓦"，被誉为贵州的"八大怪"之一；民族工艺与工艺品蜡染、刺绣、织锦、竹编极具艺术价值，还拥有民族特色食品油团粑等。因而，其具有丰富的布依族特色文化资源、优美的自然田园风光以及良好的生态环境等优越条件。

目前，针对千年布依古寨高荡的旅游开发主要有三个方面。一是对物质文化景观的开发，包括布依族房屋、石拱桥、古城堡、学堂、寻羊井等。其中，按照"三化同步"统一要求对房屋整体进行修缮，重点改造以"布依山居"为示范的干栏式布依民居。二是对民族传统文化资源进行开发，丰富业态。依托贵州贵青创景旅游文化发展有限公司运营高荡景区的大好机遇，深入挖掘和扩展布依族文化内涵，把极富布依族特色的非物质文化产品推向市场，包括布依半月琴、刺绣、银饰、服饰等。同时，以布依族传统节日"三月三""六月六""七月半"等为依托，精心打造"百家做事，月月有节"等多样化旅游产品活动，吸引当地相对贫困居民积极参与，解决其后顾之忧。三是对清澈的梭罗河及农田进行开发。

由此可见，当前千年布依古寨高荡旅游开发的特点主要是由近及远、由外到内。首先，在不影响古寨整体风貌和不改变整体外观的前提下，对房屋实施外立面改造，对外观完整、内部破旧的房屋进行干栏式布依民宿改造，改造后的布依民宿首创镇宁县省级"农家小旅馆卫生示范点"。同时对古堡、营盘、学堂、大沟及水车、水碾等文物古迹进行修复。其次，重点开发布依民族工艺品，开展布依民族歌舞表演等活动。最后，开发梭罗河及沿岸的农田。

（三）高荡第三土语区传统文化概况

镇宁自治县是布依族重要的聚居地，集三个土语区于一域，其中千年布依古寨高荡具有典型的第三土语区布依族村寨特点。婚丧、节庆等民族习俗文化和敬天敬地、尊师尊祖等民族信仰文化传承相对完整。[5]存在决定意识，因地处生态环境较为脆弱的喀斯特地貌带，当地房屋依山而建，人们傍水而居，从事稻作农耕的生计方式以及特殊的历史际遇，使这里的服饰文化、建筑文化、饮食文化、信仰文化以及民俗文化等都形成了自己鲜明的特色。[6]在服饰文化上，布依族的服饰有鲜明的民族特征，每一个布依族土语区的服饰虽有不同，但总体上显得淡雅素净。男女服饰有所不同。男子服饰无论款式还是色彩，都比较单调，一般不镶花纹图案，也不佩戴饰物。相反，女性服饰则色彩比较丰富，特别是裙装，美丽典雅，品种丰富。尤其是第三土语区布依族，妇女服饰上镶嵌各种蜡染图案或刺绣图案，色彩十分丰富。布依族服饰的总基调是偏冷色调和中性色调，多为蓝色、青色、黑色或白色，这种搭配给人一种温和的感觉。[7]其中，男性穿长衫或短褂，尤其第三土语区布依族男性喜欢穿蜡染的青、蓝色短褂；女性着裙装或裤装。值得注意的是，除女童服装外，男女裤装一般都不镶花边。这样的穿着与布依族所生活的地理气候和农耕劳作的需要有关。布依族服饰做工精细、造型独特，艺术价值较高，曾多次被送往国外展出，享有盛誉。在语言文字上，第三土语区布依族以拉丁字母的拼音为主要语言。在建筑文化上，以干栏式古民居风格为主，房屋建造多为木结构，体现了布依族独特的建筑风格。在传统农用工具上，第三土语区布依族依然用传统条铲、铲耙、镰刀、犁、钉耙、箩（自己编织）、撮箕（自己编织）。在饮食文化方面，布依族主粮以水稻为主，肉食以猪肉为主、以其他肉食为辅，没有饮食禁忌。在信仰文化上，第三土语区布依族没有严格意义上的宗教信仰，其崇拜神灵。[8]第三土语区布依族仍盛行"耕读为本"的思想，一方面表明了布依族对农耕文化的固守，另一方面体现了其对先进文化的渴求，两者的结合体现了布依族对文化教育的重视。[9]在婚姻的缔结上，要经过择偶、定亲、要八字、结婚等步骤。第三土语区布依族，在新媳妇怀上第一胎为了让她顺利生下长子（或长女），要择吉日在家中举行"解帮"（汉语为"保胎"）仪式。在民族文化遗产方面，第三土语区布依族拥有铜鼓、勒尤、唢呐等民族乐器，这些民族文化遗产历史悠久，具有重要艺术价值。布依族的节日比较多，除传统的春节、中秋节基本与汉族相同外，还有"六月六""三月三""四月八""了年节""七月半""牛王节"等，最隆重的是"六月六"，在这一天布依族村民要举行各式各样的活动。[10]每种文化都有它独特的地方，千年布依古寨高荡作为布依族第三土语区文化的代表，较好地保存了异于其他民族的原生态文化，这种原生态文化能够为游客提供一种与众不同的体验，也能够为千年布依古寨高荡打造乡村旅游精品、推动乡村旅游转型发展创造条件。

二　千年布依古寨高荡旅游开发存在的问题

千年布依古寨高荡景区于2018年12月成功晋升为国家4A级旅游景区。自2018年4月景区试运营以来，接待游客人数持续增长，村民的人均年收入有了一定增加。目前已开发了高荡村史馆、生态餐厅、民族博物馆、游客服务中心、布依民族歌舞等旅游产品。近年来，高荡充分发挥旅游资源丰富等优势，加强与社会团体合作，引进专业化的中国青年旅游社，通过景区化打造、市场化运作、共享化发展"三化同步"，促进全域旅游井喷式发展。虽然千年布依古寨高荡旅游开发取得了明显的进展，但还相对滞后，存在的问题十分突出，影响了民族村寨旅游业的进一步发展，主要表现在以下三个方面。

（一）旅游产品形式单一

千年布依古寨高荡是一个拥有丰富布依族原生态文化资源的少数民族特色村寨，景区布依族传统文化浓厚。走遍千年布依古寨，不但能感受到其文化底蕴深厚，而且可以发现其传统民居和生态保护良好。但由于其地处深山之中，长期处于封闭状态，加之受民族传统观念影响，重义轻利、重农抑商，大部分村民仍守着一亩二分地，自给自足。同时，受外来文化影响较小，故保存了较为完整的布依族传统文化和民族风俗习惯。由于旅游开发相对滞后，大多数旅游产品未得到充分挖掘，当前开发以文化景观及自然景观为主，旅游产品形式较为单一。这主要表现在两个方面。一是景区的旅游线路仅仅是观光自然风景和寨容寨貌，可供游客参与体验的旅游项目较少。旅游沿途线路都是参观一些干栏式布依族古民居和古堡、营盘、古井、水车、水碾等，富有布依族民族特色的体验项目较少。比如布依族祭祀仪式、耕种、竹编、雕刻、歌舞等。二是旅游衍生产品较少，产品类型结构单一。目前寨内仅仅销售一些在本县较为知名的波波糖、刺梨、牛肉干、江龙茶以及当地农民自己采摘的野菜等。具有布依族民族特色的旅游衍生产品较少。在寨内仅有少数几家农户出售民族织锦、刺绣、乐器、蜡染半成品和成品及其原料，这完全不能满足游客多样化的需要。尽管当地政府出资打造了游客服务中心及民族博物馆，以满足游客需求，但游客服务中心内销售和展示本地区民族工艺品较少，而且博物馆长期处于关闭状态，难以实现预期效果。此外，具有布依族特色的饮食产品也未得到充分挖掘。目前在寨内只看到有布依族特色的油团粑在销售。由于管理的不规范，目前许多景点失去了原本的风貌。景区内还有许多旅游基础设施不完善，如古堡的护栏出现了老化，游客无法通过步行进入古堡，无法满足游客对于具有军事防御功能的古堡的体验。除此之外，为了迎合游客的需求，许多民俗民风变味走形。比如，当游客进入古寨时，当地村民会集中在文化广场上奏唱和表演具有布依族特色的音乐和歌舞，但并非在特定时间进行，景区也没有相应标识告知游客什么时间段有这样的表演活动，而是因"旅游需求"随时随地随意地开展。如有的表演也只是在参观游客达到一定数量时才开展，散客有时连欢迎仪式和歌舞表演都看不到，这使得民族风情难以真实地展现给游客。即使有表演，表演的舞蹈编排也较单一，无法让游客充分感受到布依族的民俗风情。除了可供游客观赏的布依族石头民居建筑及歌舞表演外，高荡许多村民展卖的民族工艺品在其他地区民族村寨也可以买到，而同质化的产品难以凸显自身的民族特色。

（二）文化内涵挖掘不够

民族文化是旅游开发的一件"法宝"，随着文化与旅游的深度融合，旅游者对文化和旅游产品的质量要求越来越高，已从"有没有""缺不缺"到了"好不好""精不精"的发展阶段。因此，对旅游产品文化内涵的挖掘越来越受到开发者的重视。对民族文化旅游的开发，能展示出本民族的风土人情。千年布依古寨高荡较好地保存了独具特色的布依族第三土语区文化风貌，包括布依族民居建筑、饮食、服饰、语言、传统织锦、节庆、婚俗及农耕文化。目前千年布依古寨高荡旅游开发偏重于山水自然景观和历史人文景观，对于具有民族特色的文化资源特别是反映布依族第三土语区民族文化的相关资源挖掘不够，比如布依族刺绣、蜡染工艺、织锦、地戏及民族节庆活动等。因此，进一步挖掘布依族第三土语区活态的文化旅游资源，创造新的产业类型，保留传统的特色文化就显得十分必要。

（三）旅游利益分配不均

民族村寨旅游的可持续发展需要地方政府、企业、村委会、村民及旅游者等主体的参与，旅游开发的可持续发展与参与主体利益协调密切相关。当前千年布依古寨高荡参与旅游开发的主体有地方政府、企业、村委会、村民。当地政府将旅游景区的旅游资源委托给具有管理优势和客源优势的贵州贵青创景旅游文化发展有限公司进行全面开发、经营和管理。虽然贵州贵青创景旅游文化发展有限公司承诺从景区试运营起前三年平均向景区提供不低于30万人次/年的客源，在用工上也承诺在三年内为当地百姓创造500人次的就业机会，协助当地村民尽快脱贫，但目前千年布依古寨高荡为村民提供参与旅游收益分配的途径较少，使村民参与旅游开发的范围较小，参与的层次较低。如景区的用工大多是从外地聘请的工人，很少聘用甚至是几乎不聘用本村的人，只是在餐饮协会及演艺团的用工上优先聘用本村建档立卡贫困户，在自营服务开展小商业上，鼓励本村老人及有技能的村民参与，或是布依族有重大节庆时，吸纳贫困户参与，特别是缺乏劳动力的贫困户。根据笔者的走访和调查，本村村民实际参与旅游开发的人较少，即使参加，也只是一些留在村里的中老年妇女，而大部分年轻人都选择外出务工，原因在于参与旅游开发的工资太低，每个月只有两千元至三千元的收入，无法维持家中生活开支。村民参与旅游开发对于促进民族文化的传承和保护民族村寨环境具有积极作用，但村民仅是通过参与部分就业获取微薄劳动报酬，或是作为低层次服务人员通过参与景区演艺团相关活动、开发农家乐等获得薄利，他们的收益占整个景区收益的比重较小，甚至都没有收益，这必然影响村民参与旅游开发的积极性。诚然，政府力量有必要介入并解决千年布依古寨高荡旅游开发中存在的问题，如古寨基础设施不完善、公共旅游产品供给不足、市场规模有限等，但村寨村民作为民族文化的传承者、民风民俗和价值观念的生产者，理应获得较多的旅游开发收益。村民获取合理的旅游开发收益是村民参与旅游开发的目的与初衷，也是实现民族村寨旅游健康发展的重要保证。

三　千年布依古寨高荡旅游开发存在问题的原因分析

乡村振兴战略出台的重要目的之一在于促进乡村的全面振兴，民族村寨旅游作为乡村旅游的重要组成部分，对于带动乡村产业的发展和推动乡村社会的全面进步具有重要作用。但目前千年布依古寨高荡旅游开发存在的问题已影响到了其作用的发挥。这一问题产生的原因是多方面的，笔者通过问卷调查与实地走访认为，最主要的原因在于缺乏打造布依族文化业态的专业人才及缺乏对民族村寨科学系统的开发规划。

（一）缺乏打造布依族文化业态的专业人才

发展民族村寨旅游，人才是支撑。有关调查显示，民族村寨旅游人才特别是高级管理人才匮乏，中低层旅游管理人才学历低，"人力"多，"人才"少，这是目前乡村旅游开发中存在的普遍现象。[11]千年布依古寨高荡也同样缺乏打造布依族传统文化业态的专业人才。根据实证调查，目前高荡80%以上的青年外出务工。在年龄结构上，外出务工人员年龄大多数在18~30岁，文化层次相对较高。这部分人长期在外务工，掌握着丰富的技能，接受的思想观念、管理模式以及自身的商业意识都会影响布依族文化业态的进一步发展。留在村内的大多是一些老年人、妇女、儿童等弱势群体，这部分人思想观念比较落后，有的还守着两亩薄田艰难过日子，有的仍继续经营着水稻、玉米、油菜等其他农产品，缺乏市场经济观念。同时，笔者根据现场访谈了解到目前千年布依古寨高荡的许多年轻人已经忘记了本民族传统工艺品制作方式。比如，现在年轻的布依族女孩们都不愿意去学习制作民族织锦、蜡染，还有部分年轻人连本民族乐器唢呐都不会吹了，这使本民族传统技艺面临着传承后继无人的危险。有些村民对参与布依族民族文化开发的积极性也不高，有些虽有参与的愿望，但缺乏切实可行的参与途径。此外，为充分挖掘布依族饮食文化，景区也成立了餐饮协会。目前，高荡村有餐饮店 15 家、商铺 5 家、摊点 20 余家，餐饮协会的成立在一定程度上带动了当地村民的就业，但大多数餐饮店及商铺都是外地工作人员在经营，这部分人员缺乏对布依族传统饮食文化的了解，大多经营的是从外地带来的大众化饮食文化产品，对本民族文化的发展产生严重的负面影响。由此可见，旅游景区从事布依族文化业态开发的专业人员较少，也未受系统的培训，素质较低。这一人才现状已不能满足旅游业转型升级的需要，也制约了高荡旅游的进一步发展。

（二）缺乏对民族村寨科学系统的开发规划

千年布依古寨高荡的旅游开发离不开地方项目资金与政策支持，旅游规划往往跟着地方政策走，政策的支持力度在一定程度上决定了旅游资源开发的效果。千年布依族古寨高荡的旅游规划缺乏创新精神，没有合理地对村寨进行规划和管理，也没有把乡村振兴战略的思想与原则融入规划中，使规划欠缺科学性、整体性和系统性。除此之外，规划也没有因地制宜地突出布依族特色，开发模式过于商业化，仍然是"千村一面"，导致古寨民族文化、生态资源及有机农业的开发并未达到预期的设想，致使景区目前还未实现盈利，与其他 4A 级民族村寨相比，旅游发展还较为落后。

四 千年布依古寨高荡旅游发展的建议及思考

（一）明确开发定位，促进观光旅游向文化体验旅游转变

随着民族村寨旅游的快速发展，民族村寨旅游目的地之间的竞争越来越激烈，旅游者的需求也变得越来越多样。因此，民族村寨旅游开发的科学定位变得更加重要。千年布依古寨高荡旅游资源的开发定位要结合乡村振兴战略思想与原则，在保护与开发中进行系统规划，做好民族村寨旅游顶层设计，同时要凸显自身的特点，与其他民族村寨有所差异，避免同质化。其一，结合自身的条件，根据高荡旅游发展规划，把乡村振兴战略的思想与原则贯穿民族村寨旅游开发始终，统筹做好民族村寨旅游开发与乡村振兴战略之间的有机衔接。其二，要以优美的自然环境及原汁原味的布依民俗文化为主，通过对布依族文化主核的充分挖掘与创新，以5A级国家景区为目标，打造集"文、旅、农、养、居"于一体的镇宁首个田园综合体布依族村寨。其三，依托域内景区位置优势，打造旅游精品路线。镇宁县旅游资源丰富，域内拥有中国最大瀑布——黄果树瀑布及溶洞群景区夜郎洞及石头寨景区。因此，高荡在制订旅游规划时要充分利用靠近国家5A级风景名胜区黄果树瀑布及夜郎洞和石头寨的位置优势，联手打造出"黄果树瀑布—夜郎洞—千年布依古寨高荡"这一条融合自然风光和民风民俗的旅游精品路线，这样可以与其他景区形成有效互补。其四，充分挖掘民俗文化旅游资源，突出民族节庆活动。民族节庆活动参与性强、风险性小、传得开、比较接地气，具有地方特色和民族文化内涵。但需要注意的是在挖掘民俗文化旅游资源时，不能一味迎合游客需求，而使民俗文化变质。千年布依古寨高荡传统节日较多，可以发挥传统节日丰富的优势，让游客参与民族节日活动。除此之外，还可以让游客参与布依民族特色工艺品的制作，比如刺绣、蜡染、银

器加工等。借此为游客搭建参与体验的平台，让游客能够更多地了解布依族传统文化，感受淳朴的布依族村寨生活。其五，千年布依古寨高荡还可以抓住镇宁一年一度举办的黄果树半程马拉松比赛的契机，推出一些集登山踏青、农事体验、农家乐活动于一体的一日游和田园山水风光短线游项目，比如登古寨、赏民事、听布依民歌、品布依传统名菜等。其六，大力提升旅游档次，丰富旅游内涵，发展功能丰富多样的乡村旅游。目前，全国中高端旅游需求旺盛，而供给侧相对不足。因此，目前的千年布依古寨高荡旅游更需要提升旅游档次，挖掘旅游产品内涵，满足游客多样化的需求。这就要求我们注意民族村寨旅游的功能分区，合理开发旅游资源，完善旅游基础设施，注重民族村寨旅游生态和环境保护，实现民族村寨旅游经济效益与社会效益的最大化。比如可以在一些条件较好的民族村寨，修建旅游山庄、避暑休闲山庄、养老院、疗养院、健身馆、民族民间文化展馆、星级宾馆，以及自助游、自驾游、探险游服务站等。同时，当地政府在对民族村寨进行规划时，要正确理解乡村振兴战略的要求，有针对性地进行科学规划和管理，避免出现"千村一面"的现象。

（二）加强文化品牌建设，打造布依族第三土语区文化产业体系

品牌是一个旅游目的地长期发展的生存之道，特别是在文化与旅游深度融合的形势下，旅游者的需求呈现个性化的特征，只有积极培育文化品牌，把乡村文化品牌做强做精，才能满足游客多样化的旅游消费需求。民族村寨之美，美在环境，美在民族文化内涵。对于千年布依古寨高荡来说，要因地制宜，明确品牌定位，突出个性，避免与其他民族村寨景区雷同，充分发挥悠久的布依族民族文化资源优势，以布依族文化为主导，打造"中国布依族村寨文化中心"的品牌。一是要善于挖掘第三土语区民族文化特色产业，重点开发"一村一品"，

将其他产业与第三土语区文化产业和民族村寨旅游结合起来，形成"旅游+"第三土语区文化产业体系。比如，可以在景区附近建立民族文化产业工厂，把布依族的蜡染、织锦、服饰及其他民族工艺与工艺品挖掘出来，再借助电商等发展平台把第三土语区文化品牌打出去，这有利于延长民族文化的产业链，有利于做到产业兴旺与民族村寨旅游的融合。二是要强化品牌宣传，综合运用大型媒体，微博、微信客户端，口碑宣传等方式，采取线上和线下相结合的方式对民族文化产品进行宣传。同时，还可以在黄果树瀑布景区、龙宫景区及青岩古镇等景区进行旅游宣传，把千年布依族文化形象和品牌宣传出去，让更多游客了解千年布依古寨，不断提高古寨美誉度和知名度。品牌宣传对于树立美丽村寨的形象有着积极的意义。村寨的形象也是村寨的品牌，特别是针对一些富有主题内容的独特村寨，也要加大主题内容的宣传和打造力度。与此同时，还可以举办各种布依族传统文化体验活动，以活动的形式把更多优质的民族文化资源转化为优质的旅游资源，以优质的文化旅游为主线，精心培育布依族第三土语区特色旅游品牌，吸引更多的游客来体验和消费，使广大游客能够享文化、乐旅途。

（三）重视民族村寨旅游专业人才的培养，加大民族文化传承力度

乡村振兴，离不开人才的培育。重视人才培育，就是为实现乡村振兴奠定基础。当前，民族村寨的"空心化"是制约民族村寨旅游可持续发展的关键性问题。人才资源是旅游业发展的第一资源。在旅游专业人才培养方面，首先依托地方高校和科研院所（如贵州大学、贵州民族大学、安顺学院）等资源优势，与地方高校与科研院所建立人才合作与互动机制，充分发挥和利用各自的优势，实现资源共享，促进民族村寨经济、社会、文化的不断发展。其次，还

应采取"引进来"的措施，大力引进那些具有旅游开发、设计、宣传、品牌打造、包装等技能的高素质紧缺人才。除了靠引进外，对一些特殊的高级人才，当地政府还需要向外招聘，以满足村寨旅游发展的需要。再次，要通过系统化和短期培训等办法对当地农民进行培训，调动他们参与旅游开发的积极性。要使乡村与城市统筹协调发展，让乡村变成城市的后花园，首要的工作就是要提高村民的文化素质和文明素质。只有人的素质提高了，乡村才会变得更美，可持续发展也才会得到保证。最后，当地政府应根据不同乡村发展的需要，开展各种类型的培训，让各类乡土人才尽快地脱颖而出，特别是乡村旅游发展需要的各类人才。同时，政府还必须注重保护各类民族、民间、民俗文化的传承人，让他们作为师长组织培训，让更多的人能够弘扬和传承当地的民族、民间、民俗文化。

（四）创新合理的利益分配机制，扩展和丰富村民参与途径与参与形式

要建立科学、合理的利益分配机制，处理好利益分配问题，充分保障有关主体利益，实现各参与主体分配利益的最大化，从而促进和谐美丽村寨建设。构建公平合理的旅游利益分配机制对于民族村寨旅游的进一步发展至关重要，也是乡村振兴战略的题中应有之义。究其原因，一是村民的利益得到了保障，才会主动地去保护民族村寨旅游发展的环境和民族传统文化基础，才会积极地参与旅游开发；二是利益分配合理，投资方才会愿意进入，才会把雄厚的资本、先进的管理理念和技能带入，提高旅游开发效率，增加地方政府的财政收入，为民族村寨旅游的进一步发展注入活力。

创新民族村寨旅游利益分配机制，促进千年布依古寨利益主体的多元化。首先，通过创建民族村寨旅游利益分配机制，综合运用政府在旅游中扮演的角色，做好民族村寨旅游开发基础工作，包括

加强村寨基础设施建设、旅游开发资金的使用及管理，引导社会资本进入民族村寨进行旅游开发，对当地村民进行旅游职业技能培训等。同时，政府还应发挥公权力作用，通过制定旅游相关方面法律条款，明确利益相关者的权、责、利，从而使利益相关者能够有法可依、有章可循。[12]其次，构建第三方主体对利益相关者行为的监督和利益约束机制。这一主体应是中立的，不应包括政府在内的任何利益主体，职责主要是监督旅游项目的落实，约束利益相关者在旅游开发运作中的不良行为，化解旅游中的利益矛盾等。最后，民族村寨旅游开发不可避免地要征地、拆迁，因此，要做好因旅游开发而占用村民的土地、住宅的补偿工作，采取相应措施为当地村民提供足够数量的就业岗位和参与旅游开发的机会，使当地村民能够有持续稳定的收入来源，切实地感受到旅游开发带来的好处，更好地促进民族村寨旅游业的可持续发展。

（五）加强村寨基础设施特别是公共服务设施建设

村寨的基础设施建设，不仅要满足村寨的现实需要，更重要的是要满足村寨的可持续发展需要。因此，在建设之初，就必须做到统一设计、统一安排，高标准、严要求，既要满足村寨现有住户的需求，又要满足村寨未来发展的需求；既要满足村寨发展的共性要求，也不能失去村寨发展的个性、独特性。如公路的等级、停车场的大小、公厕的数量、绿化面积的大小，以及垃圾和污水处理设施、安全消防设施、民族风格建筑、宗教文化建筑的设计等。针对一些具有独特性的村庄，如一些原始、古朴的民族村庄和古老村落，要在保持其古朴风貌的基础上进行重建或修复。另外，公共服务设施及周边环境得有专人清理和维护。只有这样，乡村的生态环境才能得到保障。

（六）加强对古文化和民族文化的保护和发掘

目前，贵州全省民族村寨乡村旅游普遍存在的一个很重要的问题就是，雷同的村寨很多，其独特性显示不出来。这也是让不少旅游者失望的原因之一。要体现村寨的独特性，就必须挖掘村寨的古文化和民族文化，因为只有历史的、民族的东西才会有强大的生命力。要做到这一点必须利用行政手段、法律手段和经济手段加强管理和保护。首先，当地政府必须出台有关村寨旅游的建设和发展规划，并有相应的村规民约，以保证规划的实施。其次，对一些重点发展的村庄，严厉禁止村民不按规定随意乱搭乱建。除此之外，还要鼓励村民崇尚民族文化和习俗，保持其古老的民族传统风格，在大力推进"四在农家·美丽乡村"建设的同时，尊重民族的传统和风俗，对一些已丢失民族传统文化和风俗的村庄，要想办法重新发掘其古老的文化和风俗。

（七）积极招商引资，促进村寨旅游发展

要促进村寨旅游发展，最有效的方式就是改善村寨投资环境，让社会资本尽快进入村寨。按国务院出台的有关所有权、承包权、经营权三权分置和经营权流转的相关政策，对一些具有丰富旅游资源和主题内容的村寨，应通过引资或融资进行重点打造。只有把一批重点的村寨搞好了，才能带动其他村寨，以点带面地全面铺开。而要使资本下乡，就必须使农户的宅基地所有权能够买卖或置换，土地承包权可以实现流转，转化为经营权。只有这样，才能为资本下乡打开绿色通道。就目前来看，不少地方还在进行试验摸索，不管怎样，这是大势所趋。只有打破传统的农业模式，实现资本下乡，才会给乡村经济带来新的活力，农业才会走向现代化，村寨旅游也才会实现城市化、现代化的管理。近年来，随着城镇化建设的不断

深入发展，一些村寨已变成了"空巢村"。除了一些老、弱、病、残人口还居住在村里外，大量的青壮年人口都已走出村庄。从另一个角度来说，正是因为有这些"空巢村"存在，资本下乡、土地流转才更有必要，发展村寨旅游也才更有价值。

总　结

党的十九大报告提出要实施乡村振兴战略，推进农业农村现代化，这为新时期民族村寨旅游开发提供了遵循和指明了方向。在此背景下，探索一种既结合时代背景又适合民族村寨旅游的开发模式，对于促进民族村寨旅游的可持续发展，具有重要的理论意义和现实意义。

乡村振兴战略为民族村寨旅游发展创造了条件，不仅改善了民族村寨交通基础设施，提高了村民基本收入，也促进了当地经济与社会发展。本文以千年布依古寨高荡为案例，对民族村寨旅游开发进行了深入分析，高荡旅游开发要结合乡村振兴战略的时代背景，立足于村寨和民族实际，打造出与其他民族村寨不同的旅游开发模式，凸显自身的文化特色。此外，在旅游开发的同时，要充分保护好民族村寨文化的生态性和完整性，使优秀的民族文化得到继承和发展。这不仅有助于高荡旅游的健康发展，也将为贵州其他民族地区发展旅游产业提供经验借鉴。

参考文献：

[1] 党的十九大报告辅导读本.北京：人民出版社，2017.

[2] 中央农村工作会议在北京举行 习近平作重要讲话 [EB/OL].新华网，2017-12-29.

[3] 中共中央　国务院印发《乡村振兴战略规划（2018－2022年）》[N].人民日报，2018-09-27（1）.

[4] 王红梅.覃娟.近10年国内民族村寨旅游研究述评[J].安徽农业科学，2017（25）：171-174.

[5] 伍忠纲，伍凯锋.镇宁布依族[M].贵阳：贵州大学出版社，2014.

[6] 周国茂.山水布依[M].贵阳：贵州民族出版社，2014.

[7] 伍忠纲、伍凯峰.镇宁布依族[M].贵阳：贵州大学出版社，2014.

[8] 卫松.杨昌儒.贵州布依族消费文化及其当代价值研究[J].民主论坛，2017（06）：38-42.

[9] 伍忠仕.镇宁近现代史专题研究[M].昆明：云南出版社，2015.

[10] 镇宁布依族苗族自治县志编纂委员会.镇宁布依族苗族自治县志[M].贵阳：贵州人民出版社，2003.

[11] 余欢.民族村寨旅游业发展的路径选择——以贵定县音寨为个案[J].贵州民族研究，2009（01）：141-146.

[12] 罗永常.民族村寨社区参与旅游开发的利益保障机制[J].旅游学刊，2006（10）：45-48.

V 大生态

主持人语

《国务院关于支持贵州在新时代西部大开发上闯新路的意见》（国发〔2022〕2 号）指出，以习近平新时代中国特色社会主义思想为指导，坚持以人民为中心的发展思想，守好发展和生态两条底线，统筹发展和安全，支持贵州在生态文明建设上出新绩，努力开创百姓富、生态美的多彩贵州新未来。

文化生态学关注文化与生态环境之间的关系，在于发现不同地区之间特殊文化与环境适应产生的结构与特征，是一种中观层面的理论视角，同时文化生态理论对于生态文明建设具有重要意义。

国发〔2022〕2 号文件指出，贵州必须坚持生态优先、绿色发展，筑牢长江、珠江上游生态安全屏障，构建完善的生态文明制度体系。同时，黄河流域是我国重要的生态屏障，在我国经济社会发展和生态安全等方面具有十分重要的战略地位。

——朱四喜（贵州民族大学生态环境工程学院院长、教授）

生态文明建设的文化生态理论探索

金潇骁 *

摘　要： 从文化的视角透视生态问题能够使人们的反思和批判达到一个新的高度。因为人类生活的一个十分重要的特征就是其整体性或关联性，生活的每一个层面或细节都纠缠、交织、渗透在一起。生态文明是对工业文明的扬弃。一方面，生态文明要继续利用工业文明的优秀成果；另一方面，生态文明必须摒弃单纯的"人类中心主义"，实现一定程度的文化转型，因为文化是人类社会的特有属性，也是人类与自然的连接方式，文化模式决定了人们如何认识、利用和改造自然。

关键词： 生态文明　文化　转型

　　生态文明是继工业文明之后人类新的发展模式，根本上是要求自然环境与人类社会两大系统之间物质、能量和信息的交流、交换进入良性循环，实现可持续发展。生态文明是对工业文明的扬弃，这就意味着，一方面，生态文明要继续利用工业文明的优秀成果，满足人类进步与发展的需求；另一方面，生态文明必须摒弃单纯的"人类中心主义"，实现一定程度的文化转型，因为文化是人类社会

---

　　* 金潇骁，博士，贵州民族大学党委办公室干部，副教授，研究方向为民族学、人类学。

的特有属性，也是人类与自然的连接方式，文化模式决定了人们如何认识、利用和改造自然。因此，我们有必要解析人类文化的建构方式，厘清文化与自然生态之间的互动关系，从而对生态文明建设有更深入的认识。

一　生态的平衡与失衡

生态学最重要的法则认为：任何一种事物与别的事物都具有相关性，生命只有从环境中不断地补给、转换与储备能量，才能具有勃勃生机。早在 17 世纪，法国思想家布莱士·帕斯卡（Blaise Pascal）在《思想录》中就曾说过，人不过是一根苇草，是自然界中最脆弱的东西，不足道的自然力就可以置人于死地。随着生物和生物之间的联系的中断，一方面，人们难以从自然中获得维持生命的物质能量；另一方面，自然界对生命活动所遗存下来的废弃物也无法分化。在这样的境况下，因为人类扰乱了生物的平衡，污染了它们依赖的天然资源，人类生命有机体的新陈代谢就难以完成，这意味着人的生命有可能被孤立了。

在原生态系统中，所谓的"能量流"与物质循环在外力干扰不强烈的情况下，一般处在平稳动态，生态系统的"网络层次"保持着相对平和的状态，这就是所谓的"生态平衡"。其最明显的表现是"生态网络"中物种数量和种群规模相对均衡，当然，这是一种动态的平衡，也就是说生态系统中的各种指标并非总是一成不变，它们在某个范围内也会相应发生变化。例如，生态物质的产量、生物的种类以及数量等在动态中保持相对稳定。这正是生态系统自我调节、维持内部平衡的体现。又如，在生态系统中，能量流和物质循环通常以多元化路径进行，当某一路径受到阻碍，其他的路径就会进行调适补偿。再如，侵袭性污染物一旦入侵生态圈，生态网络自身的净化功能会马上开始作用，这也是一种系统调节表现。所以，生态网络结构越复杂，能量流和物质循环的渠道越多，其对外力影响的抗衡反应就越强。而生态网络结构越单一，其保持平衡的能力就越弱。

所谓的"生态危机"实际上是生态网络的平衡被打破，出现失衡状态。例如，当生态网络中某个元素，尤其是重要元素出现异常时，失衡状态产生，对此，整个生态系统会做出反应性调节，当这种调节伴随失衡状态持续，而生态系统难以应对时，所说的生态危机也就出现了。

如前所述，因为生态系统的平衡是相对的，所以，当生态系统出现失衡状况时，系统内部会启动内在调节使之重新恢复平衡，生态网络结构及功能会保持相对稳定；而当生态系统要素由于某种因素产生新变化时，生态网络结构又会出现失衡状态，所以，生态网络通过平衡—失衡—再平衡的循环往复，在自然危机的产生与化解中完成新陈代谢，推动着自身的进步或进化。由此而论，这种"平衡"与"失衡"的更迭不应该让我们产生忧虑。可事实上，有的生态系统失衡是在非自然的干预下产生的，生态系统自身的调适与平衡能力鞭长莫及。例如，人类的过度采伐，导致某些物种群的规模急剧变化，甚至有些物种可能从此消失，也有可能产生一些新的物种让生态系统"措手不及"而难以平衡。这种影响对生态系统所造成的破坏是久远性的，生态系统要重新找回相似的状态，通常需要很长的时间，而且有的"失衡"甚至是不可逆转的，这就是所谓的"外力"导致的生态失衡。这是一种超限度的变化，产生的是一场生态灾难，整个生态网络呈现"结构性破坏"—"功能性紊乱"—"整体性衰败"—"生态灾变"的恶劣发展态势。

二 文化建构对生态系统的"偏离"与反馈非对称

文化是一个多元素整合体，它以象征性符号为基点，不同文化内在的各种要素既互相关联，又相互制约，以此满足人类社会生活的需求，实现人类社会所追求的总目标。文化作为信息系统，与生命信息系统一样，也能衍生出语言、习俗、社会组织等各种次生的信息系统。由于这些次生信息系统存在差异，人类社会生活中物质与能量的运行与聚合，也有所不同。所以，文化信息系统架构的不同，诱导出了不同的文化类型和文化样式；不同的文化则规约出了不同的民族。这样一来，人类社会也像自然生态系统那样，凭借文化信息建构起了一个多重因果关系交互制衡的高度复杂的稳态延续系统。

从文化的建构方式来看，其具有"生物性"与"社会性"双重基本属性。从"生物性"角度阐释，人类就是一个普通物种，这是其本质之一。人类在任何一个阶段的文化建构中，都不可能忽略这一本质。文化所具有的"生物性"揭示出每种文化建构都离不开自然生态环境支撑，而任何民族在形成发展过程中，都必须利用自然生态系统中的各种生物以及能量，所以民族文化系统中存在自然生态系统因素是必然的。但是，如果文化的建构只有生物性，无疑人类就只能成为地球生命体系中的普通一员，而人类文化的独特性就在于除了生物性之外，它的建构还具有社会性的特点。从内部来看，文化建构的社会性首先必须满足社会的需求。人类社会的需求包含政治、经济等诸多方面的诉求，其复杂程度远远高于一般生物群体，所以在马林诺夫斯基（Bronislaw Malinowski）那里，文化的产生在于各种迫力，各种"文化迫力"导致文化有不同的层面，这些不同层面的内容要得到人们的普遍认可成为一种"集体表象"，社会结构也融于其中。事实上，文化的各个层面都是实现社会需求的手段。虽然"社会性"与"生物性"在文化中共存，但"社会性"的存在不可避免地使文化对其"生物性"有所偏离，这是让人类在自然生态系统中成为超越其他生物群体的关键。对文化与环境之间交融、制约与依存关系的认知，人们并不否认，但如果更进一步解读其关系的复杂性，例如，从数量、形式及范围上去挖掘民族文化与自然生态系统的关系就比较困难。于是，人们引入"偏离"这一词语，以阐释其复杂关系。

"偏离"本质上应该是一个中性词语，是对人与生态之间关系客观事实的一种描述。过去人们习惯于讨论人对自然的"改造"，这意味着人可以凌驾于自然之上；但是，如果只是看到生态环境对民族文化的塑造，则似乎又显得人类缺乏能动性。所以，运用"偏离"去阐释对象，意味着它应该是一个集合体，其中包含各种具有差异且存在复合因果关系的元素，所以"偏离"一词完全适合对文化建构的分析。人类自身的社会属性，导致文化在建构中与自然生态系统产生偏离，而这种"偏离"其实具有本身的积极意义。"偏离"使人类与其他普通物种有所区别，"偏离"使人类社会蓬勃发展，"偏离"导致控制"偏离"的科学知识与研究方法诞生。所以，我们无须担心"偏离"，"偏离"实际上是人类社会吸收、改造和利用自然信息系统构建自身信息系统的过程，这个过程有以下四个特点。

第一，文化在建构中，对自然生态系统中各类物种之间所存在的信息联系在不同程度上不断吸纳。将自然生物信息纳入文化建构，是世界上一切民族的共识与方法。在现代科学介入之前，各个民族就对其伴生环境中自然物种的生息规律有经验性的认识，并且加以利用，使自然物种自带的生命信息转化为该民族文化建构的一部分。

第二，人类在文化建构中，对于自然生态系统中存在的信息并非全盘吸收，而是根据本民族文化建构的需要选择性吸纳，这被称为"汰选"过程或"汰选"原则。这个原则或过程的实施，其实就是所有民族在建构文化时，对自然生态系统中所涉及的生物信息进行取舍，也就是人类在建构文化当中，选择性利用合适信息与自然生态系统所产生的"偏离"。这昭示着文化绝非自然生态系统的"拷贝"，而是一个"社会化的自然"。所以在现实中我们可以发现，任何民族的认知体系范围都小于其生存的环境，这一点通过该民族的语言系统就可以得到反映。由文化生态学说发展而来的民族志语义学也是生态人类学研究的一个分支，它同样属于认知人类学的研究范畴。

第三，在文化建构中，人类会对自然生态系统中适合的生物信息进行社会性改造，以达到符合社会需求的标准，使之在人类文化中便于传输与解读。不过，这一改造过程比较复杂。例如，本来在自然生态系统中，一切物种的地位都是平等的，并不存在贵贱区别；但是，当人类用社会价值取向审视自然生态系统时，物种的高低优劣差别骤然产生。任何民族在建构自身的文化系统时，对生态系统中的物种都有高低优劣排位，相应的物种信息由此进入不同级别。用自身的社会价值取向来定位自然生态系统中生物的地位，是每一个民族建构文化时的共同态度，因而不同的民族对生态物种的尊贬态度，也不尽相同。人类根据自己的民族文化认知，定位自然物种的尊卑高下，有的生物因此被喜爱，被敬畏，甚至被赋予了高深莫测的"神性"或成为图腾；而有的自然生态物种则被"妖魔化"，被判定为邪恶的代称。虽然任何民族的文化建构与延续，都依赖于对相关自然生态系统信息的获取与选择，但人类对其要进行社会化与反馈，并且要采用相关的社会化模式和方法，去审视自然生态系统改变的合理性。因此，各民族在文化建构过程中，将社会化要求作为选择生态物种信息的重要标尺。不适合民族思维与文化范式的自然生态信息，必须加工改造，使之能在人类社会中有效传输、解码与利用。这种表现实际上就是民族文化在建构中对自然生态系统的一种"偏离"，也是民族文化差异的重要来源，所以民族文化也可以看作一套有着明显民族性、地域性的知识体系。

第四，在文化建构中，对于自然生态系统中的生物，人类总是按照社会要求进行归类，而且在文化建构初期，主要是按照正在利用的方式来解决物种的分类问题。社会发展进入一定时期后，生物物种最初的归类有些已经不太适合，但只要不产生误解，人们一般不修改分类法则。其实，在物种的归类问题上，蕴含着不同民族对生物资源的认知，不同的手段必然对自然生态系统产生不同的影响和干扰，这从另一个角度体现出民族文化建构对自然生态系统的"偏离"。各民族在文化建构中，对自然物种的分类有所区别，甚至差别大到难以发现共同之处。对此，各民族非常淡定，因为他们所做出的分类即使有不合理之处，也为该民族成员所接受。各民族群体按照他们所处的社会环境，依据他们的需求对生物物种的类型进行确定，因此，这种分类是文化性质的，而并不是按现代科学的范式从生物物种本身的属性去归纳分类的。在这样的分类理据之下，民族文化所支配的社会活动对不同物种采取不同态度，有时难免会与物种属性特征相背离，产生自相矛盾的行为与做法，这在民族文化建构中被视为正常现象。

总体而言，虽然人类生存离不开自然生态系统，但民族的衍生与发展更依赖于社会，在"生物性"与"社会性"存在矛盾的境况中，人类选择对自然世界、对各种生物物种的生态信息进行加工，不惜"偏离"，以实现人类需要最大化满足。所以，每一个民族所建构的文化，在对其生物性特征归纳提炼时，一方面不会忠实折射与反映完全的自然生态系统表征，另一方面各个民族的社会活动必然是按照自己加工的信息对自然生态系统加以利用；一方面是强调利用自己所需要的内容，另一方面是忽视本民族文化不需要、不认识的生物性特征。这充分表现出文化生物性建构的双重性，其核心就是人类文化对所处的自然生态系统的人为"偏离"。当然，这种"偏离"在正常状态下会被人类尽量限制在一定的范围内，因此，"偏离"才不会导致生态灾变，从而使人类社会与所处自然生态系统在一定的阶段和睦并存。

从以上分析可以看出，在文化建构中，人类对于自然生态系统会有意识"偏离"，其价值就在于确保人类主宰地球的地位，但同时，这种"偏离"也包含一种"反馈非对称"的表现，却没有引起人类的足够重视，从而为生态灾害的频发埋下了伏笔。

自然生态系统是一个开放的系统，它依赖外界环境的输入，否则系统就会失去功能。开放系统如果拥有具有调节功能的反馈机制就意味着该系统成为控制系统。所谓反馈，就是系统的输出变成了决定系统未来功能的输入；一个系统，如果其状态能够决定输入，就说明它有反馈机制的存在。

"反馈非对称"是物种普遍的生存方式，它的实质是物种趋吉避凶、自我壮大的一种生命行为，即物种极力保持内部有序，将无序与混乱转移到周边环境。例如，功利性地吸纳自己需要的物质与能量，而将自己不需要的物质与能量毫无保留地抛弃；拼命维持自身的对称和有序，对周边环境不断"制造"非对称与无序。这就称为"反馈非对称"。

反馈机制分为正反馈和负反馈。正反馈可使系统偏离稳定，使环境趋于恶化；而负反馈可使系统保持稳定，这种稳定是结构上的稳定、功能上的稳定和能量输入输出上的稳定。在一个生态系统中，正负反馈是同时存在的，决定生态系统是走向恶化还是保持稳定取决于正负反馈的博弈。显然，"反馈非对称"是一种正反馈，但是在自然状态下，有相应的负反馈机制来抵消其不利影响。而对人类而言，与其他生物系统相比更具有生存优势，人类通过文化的建构与影响，对周围环境形成的非对称反馈必然要多于周围环境对人类形成的非对称反馈。人类为了维护自身需要，不断从周围生态系统大量攫取物质与能量，只考虑保持自身有序，在一定程度上漠视周围生态环境的无序与混乱，对这种反馈非对称不加以控制和调节，导致人类社会与自然生态之间的偏离一步步加大，最终将酿成灭顶的生态灾祸。

从这个角度来看，生态危机是"成本转嫁"的必然结果。人类社会的各种需求会诱致增量收益，但这种收益的背后其实隐含着一个定律，那就是有多少收益就会产生多少成本。我们很多时候却只能看到收益而忽视成本，那是因为成本被转嫁给了弱者。其实，当沃勒斯坦提出"核心—半边缘—边缘"的世界体系框架时就予以了我们启示。人类社会的发展很难得以均衡，更很少实现"帕累托最优"。一部分群体在收获利益的时候往往都会把成本转嫁给下层或是弱势群体——核心转嫁给边缘、发达转嫁给欠发达、西方转嫁给非西方……直至转嫁给环境。因为再弱势的人终还可以发声，但环境是无法发声的。

三　从文化视角分析生态问题的意义

从文化的视角分析生态问题能够使人们的反思和批判达到一个新的高度。因为人类生活的一个十分重要的特征就是其整体性或关联性，生活的每一层面或细节都纠缠、交织、渗透在一起。如果人们没有看到那些交织在一起的、相互渗透的、纠缠不清的关系，而只看到简单的线条，这就只是孤立的思想维度。

中国传统文化在看待人与自然的关系这个问题时，有如老庄柔静无为、须从自然的观点，也有诸如荀子"天地官而万物役"、王夫之"官天府地，裁成万物""以人道率天道"等这样强调征服自然比较激进的思想，但占主导的还是"天人协调"。中国传统文化的主流强调一个"和"字，即和谐、有序之意。人与人之间应如是，人与天之间也应如是，这样才能够"生生不息"。比如孟子就说过："不违农时，谷不可胜食也；数罟不入洿池，鱼鳖不可胜食也；斧斤以时入山林，材木不可胜用也。"张载、程颐、程颢等宋代大儒更是推崇"天人协调，天人合一"。"天人协调"有两方面的含义，一是注重人的能动性，比如董仲舒说"天生之，地养之，人成之"，王符把人比喻为马车上的驭者、船上的舵手来决定自然发展的方向，张载也有"天谋为性，人谋为能"的论断；二是认为人是自然界的一员，人类应该服从自然规律，并从自然原则引申出人的道德准则。而西方的一些自然观，可追溯至《圣经》。《圣经》故事认为，世界是由上帝创造的，人是上帝创造出来管理世界的，本来人与世间万物和谐相处，但因亚当和夏娃偷吃了伊甸园里的禁果，上帝为了惩罚人类而让大地充满荆棘，人类只有通过艰辛劳作才能有所收获。这当中所隐含的逻辑却是人与自然的对立，人必须征服战胜自然才能够获取自身的生存。德国哲学家费希特把人与自然抽象为"自我"与"非我"，认为二者是一种对立的关系，人类的生存就是通过行动、实践，即"自我"的能动去克服"非我"的阻碍和限制最终达到支配"非我"的目的。这种观点被日本学者北聆吉视为"欧人自然观之纲领"。对于这种文化思想，一些西方学者也提出了批评，比如黑格尔、恩格斯等，他们都指出人类不可能征服自然，还很有可能遭受自然的报复。近几十年来，在经历了一系列生态危机后，西方的思想也发生了很大变化，正如托夫勒所说："旧观念的崩溃，最明显地表现在我们改变了对自然形象的认识……结果非但没有使我们相信人们与大自然处于血淋淋的争斗之中，反而使我们产生一种新的观点：强调人与自然和睦共处，可以改变以往对抗的状况。"不管上述论断是否失之偏颇，但只有从文化的视角思考生态问题，我们才能看到，当前人类生态环境恶化性发展是文化发展到一定阶段的产物，生态环境的改善有赖于人类文化的转型。

不过任何民族在建构文化时，都必然要利用自然生态系统，所以，在文化建构过程中，人类主观上并不会去损害与之共存的自然生态系统，而是对其利用与维护。然而，由于不同社会阶段人类的认知局限，人类对自然生态系统维护与利用不全面，甚至会出现一些"扰乱"，但自然生态系统具有一定的修复功能，不断调节被人类干预导致的非正常变化。民族与自然生态系统在并存中有两种状况可能出现：其一，在某些历史阶段，有的民族群体可以在多个自然生态系统内生存；其二，有的民族本身所依赖的自然生态系统遭到其他民族的挤占。两种状况都会导致相关的民族文化和与其适应的自然生态系统不再协调，民族文化出现不正常的态势。第一种情况导致文化运行效率下降，第二种情况导致文化扭曲。人类不仅争夺自然资源，甚至对自然生态系统采取掠夺式的利用，导致相关生态系统受到损害，发生生态灾变。

当文化建构在与之不相适应的，甚至是异质的生态背景下进行时，不仅文化运行效率下降，而且对自然生态系统的维护也无法到位，尤其是在自然生态系统处于非正常状态时，例如，出现生态压缩、生物变异等情况，依然对其采取掠夺式利用。史上所记载的生态灾变，如水土流失、物种灭绝等，就很容易发生在文化交错地域，或是民族之间产生激烈矛盾冲突之时，因为在这样的境况下，文化的运行是以民族的生存和发展为首要目标，因而文化难以常态运行，文化的非常态发展本身就背离了文化建构——适应的原则，这便是文化失范诱发的生态灾变。

民族文化属于人类社会特有的现象，它与自然资源之间的关系是后天发生的，两者之间其实是一种间接关系。由于两者关系属于非先天性关联，所以在对自然资源进行利用与维护时，人类需要长时间对生态环境悉心关注，积累认知经验，可以说，这种积淀并不容易。我们能够看到在民族文化记载中，对大灾变会有清晰记录，而有关常态性的自然生态细微变动常常被忽略。由此看出，文化对生态环境的关注并非处在主流位置，只是一种附庸。任何民族文化，有史以来对自然资源的积累的关注都相对匮乏。在这样的状况下，文化与生态环境出现偏离的幅度与概率都不断增大，而民族文化运行又疏于对生态环境的正确维护，这就必然导致生态危害发生，但这种危害常常被一些眼前所谓的利用"成效"所粉饰，最终在疏忽中让灾害形成。例如，让各国伤脑头疼的紫茎泽兰就是外来物种入侵的典型例子。这种植物原产于墨西哥，但自19世纪被当作一种观赏植物在世界各地引种，不承想因其繁殖力强，最终演变成全球性的入侵物种，在2003年由国家环保总局和中国科学院发布的《中国第一批外来入侵物种名单》中名列第一位。再比如德国曾经开展的"科学林业"计划，为了达到清晰化和简单化的目的，便于该计划更容易被度量和计算，实现操控，自然与空间被严格规划。但是，这种纯技术的内在逻辑是行不通的，自然界自存的发展规律变化，很多是难以预料和应付的，该计划最终给森林生态带来无法逆转的负效应。还有，城市设计者勒库布西耶给自己确定的任务就是发明一个理想的工业城市，在这个城市中，机械时代背后的"一般真理"要通过简单化的图像体现出来。理想城市就是精确与统一的，而巴西首都巴西利亚，基本上就是按照勒库布西耶的设计建造，虽然具有高度清晰化、设计简单化的特点，便于监督和指导，但它却远离了过去，同时也远离了人们所喜欢的生活方式。这些项目的共同特征是忽略了真实社会的基本特征，现实的世界成为一个简单的图解，它们只是对简单的项目因素进行合理规划，但是其实质的复杂活动经常被忽略，因而都只剩下薄弱的物理表达。

四　生态恢复有赖于文化转型

综上所述，我们可以得出这样的结论：人类所赖以生存的自然环境在经过人类文化的拣选之后，成为一个"人化"的自然，我们可以将其称为"民族生境"。民族生境是人类社会与其伴生的自然环境进行能量、物质和信息交换的场域，在这个场域中的生物物种都是文化汰选的结果，或被奉为图腾，或被视为草芥，本是自然界中平等的芸芸众生，却在民族文化的调控下生长、繁殖及被人利用，"文化选择"代替了"自然选择"成为这个场域的主导，文化引导下的各类社会活动、各种社会产物也融入这个场域，使各个民族的伴生环境不再是一个纯自然的结构，而是一个接受文化洗礼的"小环境"。这就是民族生境的文化特异性，但这种文化对自然生态系统的改性并不意味生态灾变的发生。民族生境对所处自然生态系统的偏离本身并不等于生境失衡或生态灾变，它仅是生境失衡和生态灾变的导因。因为文化建构具有"生物性"与"社会性"两种属性，这是两个信息调控系统，它们实际上处在相互对立统一状态之下，而且各自包含多层面的复合结构，不同层面还涵盖着不同的结构单元，所以，两者不仅处于同一种文化之中，而且互相制约与平衡。它们各自不能任意地扩大，也不能无限制地缩小，表现为一种耦合关系。但这种耦合关系不像生物遗传那样稳定，很容易松弛和错位。虽然社会对此具有修复能力，但同样缺乏稳定性，因此，文化的社会性建构与生物性建构总是表现为"耦合—松弛—修复—再耦合"这样一种动态循环。所以，各民族文化既要寄生于地球生态系统，又必须在一定程度上偏离这一系统。在族际互动过程中，政治、经济等各种竞争又会推动这种偏离的扩大和叠加。为了应对各种挑战，文化的社会性调适就可能占据主导地位，原有偏离的扩大与叠加就会积累下来成为人为生态灾变的导因，生境失衡或生态灾变的酿成往往是这种偏离扩大化和叠加积累的结果。特别是进入工业化社会以后，人们似乎更加忘记了自身的生物性，忘记了尽管人类可以上天入地、翻山跨海，但还是如同孙悟空一般，无法逃脱环境这"如来佛的掌心"。"人类中心主义"的过分膨胀最终导致生态灾害的频发。恩格斯曾经在阐述人与自然的关系时就指出，人类对自然界的统治在于认识和正确运用规律，在于能够预见和控制生产行为引起的长期自然后果，在于人类与自然的一体性。

工业革命之后，我们已经逐渐看到生态危机出现的重要因素：其一，不等价交换的模式，即在所谓强势民族和国家的政治、经济甚至是军事威逼下，弱势国家和民族，尤其是处在第三世界的各个国家和民族，其传统的生物资源利用手段与水土资源利用模式都不能正常运行；其二，农田不断扩大，逐渐挤占压缩草原和林地，造成两者之间逐渐失衡；其三，某些畜种出现单一过量生长，导致草原的负荷增大；其四，矿产资源滥采，对森林、草原等造成毁灭性的破坏；等等。这些表现都显示出相关民族文化非常规的运行状态，也代表着文化本身的调节功能减退，使其对民族生境应具有的维护功能无从发挥。在这些因素中，导致生态危机最直接的因素可以这样描述：多种文化对自然生态系统本来有所限制的偏离逐渐扩大，人类难以对其进行节制，而且偏离不断重合，相互叠加，最终使生态危机爆发。

面对层出不穷的生态危机，除了依靠现代科学技术，我们最根本的治理手段在于文化的转型，即通过文化转型的方式纠正文化失范，达到生态治理的目的。文化介入对维护自然生态系统稳定的最重要的意义就在于其目标是实现文化对环境的适应，即使有所偏离，也在可控范围之内，保证文化与生态之间的耦合关系，保证调节机制的有效。既然文化的建构具有"生物性"与"社会性"两方面属性，"生物性"承认了人作为地球生命体系中的一员这一关键事实，人类社会的生存与发展必须规约在地球生态系统的生息之间；而"社会性"则意味着人类社会有着与其他生物群体不同的独特需求，正是"社会性"的存在，才使得人类成为地球生命体系中占据统治地位的特殊一员，也导致了人类社会与自然生态系统的偏离。所以，"生物性"与"社会性"之间应该有着制衡关系，两者之间的张力必须控制在一个合理的范围，否则，就会导致生态的改性，最终形成灾变。

对于生态灾变的治理，需要考虑多层次的配合，即研究、决策和行动三个层面的有机结合，其中研究是最基础的工作。其一方面为决策提供依据，另一方面为行动提供具体的措施指南。同时，在行动层面也强调要发挥社会力量，充分调动社会各界广泛地参与救治行动，尤其是参与治理地域本土民族文化。民族文化包含维护本地生态系统、防范生态灾变风险的内容，这是民族文化对本地生态环境适应的结果。它往往具有针对性强、成本低、效果好以及容易获得当地社会的广泛支持等优势。

结　语

人类是命运共同体，无论是新冠肺炎疫情这种突发公共卫生事件还是其他生态问题，没有哪个国家或地区最终能够独善其身。疾病的暴发、自然的灾变，看似不可预料，是不可抗力的，但很多终究是"人祸"，在于人类没能够正确处理人与自然的关系。生态文明之所以是更高层次的文明形态，就在于它融合了人类文化建构的"生物性"与"社会性"两大基础属性的内在逻辑，这种有机的结合要求人类当前的文化要做出必要的转型，以实现全人类的可持续发展。这种转型才是全人类的福祉所在。

参考文献：

[1] 崔明昆. 民族生态学理论方法与个案研究 [M]. 北京：知识产权出版社，2014.

[2] 杨庭硕，等. 生态人类学导论 [M]. 北京：民族出版社，2007.

[3] 罗康隆. 文化适应与文化制衡——基于人类文化生态的思考 [M]. 北京：民族出版社，2007.

[4] 陈庆德. 资源配置与制度变迁——人类学视野中的多民族经济共生形态 [M]. 昆明：云南大学出版社，2001.

[5] 尹绍亭. 文化生态与物质文化　论文篇 [M]. 昆明：云南大学出版社，2007.

[6] 埃尔温·薛定谔. 生命是什么 [M]. 罗来鸥，罗辽复，译. 长沙：湖南科学技术出版社，2003.

[7] 巴里·康芒纳. 封闭的循环 [M]. 侯文蕙，译. 长春：吉林人民出版社，1997.

[8] 拉兹洛. 决定命运的选择 [M]. 李吟波，译. 北京：生活·读书·新知三联书店，1997.

[9] 丹尼尔·贝尔. 后工业社会的来临——对社会预测的一项探索 [M]. 高铦，王宏周，魏章玲，译. 北京：商务印书馆，1984.

[10] 阿尔温·托夫勒. 第三次浪潮 [M]. 朱志焱，等，译. 北京：生活·读书·新知三联书店，1984.

[11] 恩格斯. 自然辩证法 [M]. 曹葆华，等，译. 北京：人民出版社，1972.

黄河流域生态监管的现状、问题
及对策建议

刘　冬　徐梦佳　杨　悦　张文慧[*]

摘　要： 黄河流域是我国重要的生态屏障，在我国经济社会发展和生态安全方面具有十分重要的地位。黄河流域生态保护和高质量发展战略是习近平总书记亲自调研、亲自部署、亲自推进的重大国家战略。然而，由于地处干旱、半干旱地带，黄河流域水资源严重短缺、生态系统十分脆弱。长期以来，以农业生产、能源开发为主的经济社会发展方式与流域资源环境承载能力不相适应，导致生态安全形势严峻。本文分析了黄河流域生态状况以及生态监管的现状，提出了流域生态监测网络尚不健全、监管能力不足、生态监管体系有待进一步完善等问题，并就如何进一步强化黄河流域生态监管提出了建议。

关键词： 黄河流域　生态环境　监测　能力建设

黄河是中华民族的母亲河。黄河流域是我国重要的生态屏障和

---

* 刘冬，生态环境部南京环境科学研究所副研究员，研究方向为生态保护与修复技术、生态环境保护规划政策；徐梦佳，生态环境部南京环境科学研究所助理研究员，研究方向为生态安全、生态文明建设、生态环境与政策；杨悦，生态环境部南京环境科学研究所助理研究员，研究方向为环境政策；张文慧，生态环境部南京环境科学研究所实习研究员，研究方向为国土空间生态环境政策。

重要的经济地带，以内蒙古托克托县河口镇、河南荥阳市桃花峪为节点划分为上中下游三段，是"两屏三带"国家生态安全战略格局的重要组成部分，承载着重要的水源涵养、水土保持、防风固沙、生物多样性维护等生态功能。[1]然而，由于地处干旱、半干旱地带，水资源严重短缺、生态系统十分脆弱。长期以来，以农业生产、能源开发为主的经济社会发展方式与流域资源环境承载能力不相适应，导致生态安全形势严峻，经济社会发展质量低下。2019年以来，习近平总书记先后6次考察黄河流域省区，对黄河保护和治理提出明确要求。在甘肃，习近平总书记强调甘肃是黄河流域重要的水源涵养区和补给区，要首先担负起黄河上游生态修复、水土保持和污染防治的重任；在河南，习近平总书记要求把沿黄生态保护好，切实提升自然生态系统质量和稳定性；在陕西，习近平总书记指出要推动黄河流域从过度干预、过度利用向自然修复、休养生息转变，改善流域生态环境质量；在山西，现场察看汾河保护治理情况后，习近平总书记提出"让一泓清水入黄河"；在宁夏，习近平总书记希望广大干部更加珍惜黄河，精心呵护黄河，坚持综合治理、系统治理、源头治理，明确黄河保护红线底线，守好改善生态环境生命线。为深入贯彻落实习近平总书记讲话精神，促进生态监管能力现代化，针对黄河流域生态监管现状及问题，本文提出了加强生态监管顶层设计、建立流域生态调查与评估机制、强化生态监测网络建设、创新生态保护监管机制等建议。

一　黄河流域生态状况与生态监管现状

（一）黄河流域生态状况

一是流域水资源短缺。黄河平均径流量461亿立方米，仅为长江的5%，流域水资源仅占全国的2%，但集中了全国12%的人口、

15% 的耕地，水资源开发利用率高达 80%，远超 40% 的生态警戒线，整体水资源已严重超载。流域生态用水保障程度较低，支流普遍存在断流现象，生态水量受严重挤占。近年来，全流域面积 1000 平方公里以上的河流中，21 条出现过断流情况，13 条主要一级支流中有 7 条发生断流。

二是流域生态脆弱。黄河流域 3/4 以上区域属于中度以上脆弱区，高于全国 55% 的水平。生态脆弱区分布广、类型多，整体性、系统性生态问题突出。上游的三江源被誉为"中华水塔"，为典型高寒生态系统，生态环境十分脆弱，属青藏高原复合侵蚀生态脆弱区，局部地区生态系统退化、水源涵养功能降低。[2] 中游的黄土高原、内蒙古高原分属于西北荒漠绿洲交接生态脆弱区和北方农牧交错生态脆弱区，农业种植规模与水资源条件不匹配。不合理的水资源利用结构和方式加大了区域水土流失，从水土流失面积和强度看，黄河中游地区仍有 20 多万平方公里水土流失面积亟待治理。黄河下游是泥沙长期淤积形成的地上"悬河"，生态流量偏低，突出表现为频繁发生洪水决口、泛滥和河流改道，严重威胁着黄淮海平原的安全。[3] 入海河口黄河三角洲自然湿地萎缩严重，近 30 年减少约 52.8%。

三是部分地区环境污染严重。2019 年，黄河流域劣 V 类断面比例为 8.8%，高出全国 5.4 个百分点，6.8% 的地级以上城市集中式饮用水水源地（含备用水源）水质不达标。2019 年，黄河流域细颗粒物（PM$_{2.5}$）浓度比全国平均值高出 8.3%，空气质量优良天数比例比全国平均值低 5.5 个百分点。汾渭平原等区域大气污染防治形势有恶化趋势。部分工业园区及重污染企业周边耕地、有色金属矿区和重点行业企业用地土壤环境问题突出。

四是生态环境潜在风险高。黄河流域是我国重要的能源、煤化工基地，煤化工行业企业数量约占全国的 80%，企业治污设施、环境监管及沿河污染预警应急水平等尚未完全达到高质量绿色发展的要求。[4][5]一些矿区重金属污染历史遗留问题多，解决难度大。

五是流域协同联动的环境治理体系尚未建立。黄河流经 9 个省区，缺少整体性的环境质量改善顶层设计，流域环境监测网尚未实现全覆盖，生态环境监管体系有待进一步完善，流域上下游生态补偿机制尚不健全，环境风险防控和突发环境事件应急能力不足。

（二）黄河流域生态监管现状

近年来，黄河流域各省区不断加强生态保护，实施了一系列生态保护工程，推动生态保护工作取得积极进展。沿黄各省区初步完成生态保护红线划定，有序推进自然保护地建设，积极推进三江源、祁连山国家公园体制试点[6]，划定羌塘—三江源区、祁连山区等国家生物多样性保护优先区域。实施水土保持、三北防护林建设、天然林保护、退耕还林还草等重大工程，推进一批山水林田湖草生态保护修复工程。[7]

1. 有序推进生态保护红线划定和监管

据统计，9 个省区共划定生态保护红线面积 129.27 万平方公里，占 9 个省区陆域面积的 36.61%，其中，各类自然保护地面积 65.55 万平方公里，占陆域面积的 18.56%。同时，9 个省区稳步推进生态保护红线监管工作，宁夏率先出台《宁夏回族自治区生态保护红线管理条例》；四川、宁夏、山西等省区积极推动开展勘界定标试点工作；青海省在全国生态环境监测领域率先建立了"青海生态之窗"远程高清视频监控系统，累计建成 38 个观测点位，在建 32 个，共享集成红外触发相机地面监测点位 300 余个，并与国家生态保护红线监管平台实现对接，实现对全省典型区域的生态类型、自然景观、野生动物、生物多样性、生态保护红线等进行实时精确观测、监控与研究评估。

2. 开展覆盖水气土生态全要素的生态环境监测

地表水环境监测方面，黄河流域共设置国控手工监测断面 147 个，其中上游 42 个、中游 91 个，实现了每月监测一次。大气环境地面监测方面，除了国控站点、地方运行空气质量站等常规监测外，汾渭平原 4 个城市（运城、临汾、西安、洛阳）的监测点位开展了颗粒物组分自动监测和 $PM_{2.5}$、PM_{10}、NO_2、SO_2、O_3 等多项大气污染物的卫星遥感监测分析。土壤环境质量监测方面，已基本建成国家土壤环境监测网，在黄河流域中上游省区共布设近 1 万个监测点位。生态质量监测方面，全国生态地面监测网络已在黄河上中游地区建立青海三江源地区、甘肃甘南草原区以及内蒙古草原区 3 个生态监测站。

3. 以突出生态破坏事件为契机强化生态保护监管

在中央主要领导的直接关注、持续推动和亲自考察下，黄河中上游地区以着力解决突出环境问题为契机，认真贯彻落实党中央决策部署，充分发挥环境保护在推动经济转型升级、提升城乡发展水平、提高发展质量和效益中的重要抓手作用，实行最严格的生态环境保护制度，推动各地下决心解决产业结构、能源体系、空间布局等问题，并取得了显著的成绩。祁连山生态保护由乱到治，地质环境得恢复、生态流量得落实、旅游项目得整治；"贺兰山生态保卫战"彻底关停了保护区内所有煤矿、非煤矿山、洗煤储煤厂等；陕西共拆除秦岭违建别墅 1185 栋，没收 9 栋，全面彻底整治秦岭北麓、西安境内违建别墅问题，发布实施《陕西省秦岭生态环境保护条例》，真正还秦岭以宁静和谐美丽；库布齐沙漠 2018 年水土流失面积较 2011 年减少 9%，植被覆盖度达到 53%，入黄泥沙年均减少 4.35 亿吨，取得"人进沙退"的重大成就。[8] 黄河中上游生态安全屏障的地位和作用得到加强和恢复，沿线群众的获得感、幸福感、安全感持续增强。

二 生态监管面临的困难与问题

黄河流域以脆弱的生态系统支撑着全流域经济社会快速发展，其生态保护与监管面临着一些突出困难和问题。这些问题表象在黄河，根源在流域，生态环境保护任重道远。

（一）流域生态监管体系有待进一步完善

黄河流经9个省区，流域生态监管需要依靠一系列配套政策和技术规范所构建的监管制度体系，但目前缺少整体性的生态环境质量改善顶层设计指引。流域生态补偿、生态监测网络建设、预警机制建设、生态修复治理、成效评估等各项制度尚未形成行之有效的技术标准，各部门和地方已经制定的一些生态监管方面的相关技术标准尚未整合到流域生态环境监管中，生态环境监管体系有待进一步完善。

（二）流域生态监测网络尚不健全

当前，黄河流域各省区环境、资源、林草、水利等相关部门各自建立了不同形式的监测网络，但总体来说较为零散、不成系统，数据难以整合，监测范围和要素覆盖不全，缺乏业务化运行的监管机制，无法为黄河流域实施系统性生态监管提供全面支撑。监测手段仍以地面和人工监测为主，对无人机、遥感等新型监测手段使用较少，监测频次较低，在面对突发性环境事件和渐变性生态破坏事件时，对监测数据的快速获取能力不足。此外，相关业务部门间共享服务不足，缺乏统一调度与共享服务平台，区域生态监测数据不能及时获取，无法满足常规监管的连续性、高分辨率、高时效性的要求。

（三）生态环境监管能力建设亟待加强

目前，黄河流域的基层监管执法部门普遍存在执法手段落后、执法装备不足、环境执法信息化水平低的状况，导致国家顶层设计的各类配套政策无法充分发挥效力，成为黄河流域生态监管和行政执法的瓶颈。同时，黄河流域生态环境监管部门与相关职能部门之间存在职权融合度不够的问题，生态环境监管部门虽然是生态监管的主要负责部门，但在实施过程中，流域管理体制条块分割、多头管理问题依然存在，流域生态监管与联合执法力量比较薄弱，无法迅速调动其他职能部门统一执行，在很大程度上影响了黄河流域的监管效率。

（四）业务化的生态预测预警能力尚未形成

目前，黄河流域环境预警工作开展情况相对较好，大多数省区开展了基于实况监测数据启动预警的能力建设，部分省区已经初步形成监测自动报警响应体系。但在生态预测预警方面，除了上游三江源地区以外，其他区域基本上仍处于起步阶段，尚未建立起科学高效的预警机制。预测预警能力薄弱的主要原因在于生态监测能力不足。此外，受行政管辖地域限制，存在流域上下游信息交流不通畅、有时难以协作的问题，亟须建立全流域生态预测预警业务机制，推进流域生态质量预测预警业务体系建设。

三　对策建议

（一）加强生态监管顶层设计

研究制定"黄河流域生态监管方案"，系统性、战略性、长远性地谋划黄河流域生态监管目标和任务，推动将黄河生态监管任务纳入国家专项规划。构建以生态监测网络、监管平台为依据，覆盖调查监测、评估预警、考核评价、监督执法、责任追究等各环节的生态监管制度体系。研究整合全国生态状况变化遥感调查评估、卫片执法检查评估、"绿盾"自然保护区监督检查等专项行动，并与日常监管相结合，建立健全跨区域、跨部门协调机制，全面发挥生态监管作用。

（二）建立流域生态调查与评估机制

以遥感分析与野外核查相结合的方式，每年开展一次全流域生态状态调查评估，及时掌握生态系统动态变化情况，及时发现重要生态系统退化、挤占生态空间等生态问题。重点加强流域生态保护红线、自然保护地等重点区域人类活动遥感监测评估，每半年开展一次国家级自然保护区遥感监测评估，每年开展一次国家公园、生态保护红线、自然公园等区域遥感监测评估。定期发布流域生态状况调查评估报告和重点区域人类活动遥感监测评估报告。定期组织开展卫片执法检查，监督检查人类活动对生态环境系统破坏情况，开展相关问题专项整改。

（三）强化流域生态监测网络建设

根据黄河上中下游生态环境的差异性，结合黄河流域生态环境监测能力现状，建设黄河流域天地一体化生态环境监测网络，优化环境质量、生态质量和污染源监测布设网络，提升黄河上中下游的生态质量监测能力，快速、准确、实时获取流域监测数据，实现流域监测的全方位、实时化、信息化。构建黄河上游水源涵养能力、中游水土保持能力、下游河口湿地保护等综合评估与预警模型，对重要生态功能区域的人类干扰、生态破坏等活动进行监测、评估与预警，动态了解和监测预警资源环境承载能力变化情况。

（四）创新生态保护监管机制

省级层面建立联合会商机制，加强监测信息汇聚共享与技术协作，利用大数据技术建立统一生态监管平台，建立日常监管台账，实现常态化监管和全流域资源共享。及时评估和预警生态风险，提高流域生态环境管理决策科学化水平，实行环境风险联合预警和管控，提高预警信息可信度和反应速度；完善区域联动的应急响应与调度支援机制，省级层面形成有效应对流域内突发生态环境事件的能力。加强执法监督，建立常态化执法机制，定期开展执法督查，依法处罚违规违法行为，切实做到有案必查、违法必究。

参考文献：

[1] 郭晗，任保平.黄河流域高质量发展的空间治理：机理诠释与现实策略 [J].改革，2020（04）：74-85.

[2] 刘小鹏，马存霞，魏丽，程静，魏静宜，曹端.黄河上游地区减贫转向与高质量发展 [J].资源科学，2020（01）：197-205.

[3] 刘昌明.对黄河流域生态保护和高质量发展的几点认识 [J].人民黄河，2019（10）：158.

[4] 陆大道，孙东琪.黄河流域的综合治理与可持续发展 [J].地理学报，2019（12）：2431-2436.

[5] 王金南.黄河流域生态保护和高质量发展战略思考 [J].环境保护，2020（Z1）：18-21.

[6] 夏军.黄河流域综合治理与高质量发展的机遇与挑战 [J].人民黄河，2019（10）：157.

[7] 徐勇，王传胜.黄河流域生态保护和高质量发展：框架、路径与对策 [J].中国科学院院刊，2020（07）：875-883.

[8] 杨永春，张旭东，穆焱杰，张薇.黄河上游生态保护与高质量发展的基本逻辑及关键对策 [J].经济地理，2020（06）：9-20.

VI 协同创新机制研究

主持人语

　　"多彩贵州"是新时期提炼的一个以贵州原生态文化为主体的多元文化关系、多样文化生态、多种文化现象涵聚的地域文化概念，也是一个集旅游、影视、传媒、会展、体育等多种业态于一体的品牌产业集群。作为贵州省实施文化产业发展战略的重要成果，"多彩贵州"如今已经成为贵州省的一张重要名片，产生了显著的经济效益和社会文化效益，因此，对其协同创新机制的分析也就具有了重要的研究意义。

——王长城（贵州民族大学大学生创新创业指导中心主任、副教授）

多彩贵州文化协同创新机制研究

王长城　田思祺[*]

摘　要： 随着科技革命的不断革新，现阶段的传播生态开始以"城市文化"为主，使得少数民族文化形态、风俗习惯、生存环境面临着巨大冲击。贵州作为典型少数民族聚居区，欲延续其独特民族文化，须建立贵州少数民族文化协同创新机制。从国家、省"十四五"规划及2035年中期、远期目标层面看，多彩贵州文化协同创新机制正处于重要战略机遇期，将协同民族文化进入新时代。本文从贵州少数民族文化属性及多彩贵州文化协同创新机制的成效、特点、措施等方面入手，深入研究多彩贵州文化协同创新中心建设，为贵州民族文化保护与传承机制提供借鉴与创新的可能性。

关键词： 民族文化传承　人才培养　协同创新

贵州是一个具有悠久历史和多民族文化的省份，在我国经济高度发达的环境下，如何保护与传承贵州民族文化成为一个亟待解决问题。国家高度重视贵州非物质文化遗产，从立法到保护都制定了相应法律法规。除了2011年通过的《中华人民共和国非物质文化遗产法》和2012年通过的《贵州省非物质文化遗产保护条例》，

---

[*] 王长城，贵州民族大学副教授，研究方向为文化产业、艺术学；田思祺，贵州民族大学广播电视艺术2020级硕士研究生，研究方向为广播电视艺术。

2021年5月25日，文化和旅游部最新发布了《"十四五"非物质文化遗产保护规划》，该规划明确提出在"十四五"时期保护非物质文化遗产的总体要求、主要任务及保障措施，系统部署了"十四五"时期的非物质文化遗产保护传承工作。

在这一背景下，贵州省全面贯彻落实党的十九大和十九届二、三、四、五中全会精神，坚持以习近平新时代中国特色社会主义思想为指导，遵循习近平总书记对贵州工作重要指示，贯彻落实省委十二届八次全会精神，联合贵州社会各界打造多彩贵州文化协同创新机制，贵州省委副书记、省长李炳军提出："要深入贯彻落实习近平总书记视察贵州重要讲话精神和关于社会主义文化建设的重要论述，弘扬中华优秀传统文化，挖掘贵州历史文化，打造贵州特色文化展示窗口，推进公共文化事业高质量发展。"

一　贵州少数民族文化概述

中国民族文化博大精深，在变迁岁月中，各民族形成了独具特色的民族文化，贵州独特的喀斯特地貌使其成为典型少数民族聚居地，聚集了苗、侗、布依、白、彝等49个少数民族。各民族有其独有的民族服饰、风俗习惯及文化形态，其中苗族银饰、蜡染、锁绣、漆器等文化已成为贵州的标志。然而，随着城市化发展，贵州地区为跟上经济发展步伐，开始追求旅游效益，使"多彩"贵州文化趋于"同质化"，囿于后继无人的尴尬困境，少数民族文化传统和特色难以得到体现。

鉴于此局面，贵州要延续其多彩民族文化，亟须打造多彩贵州文化协同创新机制，将政府、媒体、高校众多资源结合，发挥贵州大数据、生态旅游、非物质文化遗产、农副产品、白酒等优势，将贵州民族文化延续下去，增强贵州省核心竞争力。

二 多彩贵州文化协同创新中心

协同创新的概念最早是德国赫尔曼·哈肯教授（Herman Haken），在《协同学：大自然构成的奥秘》一文中提出的，也被称作"协同学"。协同创新采取一种多元跨组织合作模式，由协同中心内环境、外环境相互作用，协同过程中既对立又合作，最终实现整体的协同创新。而创新是呈现螺旋式动态循环上升过程，从前期设想、开发设计再到投入市场都产生交叉顺序作用。准确地说，文化协同创新中心本质是构建知识生产模式，需要高校、政府、媒体、企业等多主体共同作用，各主体发挥自身最大优势提供有效资源，从人才、体制、传播等方面进行创新，实现多方机制利益最大化。

多彩贵州文化协同创新中心于 2013 年 9 月成立，是贵州省教育厅按照"国家急需、世界一流、贵州特色"总体要求，围绕贵州省"两加一推"的主基调和"四化同步"的发展战略，所批准的第二批省级"2011 协同创新中心"之一。该中心在贵州民族大学设立中心管委会，相应成立有独立建制的处级单位"多彩贵州文化协同创新中心"。构建文化协同创新平台是重大项目，是保护贵州少数民族文化和提供人才就业方向的基础，通过整合高校与媒体、政府、企业、少数民族文化基地等资源，达到资源共享、信息互通，有效解决贵州民族文化发展滞后问题，同时缩短高校与现实就业的距离，如多彩贵州文化协同创新中心与政府（贵州省委、省政府等）、媒体（《贵州日报》、贵州电视台等）、贵州高校（贵州民族大学、贵州医科大学等）形成了自治型"协同创新网络"。人才协同创新平台将成为市场竞争重要组织形式，形成协同创新网络化发展趋势，让协同中心各方机构能发挥其核心专长。贵州政府负责制定保护民族文化相关政策，贵州媒体负责宣传报道民族文化，贵州高校则负责培养输送相关专业人才，最后汇聚于民族文化基地，形成纵横交错的民族文化保护传承"立体网络"，多彩贵州文化协同创新中心的建立既可降低风险、减少成本，又可增加贵州民族文化保护力度。

多彩贵州文化协同创新中心正大力推进高校与政府、媒体、其他高校、科研院所、生态博物馆等机构的深度合作，使各方资源互补，探索民族文化传承协同创新模式，促进非遗文化传承产业化发展，加强贵州少数民族文化传承与创新。多彩贵州文化协同创新中心建立后，坚持党的领导，坚定新发展理念，围绕省委、省政府战略，助力"多彩贵州"品牌，使贵州走出区别于东部、西部等省份的文化发展路径，开辟出贵州省文化发展新路径。

三 多彩贵州文化协同创新中心建设成效

多彩贵州文化协同创新中心属国家级平台，乃目前贵州省唯一的省部共建文化协同创新中心。该中心为满足贵州经济社会发展需求，推动协同创新工作进展，积极同贵州省各级政府、海内外高校、科研机构、媒体、企业等实质性开启了协同创新合作新模式。该中心建立了多样化协同创新联盟机制——多彩贵州文化协同创新机制，取得以下显著成绩。

（一）多彩贵州协同背景下贵州政府建设成效

1. 贵州政府与非遗文化

贵州省各级地方政府高度重视非物质文化遗产保护，为加快推进贵州文化消费聚集区，支持建立了多彩贵州馆、多彩贵州风景眼文创园、贵州省非物质文化遗产博览馆、多彩贵州文化体验馆、多彩贵州舞台等场馆，同时也建立了大批非物质文化遗产博物馆，如民族工艺品博物馆、苗族蜡染博物馆、贵州多彩城1958创意产业园、多彩贵州文化展示中心等。通过对非物质文化遗产的实物展示、影像展示、文字图片资料展示等，将贵州民族文化展现得淋漓尽致。此外，除了大量静态博物馆外，贵州还建设了动态生态博物馆，如花溪夜郎谷生态园、梭戛生态博物馆、黎平堂安侗族生态博物馆、花溪镇山布依族生态博物馆等。在静态和动态生态博物馆建设完成后，政府还开展了特色乡村建设，建设出丹寨苗族锦鸡舞乡、黄平苗族霓裳艺术乡、台江苗族姊妹节艺术乡、锦平隆里花脸龙艺术之乡等特色乡村。动、静生态园及特色乡村的建立使贵州少数民族居住地人文环境得以保存，少数民族非物质文化遗产可融入日常生活，带来可观经济收入，满足民族古镇村落居民生存需求，为非遗保护注入可持续发展动力，也使其在日新月异的现代社会获得生存空间。

2. 贵州政府与民族工艺

贵州政府支持建立民族工艺产业中心，主张将贵州特有民族产品包装加工形成产业链，将贵州苗族刺绣、蜡染、银饰等民族工艺技术，运用于现代产业经济生产链中，将非遗传承人、现代金融资本、专业设计师等聚于一体，建立起民族手工业产业发展平台。当下贵州已牵头成立多彩贵州苗绣产业中心，申请建设全国苗族刺绣创意设计协同创新中心，成立贵州苗族刺绣协会，设立苗族刺绣产业基金，营造产业生态环境，促进苗族刺绣产业集群发展。目前贵州苗绣已成为贵州地域文化标志，综观全国，凡提及苗绣世人皆知其来自贵州，其影响力已扩大到国货美妆品牌，如国货彩妆"花西子苗族印象彩妆"系列就使得苗绣大规模"出圈"，知名度大幅度提升，形成产业链后可与彩妆、服饰、箱包等产业联名合作，将小众"苗绣文化元素"推广至全国各大产业，确立贵州苗绣产业龙头地位。2021 年 5 月，贵州省铜仁市松桃苗族的苗绣手工艺，被国务院列为第五批国家级非物质文化遗产代表性项目名录，"松桃苗绣"成为贵州苗族手工艺的代表。

除了建立苗绣产业中心，政府还建立了多彩贵州"贵银"产业品牌，深入贯彻落实《贵州省人民政府办公厅关于印发培育多彩贵州"贵银"公共品牌加快银产业发展方案的通知》，将"苗族银饰"范围扩大为"贵州银饰"，加强省级整体推广力度，做大做强"贵银"产业品牌，完善"贵银"品牌运营体系和机制，为"贵银"品牌授信背书，为"贵银"品牌的设计开发、人才培训、营销推广、融资服务、产权保护、原材料供应等提供支持，全面拓展"贵银"供应链、产业链，力争将"贵银"打造成贵州"名片产品"。目前市场上大多可见"周大福""周生生""金六福""老凤祥"等珠宝品牌，却鲜有大规模银饰店铺。传统文化中"金银珠宝"四类，唯余"银"不受市场青睐，究其原因，部分却在于"苗族银饰"虽是贵州多元文化载体，但苗族银饰生产大多由家庭手工作坊完成，虽精美独特却无大规模产业加工，难以在市场中流行。因此贵州政府将"苗族银饰"扩大为"贵州银饰"，以产业化运作方式运营"贵银"品牌，将贵州传统民族文化与现代设计结合，整合百位非遗手工匠人与国内外设计师共创"贵银"品牌。"贵银"品牌不仅是贵州省"十三五"重点项目之一，也是多彩贵州文化协同创新中心打造的贵州优质本土品牌。在不久的将来，多彩贵州"贵银"公共品牌将提高贵州旅游产业附加值，成为烟、酒、茶、中药、旅游产业外的"第六张名片"。无论是苗绣还是"贵银"今后的发展都离不开国家政策支持。2021年5月文化和旅游部印发了《"十四五"非物质文化遗产保护规划》；2021年6月10日，国务院公布了第五批国家级非物质文化遗产项目的名录。国家自上而下贯彻"保护为主、抢救第一、合理利用、传承发展"的工作方针，让贵州省的非物质文化遗产有了更广阔的发展空间，得到国家力量帮扶后的贵州非物质文化遗产，会得到更多保护从而可持续地发展下去。

3.贵州政府与生态旅游

贵州位于云贵高原，自然资源丰富，森林覆盖率高，空气质量好，气候温和，被誉为"避暑胜地"。贵州作为民族文化聚集地，重视非物质文化遗产保护及生态旅游发展。早期贵州生态旅游大都在民族古镇名寨开展，如镇远古镇、西江苗寨都是贵州极具盛名的旅游地，政府通过生态旅游拉动民族古镇名寨区域经济，增强当地人民等民族认同感，激发其可持续发展动力。如今贵州生态旅游除民族古村寨旅游，还增加了贵州文化旅游综合体与特色城镇旅游综合体旅游项目，将养老、餐饮、物流、酒店、医疗等产业集于一体，构建多彩贵州城、贵州街、文创城等文化旅游综合体，并打造贵州苗绣、"贵银"、蜡染、中药等特色城镇旅游综合体，推动形成文化旅游综合体与特色城镇旅游综合体并进的区域经济发展格局。贵州政府将现代经济同特色民族文化资源整合，使贵州生态旅游形式多样化、质量优质化，进一步提升了贵州省旅游品质形象。

（二）多彩贵州协同背景下贵州媒体建设成效

多彩贵州文化协同创新中心建设与媒体宣传不可分割，由政府牵头实现"多彩贵州"统筹传播，由媒体完善"多彩贵州"顶层设计，大幅提升"多彩贵州"品牌传播力、影响力。通过构建"多彩贵州"全媒体矩阵，全面调动党政部门、企业单位的积极性，将线上、线下传播结合，以《贵州日报》、贵州电视台、多彩贵州网等媒体为主导，建立多彩贵州新媒体平台、县级融媒体平台，充分利用互联网、大数据等手段多方位多层次宣传"多彩贵州"品牌。媒体采取"文化·活动·互联网"方式，推进演艺文化产业及文艺活动快速发展，推动多彩贵州艺术中心、教育中心等项目建设。围绕全省工作重心举办省级文化交流赛事活动，重点推出多彩贵州文化艺术节、多彩贵州体旅赛事、多彩贵州自行车联赛、多彩贵州非遗周末聚、多彩贵州山地文艺轻骑兵走基层等活动。在贵州媒体大力宣传多彩贵州文化的基础上，媒体和市场共同参与"多彩贵州"品牌宣传推广，使多彩贵州协同背景下的贵州媒体更加深入人心。

（三）多彩贵州协同背景下贵州高校建设成效

高校作为传播知识的功能场所、学生获取知识的主要场所，对学生人生观、价值观、世界观形成有一定影响。胡锦涛同志在庆祝清华大学建校100周年大会上的讲话指出："高等教育是优秀文化传承的重要载体和思想文化创新的重要源泉。"因此，贵州作为典型少数民族文化区域，应将传承贵州优秀民族文化作为重要教学任务，把即将步入社会的大学生作为民族文化传播媒介。在多彩贵州协同背景下，高校与协同创新中心联系紧密。因多彩贵州文化协同创新中心管委会设立于贵州民族大学内，故下文以笔者学校——贵州民族大学为例，展开高校与政府、企业、学科协同创新内在联系的研究。

1. 高校与政府协同创新

贵州民族大学对民族文化教育给予高度重视，号召少数民族学生在每周一升国旗及开学典礼、毕业典礼时身着民族服饰，校内还开设民族语言课、侗族歌曲等民族培训课，展览贵州民族工艺品（苗族漆器、银饰、蜡染产品等），将创作贵州民族文化影像作为研究生毕业考核内容之一，让贵州民族文化通过影像记录和传播。贵州民族大学在重视本校民族教育基础上，还与毕节市、黔东南地区、六盘水市签订了校地合作协议，为实现协同发展，将技术创新、社会管理、人才培养、发展规划融为一体，为地方产业转型升级提供了整体支撑，还同美术学院、夜郎文化研究院、传媒学院、文化产业发展研究中心等单位开展了多种形式项目合作。

2. 高校与企业协同创新

贵州民族大学同20多个贵州省企业、单位开展全面战略合作，合作方式是收集企业技术需求，安排相关人员与意向企业进行实质性对接，签订相关技术合作协议及建设产学研合作基地等。目前该校同贵州联通公司建立"多彩贵州联通数字园"，与贵州好厨色食品电子商务有限公司建立"贵州民族大学商学院生态绿色文化产学研基地"，同贵州省安顺市阿达民俗文化发展有限公司建立"阿达民俗文化产业园"，目前已取得较为显著成效。

3. 学科与学科协同创新

近年来贵州民族大学部分学科发展势头良好，如"文化产业""民族学""新闻学"已成为优势学科，当前该校以民族学、新闻学为依托，实现了多学科交叉融合发展，创建了"民族戏剧影视文学""影视民族学研究""文化遗产研究""民族地区产业经济问题研究""民族传统体育研究""民族传统医药文化研究""少数民族题材绘画创作与研究""民族民间美术研究""少数民族音乐表演艺术研究""民族地区新闻与传播研究"等新兴学科，加强了协同创新中心各大优势学科交流合作，为学科发展提供了前沿理论支撑，为体育、音乐、舞蹈、美术院校的教学、科研、创新提供创新资源，形成了大学生跨学科文化产业创新人才培养体系。

总之，协同创新单位主要依据学科特色和人才优势，培养适应多彩贵州文化传承的新型人才。高校负责培育新型民族文化传承人才，政府负责协同创新制度供给，企业负责提供技术支持，最终使多彩贵州文化协同创新中心建设取得显著成效。

四 多彩贵州文化协同创新中心的特点

互联网经济发展加剧了个体竞争激烈性，又面临多学科交叉融合挑战，个体创新面临的风险远高于协同创新机制，要降低风险应建立高校同政府、企业、媒体协同创新机制，创办协同创新机构必须因地制宜，从自身特色和优势出发才能实现利益最大化。贵州作为少数民族地区，必须深度挖掘贵州少数民族文化的深层内涵，通过高校、政府、媒体、少数民族基地等主体协同共建，共享资源，提高创新能力，充分利用好政府决策能力、媒体宣传能力、高校人才培育能力，将贵州省民族文化魅力最大化展现。

但从目前多彩贵州文化协同创新中心现状来看，该平台资源整合能力、组织协调能力、创新成果转化能力等还较薄弱，同高校、政府、媒体联系仍不够紧密，究其原因主要有以下三方面。

（一）创新文化成果同质化

以贵州协同创新中心——多彩贵州文化协同创新中心为例，其存在创新成果同质化问题。该中心虽着力于将贵州民族文化转化为创新成果，但所研发产品大都不符合社会消费需求，存在研发成果价格高，未满足大众精神需求，未区别于当前流通市面的其他少数民族产品，与广西、云南、江西等民族地区产品同质化等问题。目前贵州少数民族文化产品主要有苗族、彝族、白族等民族娃娃、牛角养生梳、民族刺绣衣物、鞋子或银饰产品。这类产品颇具民族色彩，但已是民族地区旅游"套路"，在贵州西江苗寨所购产品也能在云南丽江、湖南凤凰古城等旅游地购买，且民族手工艺品价格高昂，购买人群相对小众，无法引起大众消费热潮。因此，协同创新中心产品尚未能引领潮流，产出的文化成果与市场需求不对口。

（二）媒体宣传力度不足

放眼全国，贵州省传媒行业并不发达，现存几大传统媒体都面临着新媒体的挑战，在这一背景下，多彩贵州文化协同创新中心同贵州省委、省政府共同创办了多彩贵州网，以加大对多彩贵州文化协同创新中心的宣传力度，但多彩贵州网并未掌握媒体绝对话语权，其网站性质、目标受众、网站定位与贵州日报网、光明网贵州频道等皆有重合，与同类新闻网站差异小。因此，多彩贵州网对贵州民族文化宣传力度不足，尚不具备不可替代优势。多彩贵州文化协同创新中心的媒体宣传环节、宣传力度、宣传形式仍有欠缺，还需更多时间来探索媒体创新发展新路径。

（三）人才培养力度不足

中国是统一的多民族国家，保护传承民族文化关系到民族和谐、和谐社会构建、民族文化共同繁荣，而民族文化繁荣离不开教育。随着高等教育普及，教育形式产生结构性变化，从以基础文化知识教育为主转变为以精英化教育为主，但高校教育目标渐趋同质化、模式化、统一化，未根据自身特点建立培养体系，人才培养目标差异小。贵州高校地处少数民族文化聚集地，理应肩负保护传承民族文化责任，但贵州高校对民族文化重视程度不足，办学模式与普通高校教育模式差别不大，导致高校民族文化保护和传承人才少，从事贵州非物质文化传承的专业技能型人才稀缺。高校在制定人才培养体系时，未明确培养专业人才和研究型人才界限，将培养多元化人才作为教学目标，民族文化实践教育力度不足，在日常教学中偏重理论知识传授，鲜少将理论知识转为实践教育。信息社会时代，人类知识结构体系不断扩张，对学科专业性要求更高，作为民族地区高校，其所制定的教学内容难以与社会协同发展。在高校人才培养目标的制定中，政府属于目标制定主导者，企业作为目标接收者，都未直接参与到人才培养方案中，人才培养方案缺乏政府、企业、社会多元化结合评价，因此建立人才培养系统、人才培养评价机制是当下贵州高校亟待解决的问题。

目前来说，贵州高校负责文化协同创新中心人才培养环节，肩负培养人才以适应民族文化发展的责任，但以贵州民族大学与多彩贵州文化协同创新中心合作来看，双方在制度上、组织上、管理上仍未建立完整模式，在人才培养、人才接收方面信息不对等，缺乏健全机制维持双方之间沟通、保障双方利益。高校不能保证提供足够优质人才资源，文化协同创新中心不能保证高校人才就业，无法共摊风险形成相对稳定的管理制度，并未建立资源互通良好运行模式，人才培养力度尚未满足文化协同创新中心要求。

五　贵州文化协同创新平台多样化措施

在贵州想要建立文化协同创新中心，必须将高校、媒体、政府、民族企业等协同为一体，使其深度融合，资源互补，探索适应贵州少数民族文化发展的协同创新路径，加速文化协同创新中心发展，提高贵州少数民族文化保护与传承能力。随着文化在当今社会认可度越来越高，民族文化地位越来越高，民族文化可持续发展需要一个稳定、发达、专业的平台参与运作。因此，构建一个高校、媒体、政府等主体协同创新平台成为贵州民族文化稳定发展的有效路径。

构建贵州文化协同创新平台必须满足两个基础条件。第一个条件是平台构建的整体性。构建文化协同创新中心要保证各要素有机结合，各环节都呈整体性并保持环节一致性，如高校、政府、媒体面对同一问题，所提出的发展目标、形式、功能都以整体模式呈现，有效避免不同协同机制处理问题的差异性。第二个条件是平台构建的动态性。文化协同创新平台的动态性指在平台发展中，平台系统内部各组成机构要具备"资源接收—资源处理—资源输出"功能，在接收—处理—输出的过程中，以动态形式对资源进行加工完善优化，使得文化协同创新平台从内到外产生化学反应，当外部环境达到临界点时，平台内部发生资源量变到资源转化，最终使得平台系统内部运作从无序到有序，让资源得到最优化处理，最终达到平台协同创新目的。

（一）构建文化协同创新平台的措施

1.构建文化协同创新中心主体结构

构建文化协同创新中心，首先要确定主体结构。主体结构由具有学科优势的高校、政府主管部门及实力传媒企业组成，如贵州民族大学、贵州省委宣传部、多彩贵州网等。文化协同创新中心各主体在引领循环发展时，系统梳理民族文化产业发展具体区域和企业布局，打造阶梯式协同创新结构。

2.构建完整的协同创新机制

在确定文化协同创新中心主体结构后，结合高校、媒体、政府等不同创新主体的优势，建立文化协同创新机制，协调创新主体关系，建立文化协同创新委员会作为指导中心，协调各职能部门，输送高素质人才到各部门，定期进行检查和审核，奖励绩效良好部门，使其发挥"龙头"效应带动其他部门以提高工作效率，最终使整个文化协同创新机制形成自上而下的循环模式。

3.实现创新文化成果转换

文化协同创新中心主体建立后，应构建完整的文化协同创新机制。最后，在机制内把创新文化理念转化为成果，充分发挥高校、政府及媒体优势。建立国家文化转型平台、宣传平台、销售平台，让各平台共同开发创新性文化产品，推动贵州民族文化产业全面发展。

（二）构建文化协同创新平台的意义

1.文化协同创新资源融合

贵州少数民族文化传承与人才培养协同创新平台，可借助高校渠道输送高质量人才，通过高校内优势学科培养人才，与其他优质高校资源交换，同政府、媒体等机构进行实质性合作。因文化协同创新平台聚集高校、政府、媒体等机构优质资源，可再度创新融合成一支优质团队，实现平台各端口不断向平台中心输送高质量资源，让高质量资源在平台各端口流动、共享、创新，持续推进文化协同创新平台发展。

2.文化协同创新成果转化

文化协同创新平台聚集了高校、政府、媒体多个创新主体，要发挥其对贵州少数民族文化保护传承技术的协同创新作用，以网络协同形式构建少数民族文化传承网，让不同创新主体共同出力打造出辐射全省模式，从而带动全省对贵州民族文化保护的重视，调整区域文化产业结构，加大对少数民族文化的保护与传承力度。

3.完善高校人才培养机制

文化协同创新平台对人才需求巨大，而人才来源于文化协同创新平台高校，当文化协同创新中心作为整体存在时，对高校培养人才质量要求也更高。因此，高校需进一步整合人才培养资源，完善人才培养机制，提升高校教师专业水平，加大人才培养专项教育及培训力度，让学生能够接受专业化、优质化教育，从而满足信息社会的人才需求，为文化协同创新中心源源不断输送优质人才。

4.提高贵州少数民族文化传承能力

文化协同创新平台结合各级政府、海内外高校、科研机构、媒体、企业等优质创新主体，从而构建起多学科优质资源交叉融合研究平台，探索出一条适合贵州少数民族文化发展的路径，建立起文化保护传承协同创新新模式，全方位提升贵州少数民族文化传承能力。

六　结语

从当前情况来看，少数民族文化的传承与发展面临严峻挑战，保护与传承少数民族文化迫在眉睫。贵州作为典型的少数民族聚居地，正面临着全新的挑战与机遇，为解决贵州省少数民族文化保护与传承问题，各级政府、海内外高校、科研机构、媒体、企业多层联动，助力多彩贵州文化协同创新中心的建立。本文通过研究多彩贵州文化协同创新机制，剖析出建设文化协同创新机制将对贵州少数民族文化保护产生正向影响。笔者认为建立文化协同创新中心可形成大规模示范效应，可整合贵州省政府、媒体、高校、企业等优质资源使贵州少数民族文化产业全面发展。

参考文献：

李西臣，刘恩芹.文化生态保护机制在贵州民族手工技艺类非遗传承中的意义 [J].大众文艺，2019（04）：35-37.

兰秋蓬.广西北部湾经济区协同创新及政府作用研究 [D].广西大学，2014.

喻健，唐亚娟."多彩贵州"文化品牌传播研究 [C].多彩贵州文化学刊：第 1 辑.北京：中国社会科学出版社，2017.

王小波.专利视域下的贵州银饰产业发展 [J].知识经济，2017（24）：77-78.

黄丽丹.当代大学生中华传统美德教育研究 [D].河北大学，2014.

谢芳.基于高校视角的产学研协同创新机制建设研究 [J].江苏高教，2018（08）：92-95.

熊正贤，吴黎围.乌江流域文化产业协同创新发展研究 [J].贵州民族研究，2014（09）：154-157.

仲明明.体验经济视角下滁州市非物质文化遗产旅游开发模式研究 [J].四川旅游学院学报，2016（05）：63-66.

朱方毅.论贵州省黔东南州民族文化村寨的特点及保护 [J].凯里学院学报，2012（04）：39-41.

朱鹏，潘琳.协同创新中心评价体系构建研究——基于利益相关者视角

[J]. 河南师范大学学报（哲学社会科学版），2013（05）：92-95.

沙志辉，陈潘. 浅析我国非物质文化遗产的立法保护工作 [J]. 黑龙江史志，2013（17）：303-304.

图书在版编目（CIP）数据

多彩贵州文化学刊. 第三辑／王林，黄其松，任达
森主编. -- 北京：社会科学文献出版社，2022.4
　　ISBN 978 - 7 - 5201 - 9878 - 3

　　Ⅰ.①多… Ⅱ.①王…②黄…③任… Ⅲ.①文化研
究 - 贵州 - 文集　Ⅳ.①G127.73 - 53

　　中国版本图书馆 CIP 数据核字（2022）第 042884 号

多彩贵州文化学刊（第三辑）

主　　编／王　林　黄其松　任达森

出 版 人／王利民
责任编辑／丁　凡
文稿编辑／刘珊珊
责任印制／王京美

出　　版／社会科学文献出版社·城市和绿色发展分社（010）59367143
　　　　　地址：北京市北三环中路甲 29 号院华龙大厦　邮编：100029
　　　　　网址：www. ssap. com. cn
发　　行／社会科学文献出版社（010）59367028
印　　装／三河市龙林印务有限公司

规　　格／开本：787mm × 1092mm　1/16
　　　　　印张：19.5　字数：250 千字
版　　次／2022 年 4 月第 1 版　2022 年 4 月第 1 次印刷
书　　号／ISBN 978 - 7 - 5201 - 9878 - 3
定　　价／89.00 元

读者服务电话：4008918866

▲ 版权所有 翻印必究